Eugène ROLLAND

FAUNE POPULAIRE
DE
LA FRANCE

TOME X

OISEAUX SAUVAGES
(Seconde Partie)

PARIS
EN VENTE CHEZ LES LIBRAIRES-COMMISSIONNAIRES

MARS 1915

Volume tiré à 200 exemplaires

FAUNE POPULAIRE

DE

LA FRANCE

Eugène ROLLAND

FAUNE POPULAIRE
DE
LA FRANCE

TOME X

OISEAUX SAUVAGES
(Seconde Partie)

PARIS
EN VENTE CHEZ LES LIBRAIRES-COMMISSIONNAIRES

MARS 1915

Volume tiré à 200 exemplaires

PRÉFACE

Le présent tome X, qui comble enfin une lacune dans la série de la *Faune*, n'a pu voir le jour qu'après une longue gestation. J'avais envoyé le manuscrit à l'impression en octobre 1911 ; mais la petite imprimerie de Bagnères-de-Bigorre ne s'en occupait qu'à ses moments perdus : de plus, elle ne pouvait, paraît-il, composer que par demi-feuille, *non passibus æquis*. De mon côté, je n'étais pas pressé de voir ce travail compliquer souvent mes autres occupations et je désirais surtout pousser rapidement la publication de la *Flore*. Puis l'imprimeur M. Bérot, mourut au printemps de 1914. Peu après, la guerre européenne, préparée et déchainée par l'Allemagne, aggrava singulièrement la situation que j'avais bénévolement assumée d'éditeur des œuvres posthumes d'Eugène ROLLAND.

Ce volume, venu au monde après tant de difficultés, n'achève pourtant pas les Oiseaux Sauvages. Je me suis aperçu trop tard qu'en donnant quelques feuilles de plus au tome IX, j'aurais pu faire tenir tous ces oiseaux dans la volière formée des tomes IX et X. J'ai mal calculé ce que le manuscrit de ROLLAND rendrait de pages à l'impression. J'ai commis la même errreur avec les Poissons du tome XI et les Insectes du tome XIII.

Je ne puis autrement réparer cette erreur de coup d'œil qu'en terminant dans un tome XIV — qui sera un peu une « arche de Noé » — les Oiseaux, les Poissons et les Insectes.

Pourrai-je jamais publier ce tome XIV, dans l'état présent du monde et aussi dans mes circonstances personnelles ? Je le désire, mais ne puis en avoir l'assurance.

En tout cas, je ne poursuivrai pas cet ouvrage au delà du futur (ou simplement possible) tome XIV. Viendront alors les Animaux Domestiques et le manuscrit me paraît bien devoir faire quatre ou cinq volumes.

C'est en effet le supplément à des volumes très anciennement publiés de la *Faune*, et, en près d'un quart de siècle, ROLLAND avait recueilli bien plus de documents que dans les recherches et les observations de ses jeunes années. Mais je dois renoncer, et dès maintenant, à publier cette série sur les Mammifères et les Oiseaux Domestiques.

Ce serait au-dessus de mes forces et de mes moyens, et aussi au delà des limites de ma vie.

Se rencontrera-t-il une maison sérieuse d'édition qui, s'étant assuré le concours d'un philologue compétent, se risque, malgré les difficultés économiques de notre temps, à publier cette œuvre ? Ou bien une Société Savante, s'il en est qui s'intéresse à nos dialectes romans, ou au folk-lore de nos provinces, voudrait-elle consacrer ses ressources à cette tâche impersonnelle, mais plus originale que bien des publications banales ?

Dans l'une ou l'autre de ces éventualités, je suis disposé à remettre en vue d'une impression immédiate, les manuscrits et notes de ROLLAND dont je suis devenu acquéreur dans une vente aux enchères (1). Ces volumes supplémentaires, formant une unité par eux-mêmes, pourraient recevoir un titre nouveau, par exemple : *Les Animaux Domestiques de la France.....*

Si ma proposition ne trouve pas d'écho, il ne me restera qu'une mesure à prendre : ce sera de donner ou de léguer ces manuscrits à un dépôt public, pour que, plus tard, un philologue puisse les consulter et en tirer un profit — qu'il ne reconnaîtra peut-être guère, car les auteurs de Dictionnaires sont des collaborateurs et des bienfaiteurs rarement cités ! Ce dépôt public sera ou une Bibliothèque de Paris, ou la Bibliothèque Municipale de Metz, pays natal d'Eugène ROLLAND, lorsque la Ville de Metz sera redevenue française.

22, Rue Servandoni
(Paris VIe) H. GAIDOZ.

Mars 1915.

(1) ROLLAND étant mort intestat, tout ce qu'il laissait a dû être vendu aux enchères. C'est à ces enchères que j'ai acquis les manuscrits et papiers de ROLLAND en vue d'assurer (si possible !) l'achèvement de la *Flore* et de la *Faune*. Voir ma notice sur la Vie et l'Œuvre d'Eugène ROLLAND dans le tome XI de la revue *Mélusine*.

J'avais fait de cette notice un tirage à part afin de pouvoir l'offrir aux membres de la famille Rolland. Quoique le pays messin eût été annexé par l'Allemagne, victorieuse en 1871, j'avais cru courtois d'envoyer un exemplaire de cette brochure à la Bibliothèque Municipale de Metz : on a eu la politesse de m'en accuser réception en allemand !

Faune Populaire

DE

LA FRANCE

LES OISEAUX SAUVAGES

(SECONDE PARTIE)

Garrulus glandarius (VIEILLOT). — **LE GEAI**

(Voy. *Faune pop.*, t. III, p. 142).

pica glandaris, *glandaria*, *glandara*, *graculus*, *gracillus*, *gratulus*, *garrulus*, *gariola*, *gaius* [sur ce mot qu'on trouve dès le ve siècle ap. J.-C., voyez A. THOMAS (dans *Romania*, 1906, p. 174) et H. SCHUCHARDT (dans *Zeitschr. f. rom. Philol.*, 1906, p. 712], *Gaia*, *gagia*, *gagis crupa*, *catanus*, l. du m. â., DU C.; DIEFF.; WRIGHT; *Mém. de la soc. de ling.*, 1889, etc.

gabria, l. du m. â., WACKERNAGEL, 1849., p. 48.

pica glandaria, nomencl. de 1604. — *corvus glandarius*, nomencl. de GESNER.

gralha, f., Pyr.-Or., BARR. — *graoulé*, f., env. de Carcassonne, LAFF.

gay, m., anc. fr. — *guaiet*, m., *jai*, m., anc. provenç. — *gagé*, m., provenç. mod. *gagèto*, f. (la femelle), provenç. — *gaché*, m., Vitteaux (C.-d'Or). — *gajo*, f., H.-Pyr. — *gats*, *gass*, *gach*, *gày'*, *djày'*, *dzày'*,

zày', *zèy'*, *jày'*, *jàya*, f., en divers patois du Midi.
gâ, *gàè*, *ghè*, *ghé*, *ghèy'*, *gay' djié*, *djâ*, *dzâ*, *jày'*, *jèy'*, *jâ*, *jè*, *zè*, en div. pat. du Nord.
ojé, m., Haumont (Meuse). — *jô*, m., Forgerolles (May.).
jô des bois, m., Loire, GRAS.
gaion, m., Savoie, GESNER, 1604. — *gày'rass*, m., gascon. — *jacié*, m., *jécié*, m., Yonne, Loiret.
jacques, *jak*, *jâk*, *jèk*, *djâk*, *djök*, *jacquot*, *jâcô*, *jagô*, *dzacò*, *jakrè*, *jakriö*, en divers patois du Nord.
jacob, m., Ineuil (Cher), r. p.
dzacà, m., Anonnay (Ardèche), r. p.
richard, m., anc. fr., BELON, 1555. — Bretagne franç. [*Richard*, *Richardicq*, breton, terme burlesque, P. GRÉGOIRE, E. E.]
ricard, *ritchô*, *colar*, *colas*, *gérard*, *djurô*, *colas-gérard*, en divers patois du Nord. — *ritchâ*, wall. liégeois, (= *richard*). — J. F.
jironè, m., *jèn'lè*, m., lyonnais, PUITSP.
zënéré, m., *zënëré*, m., *z'nëré*, m., *z'énéré*, m., *thenéré* (av. th. angl.), *thënëré*, m., *thën'ré*, m., Sav. et H.-Sav., CONST.
cola, m., Loir-et-Cher.
pierrot, m., franç., *Dict. de Trév.*, 1752.
macariö, m., lyonnais, PUITSP. — Loire, GRAS.
gatiéz (= Gautier), m., anc. messin, *Bull. de la soc. des anc. textes*, 1876, p. 79.
gotou, m., Mirande (Gers), ABEILHÉ.
wauteroy, m., *watrot*, m., messin du XIVe s., DE BOUTEILLER, *Guerre de Metz*, 1875, p. 493.
ouâtrò, m., *vouâtrò*, m., Meurthe, Vosges, ADAM.
couagno, *cuagneau* ou *cuagnö*, m., namurois, PIRSOUL et J. F.
racle, m., *raicle*, m., anc. fr., GOD. [Il est question dans

Hervieux, *Fabul. lat.*, 1584, I, 508 du *raigle qui vestit les pannes dou pan*].

râcô, m.. M.-et-L., Sarthe, Loir-et-Ch.

hinke, Puits de Courson (Yonne), Rabé. — *hèke*, wallon., J. F.

djormin, m., (= *Gennain*) Char.-Inf., Jônain.

marcassat, m., Pyr.-Orient., Barrère, 1745.

gaj, *gheja*, *ghè*, *garza-na*, piémontais. — *gaja gagia*, *gasjìa*, *gazà*, *gazza*, *argaza*, *gazzan-na*, *giàju*, *giài*, *giau*, *gajola*, *gaza fera*, *gaza ferla*, *gaza furlon-na*, *gaza carnera*, *gaza magiona*, *gaza zucona*, *gaza rabiosa*, *gàggia brusca*, *gaza rossa*, *argaza rossa*, *bert*, *berta*, *bertina*, *berta rossa*, *ghiandaja*, *giandara*, *pica*, *marra piga*, *cissa*, *cicula*, *tirunì*, *carnagiadu*, *carrajiau*, *cirricàca*, m., en divers dial. ital.

chèche, *giàje mate*, *giàje*, *badascule*, Ferioul.

cratschadè, m., romanche, Palioppi.

arrendajo, espagnol, Irby.

kolla, Luxemb. all., Gangl.

jäck, *jäckel*, *holzhäher*, *häher*, *häager*, *heigster*, *holthäkster*, *helzhaker*, *hetzler*, *gäkser*, *gèrenvogel*, *gertsche*, *heerehescle*, *heerevogel*, *nusher*, *nussert*, *herold*, *eichelrabe*, *tchoja*, *tschui*, en div. dial. allem.

gaai, *klaai*, *koolen*, *lawei*, *wei*, *weiten*, *weiting*, *hannen*, *hennen*, *hannewuiten*, *hallewuiten*, *hannewuiting*, *hallewuiting*, *willewuiten* (A. de C.), flamand.

gae, *jay*, *jay-pie*, *jay-pyet*, *jay-piot*, *jay-bird*, *blue jay*, *jenny-jay*, dial. angl.

skovskade, danois.

« On appelle la *gàyalhe* la réunion des geais. » B.-Pyr., Lespy.

TOPONOMASTIQUE :

Le gay, Le Geai, Les Geais, Le mas du gay, Le mas des gays, La ville aux geais, Le Village aux Geais, La Mare au gay, La Fontaine aux Geais, Le Moulin du geai, La Côte du geai, La Butte à gay, noms de diverses local.

Le Mas Gayère, La Gayonne, loc de l'Hérault, THOMAS.

Le Jahec, doc. de 1121, *Le Geay* aujourd'hui, loc. des Deux-S., LED.

Gay, f., c^ne^ de Ste-Colomme (Béarn).

Gaye, f., c^ne^ de Gayon, 1385 (id.) — Vigne, crû réputé, c^ne^ de Gan, qui aurait fourni le... Jurançon ayant humecté les lèvres d'Henri IV à sa naissance.

Gayon, canton de Lembeye (Béarn).

La Bauche au jay, doc. de 1610, loc. de la Loire-Inf., CORNULIER, p. 60.

Chantegeay, doc. de 1575, loc. de la Vienne, RÉDET, 1881.

Gebriacus au moy.-âge, *Le Grand* et *le Petit Geai*, loc. près de Loches (Indre-et-L.), LITTRÉ, s. v°. *geai*.

ONOMASTIQUE :

Delgay, Le Gay, Gay, Jay, Le Jay, Geai, Legeai, Lagaye, Gay, Gayon, noms d'homme assez fréquents (Htes-Pyrénées).

Pellegay, nom de famille à Paris en 1402 *Gallia christiana*, VII, 684. — *Pelgé*, fam. actuelle d'Indre-et-L.

De Montjay, famille de Champagne, André DUCHESNE, *Hist. de la maison de Châtillon-sur-Marne*, 1621, p. 27.

Marchegay, familles de l'Angoumois et du Bordelais.

Du geai faisant entendre son cri on dit :

fringulire, fringulare, fringire, grincire, l. du m. â., WACKERNAGEL.

jargonner. anc. fr. (« Là jargonnoient mille rossignoletz Merles, tarins, gays, papegays, pinsons. » J. BOUCHET, *Faitz et dictz de Molinet,* 1531. — Comme on le voit le mot *jargonner* s'applique à des oiseaux bien différents.

friguloter, franç. DE MAROLLES, *Livres d'Ovide,* 1660, II, 247.

gaser, anc. fr., Frère Philibert, farce (XVIe s.) réimp. *Techener,* 1837. « Qu'il sache gaser comme un gay. »

quaqueter, anc. fr., GOD. — *cajoler,* anc. fr., Dan. MARTIN, *Parlement nouveau,* 1660, p. 571. — AMBR. PARÉ, éd. Malg., III, 767.

cracassé, Poitou, *canard poitevin,* n° 13, p. 11. — *râlhà,* env. d'Annecy, CONST. — *bràyë,* Mayenne, DOTT.

ritchördé, namurois, GRANDG.

pigolare, ital., DUEZ, 1678.

On dit que le geai prononce les paroles suivantes : « Ma *(mal)* aux reins! ma aux reins! » Ervè (I.-et-V.) SÉBILLOT (dans *Rev. de ling.*, 1881, p. 10). — « Jusqu'aux reins et que ça geint! » Liffré (I.-et-V.), *Rev. d. tr. p.*, 1904, p. 243. — « A Ringnac! A Ringnac! Cinq cent francs Payats l'an = *est dit par les geais qui se marient.* » Limousin. *Lemouzî,* 1897, p. 268. — « Il ne pleurera plus demain Parce qu'il est encore ché (tombé) entre nos mains = *est dit par les geais qui se marient.* » Ercé (I.-et-V., SÉBILLOT (dans *Rev. de ling.*, 1881, p. 10). — « Un geai dit au mois de mai : *on traîne à la rame!* les autres derrière disent: *ahaïte! ahaïte* (= dépêche-toi), enfin d'autres en grinçant répètent : *maracan! maracan!* » Haute-Bret., SÉBILLOT (dans *Rev. de ling.*, 1881, p. 10). — « Le geai est censé dire à l'enfant qui vient de faire ses besoins dans un coin : *As pla cagat*, Aveyr. Bessou, *Countes de la Tata*, 1902, p. 316. — « On dit que les geais charment, disant : *tu! tu! hagar! mets donc des avents! mets donc des avents!* Bréal-sous-Montfort (I.-et-V.), *Rev. d. tr. p.*, 1895, p. 666. — Le geai était autrefois un très bel oiseau; mais de son beau plumage il ne lui reste que quelques jolies plumes, par suite de la punition qu'il encourut pour avoir dénoncé aux Juifs Jésus couché sous une javelle. Encore aujourd'hui son chant est : *zou lou javelat! zou lou javelat!* » Corrèze, Gorse, p. 26.

On trouvera d'autres interprétations méridionales du cri du geai, publiées par M. A. Perbosc, dans *La Tradition*, 1904, pages 170, 171; 315; 1905, p. 332 et dans la *Revue du Traditionnisme*, 1907, pages 310, 335.

« *Causer comme un geai borgne* = bavarder. » Deux-S., Souché, *Prov.* — « Crier comme un geai auquel on arrache les plumes. » May., Dott. — « Coléreux comme un geai. » Locut. répandue. — « *Discourir en geays = parler bètement.* » Fusi, *Le franc archer de l'église*, 1619, p. 417. — « Prêcher comme un geai. » Poitou, XVIIe s., *Rev. d. tr. p.*, 1905, p. 305. — « Crier comme un geai de bataille. » Poitou, J. Bujault, *Œuvres*, 1564, p. 40. — « Crier comme un geai plumé. » L'Huissier, *Avant de Jean-Michel*, 1898, p. 168. — « Ils chanteront comme un jay en dolle. » Bouteiller, *Guerre de Metz*, 1590. — « Aussi gaillard qu'un gay. » Normand du XVIIe s., Héron, *Muse norm.*, 1895, V, 105.

« Y vo supest chela comme un gay fait des mouques. » normand du XVIIe s., Héron, *Muse norm.*, 1895, V. 105.

« *C'est un beau geai*, = se dit ironiquement de quelqu'un de laid ou niais. » Locut. répandue. — « *Un drôle de ghèy'* = un original, un drôle de sire. » Saint-Pol (P.-de-C.), c. p. M. Ed. Edmont. — « *Un orré jày'* = Un vilain moineau, un vilain homme. » homme. — Provence, Mistr. — « *N'espargnez pas ce gautier là* = cet animal, ce butor. » *Conversat. de maître Guillaume avec la princ. de Conty*, 1631, p. 10. — Le flamand *hannen* s'emploie dans le même sens (A. de C.).

« *Il se rétrique comme un djai au mitan d'un parquet de pois* = il se tient roide, fier: il a de grands airs. » Somme, *La Picardie* (Revue), 1903, p. 44.

« *Cuigno aou jày* = qui guigne le geai, qui a l'habitude de cligner de l'œil; on dit dans le même sens : *guigno-aouzèl*. » Limosin, Mistral.

« *Barbo dé gach* = menton de galoche. » Aveyron, Mistr.

« *Vuéjé coumé un gày apres Calendo* = vide, maigre,

Oélh gay' (= œil « geai »). Œil dont la couleur gris-bleue rappelle celle du plumage du geai (— Bigorre), M. Tarissan.

comme un geai après Noël. » Provence, Mistr., II, p. 1143.

« Aussi laid qu'un geai déplumé. » Doubs, Rouss. — « Femmes sont plus fines qu'un jay. » J. Bouchet, *Faitz de Molinet*, 1531, f[et] 97. — « *N'être ni pic ni geai* = se dit d'une personne dont les opinions sont indéterminées. » L.-et-Ch., Mart.

« Le geai tombe du haut mal *(épilepsie)*, c'est pourquoi on ne le menge pas. » Sprimont (Belg.), *Rev. d. tr. pop.*, 1901, p. 111. — « Les geais qui font leurs nids dans les chênes ne s'apprivoisent pas parce qu'ils tombent du mal caduc. » C.-du-N,, Sébillot (dans *Rev. de ling.*, 1881, p. 9). — « Il ressemble aux colas *(geais), il tombe du haut mal* se dit de celui qui s'explique en bégayant, en hésitant. » Valenciennes, Héc.

« Le geai révéla par ses cris la présence de Jésus au Jardin des Olives. Par punition, depuis ce temps il tombe d'attaques d'épilepsie tous les vendredis. » M.-et-L., Verr.

« Qui fut à la bataille aux gays, Est-il personne qui le sache? » E. Picot, *Rec. de soties*, 1902, I. 76. (Voir dans les notes en bas de la page, le récit de batailles entre geais et pics).

« On fait une promesse facétieuse à un enfant, en lui disant : je te donnerai un geai à cul rouge de la forêt de Nesles. » Villeneuve-sur-F. (Aisne), c. p. M. L.-B. Riomet.

« On faisoit à certain jour à Oisemont l'esbatement du nid du gay. » docum. de 1389, Du C., III, 458.

« *Qu'én abalaré coum u gay cerises* = il en avalerait comme un geai de cerises. » B.-Pyr., Lespy.

Les textes béarnais du xive siècle parlent de *rocii œlh-gay*, cheval à l'œil vairon, P. Batcave.

« Faire des soupirs comme des pets de geai. » Saint-Pol (P.-de-C.), c. p. Ed. Edmont. » — *Drisser comme un geai* = foirer. » Saint-Pol (P.-de-C.), c. p. M. Ed. Edmont.

« *Ailes de geai* = petits nuages blancs qui se détachent sur le ciel. C'est un présage de beau temps. » Eure, Reb.

En pays gaumais (Luxembg. mérid.), *chite du djâ* (diarrhée de geai) sert à désigner : 1° la cardamine des des prés; 2° le fromage blanc, J. F.

« Les gaïs fan pas d'agassos. » toulous., Visn.

« Un geay toujours auprès d'un geay se perche. » Morel, 1664.

« Per sént-Josè cado aousét Bastis soun castét (château,

nid); Lou pit et lou gay ou gardon *(le réservent)* pou mày. » Pays d'Albret, DARDY, I, p. 216. Cf, ci-dessus, p.

Autrefois dans le Nord-Est c'était un *gay* (geai) qui servait de cible au tir de l'arc. Voy. BOUTHORS, *Coutumes d'Amiens*, 1845, II, 722; BEAUVILLÉ, *Hist. de Montdidier*, II, 352; G. LECOCQ, *une ville flamande*, 1876, p. 11.

« Tous les ans, au 13 mai, tous les serpents se réunissent en un seul monceau. Chacun dégorge une liqueur brillante qu'il a sous la langue. Les deux plus habiles reçoivent cette liqueur qui se durcit et ils la pétrissent. Puis chaque animal se traîne dessus pour polir cette pierre par le frottement du corps. C'est alors un diamant que les serpents jettent dans l'eau, afin de le soustraire à la convoitise du *geai*, qui, s'il le trouve, s'en sert pour nuancer les couleurs de ses ailes. » Sologne, LÉGIER (dans *Mém. de l'Académie celt.*, II, 1807), p. 215.

« Il faut que le geai verse une goutte de sang, chaque année, pendant la Semaine Sainte, sinon il meurt peu après. » M.-et-L., VERR.

Le mot *graculus* sert à désigner en même temps le geai et la corneille. Dans la fable de Phèdre, *graculus superbus et pavo*, il s'agit évidemment de la corneille qui est toute noire, tandis que le geai a d'assez jolies plumes et ne doit pas éprouver le besoin d'en changer.

Au moyen-âge on a traduit *graculus* de Phèdre, tantôt par geai, tantôt par corneille. Il s'agit d'une corneille dans HERVIEUX, *Fabulistes latins*, passim. Il s'agit également d'une corneille dans le passage suivant :

« *Us s'en fazia clamaire Dels digs don autr' era laire, Com fes de la gralha 'l pans* = un se faisait réclameur des paroles dont un autre était larron, comme fit *de la corneille* le paon. » GIRAUD DE BORNEIL cité par RAYNOUARD, s. v° *clamaire*.

Ailleurs on y a vu une pie; voir *Figures diverses tirées des fables*, 1659, p. 212.

Sur la fable du geai qui se pare des plumes du paon, voy. HERVIEUX, *Fabul. lat.*, passim; DELBOULLE, *Fables de La Fontaine*, 1891, pp. 63-67; SOLVET, *Etudes s. La Font.*, 1812, p. 122; G. RAYNAUD (dans *Romania*, 1908, 280-281, en note); *Modern Language Notes*, 1907, 30-31.

« Gay contre gay doivent estre en usage. » anc. fr., EUST. DESCHAMPS, II, 62. Il s'agit de la fable connue du renard et du corbeau; ici le corbeau est remplacé par *le geai*, qui est connu pour aimer beaucoup le fromage.

Nucifraga caryocatactes (TEMMING). — LE CASSE-NOIX

(Voy. *Faune pop.*, t. II, p. 129).

casse-noix, m., franç., THIERRY, 1564; etc., etc. — *croque-noisette*, m., fr., DUEZ, 1664. — *cache-avellana*, m., Grenoble, doc. du XVIe s., *Bibl. de l'éc. d. ch.*, 1894, p. 240. — *cass' alogno*, m., *alognié*, m., Savoie. *casse-noisette*, m., *geai de montagne*, *geai gris*, *pinson de montagne*, Suisse rom. — *catch' amélo*, m., *pésso-nozé*, m., *gràyo picassado*, f., Provence. — *aouravèla*, f., Barcelonnette. — *aouvièro*, f., Embrun (H.-Alpes), *Rev. d. eaux et for.*, 1901, p. 347 (on l'appelle ainsi parce qu'il mange les graines de l'*Aouvier* = pin cembro et pin arole).

pie grivelée, fr. vulg. — *enucleator*, lat. — *tire-alaigne*, *casse-alaigne*, Auvergne, VALMONT-BOMARE, *Dict. d'hist. nat.*, III, 67, c. p. M. J. FELLER.

Lanius (genre) (Linné). — LA PIE GRIÈCHE

(Voy. *Faune pop.*, t. II, p. 146).

1. — Noms de l'oiseau :

fursarius, furfarius, furvarius, furfurio, furfur, furfurio, furio, fursanus, cruriculus, cruricula, curiculus, crurila, micte, l. du m. â., Dief. ; Steinmeyer, etc. etc.

moliceps, anc. nomencl., Turner, 1544, *lanius, collurio*, anc. nomencl., Willuckby, 1676, p. 52.

fausse èghèse, f., C.-d'Or. — *agasze fèro*, Provence. — *ouasse foule*, f., Nièvre. — *pie bâtarde*, f., *ouasse bâtarde*, f., *liasse bâtarde*, f., *pie croè*, f., Yonne. — *pie cròye*, f., *pie cruelle* f., *pie kèruèlle*, f., *agache écroéle*, f., *agache troële*, f., Pas-de-C. — *pie kèrouèl'*, f., *pie kervèl*, f., L.-et-Ch. — *agache grëèl'*, f., Somme. — *pie fole*, f., *pie crouyëre*, f., *pie crouyëyëre*, f., Mayenne. — *crawyeûze agasse*, f., Namur). — *pie âcrouèl'*, f.. *pie anghërouèl'*, f., *pie creuze*, f., *pie marage*, f., M.-et-L. — *pie creuzière*, f., Orne. — *agache croisée, agachètte*, f., dép. du Nord. — *pie encrouée*, f., franç., Cotgr., 1650. — *écrêle* f., *écriéle*, f., Berry, Oise., *crouyère*, f., anc. fr., God.; Mayenne. *crëyole*, f., *criôle*, f., *écrignôle-éghèse*, f., *acrigneule-éghèsse, écrëniôle*, f., *âgrègneule*, f., franc-comtois. — *acoriò*, m., *crêle*, f., *cré*, f., Yonne. — *crék*, m., La Teste (Gir.), Moureau. — *pie gare*, f., M.-et-L. — *pie griesche*, f., franç., Belon, 1555. — *pie agrièche, gasse agrièche, agrièche*, Yonne, Loiret. — *pie griège, pie grianche*, H.-Marne. — *pie griâche, pie griée*, Marne. — *pie garèche*, f., Berry. — *pie grioche, pie griôche*, Yonne, H.-Saône. — *pie ghèche*, f., H.-Saône. — *pie gache*, f., Calvad., Manche. — *pie yèchë*, f., S.-et-O. — *pie grîve*, f., Doubs. — *pidoène*, f., Meuse, LAB. — *pighe marte*, f., H.-Pyr., LENCONTRE, 1887, p. 29. — *pie marêche*, f., La Chapelle-Craonn. (May.), r. p. — *gàye marsolle*, f., Landes.

pie ravâche, *pie revêche*, Yonne. — *pie charasse*, Berry, *éghèsse batayotte*, Jura. — *ogacho botolhèro*, *ogacho botélhèy'ro*, Aveyron, Lot. — *ajasse bat'rèl'*, *ajasse bat'rèsse*, *batt'ajasse*, *b'dajasse*, Poitou, Vendée. — *chasse-pie*, m., Mayenne. — *bat-pie*, Yonne. — *batt'-ajasse*, H.-Sav. — *matagasse*, (= qui tue la pie). Suisse rom., Savoie. — *mataga*, m.. Neufchâtel, (Suisse). — *montagasse*, Savoie. — *motagasse*, Jura. — *mounté-agacho*, Hérault. — *coucho-gach*, m., Aveyr. — *moudriheû d'agasses*, m., Belg. wall.

tarnagas, m., *tarnagà*, m., *tarnagasso*, f., *darnagas*, m., *darnagà*, m., Provence, Gard. — *darnajà*, m., Cusset (Allier). — *tornojà*, m., *danadzà*, m., Puy-de-D. — *darnàyà*, m., Rhône, Allier. — *darnëyà*, m., Rhône, Isère, — *darnejày'*, m., Bas-Dauphiné. — *darnéà*, m., Loire. — *zarnëyà*, m., Terres Froides (Isère). — *darniò*, m., Isère. — *darne*, m., *dèrne*, m., *dèrgne*, m., Dauphiné, Rhône, Loire. — *r'nèyà*, m., env. d'Annecy. — *rénaoubi*, m., Lansargues (Hér.), *Rev. d. l. rom.* 1884, p. 285.

arneat, m., *pie eserayère*, f., *pie ancrouelle*, f., franç. dial., GESNER, 1604.

pigue-marte (Béarn), espèce de pie-grièche, écorcheur, L. BATCAVE.

éstargasso, f., *targasso*, f., Gers. — *tèrgasse*, f., Touraine. — *tradyase*, f., Char.-Inf. — *trajasso*, f., Dordogne. — *tardatcho*, f., H.-Pyr. — *trajàyo*, f., H.-Vienne. — *riédjasso*, f., Monteil au V. (Creuse). — *margasso*, f., *amargasso*, f., Gard, Aveyr., Lot-et-G. — *margarasso*, f., Carbonne (H. Gar.), c. p. M. ED. EDMONT.

— *margasse*, f., Gir.; Landes. *mirgasso*, f., Aveyr. — *milagassatt*, m., Orthez (B.-P.), c. p. M. L. Batcave. — *mèrlouasse*, f., *marlouasse*, f., *hèrlouasse*, f., *ouasse kèrjake*, f., Yonne, Rabé. — *malouasse*, f., Berry.

mouachèze, f., Lusse (Vosges), Adam.

dja batar, (= geai bâtard), Clerval (Doubs), r. p.

agasse percharie, *oiseau de la Passion*, Centre, Jaub. — *ajasse pécheresse*, Eguzon (Indre). — *précouare*, f., H.-Marne.

pendard, *pindar*, *pindàyar*, *panghiyar*, en div. pat. de l'Auvergne, de la H.-Loire, de la Loire, de la Fr.-Comté. — *sagatàyré*, m., Provence. — *embrocheur*, m., Gironde.

(La pie grièche embroche les insectes et les petits oiseaux dans des épines d'arbres pour les retrouver plus tard). — *écorcheur*, S.-et-M. — *éscourchur*, m., *éscourchuro*, f., *rapinur*, m., Provence, Gard. — *aouzèl dé basti*, Gard. — *bouch' corino*, f., La Malène (Loz.), r. p. — *cabosso*, f., *cabocho*, f., H.-Pyr., Gers. — *cabiragne*, f., Asson (B.-Pyr.). — *criarde*, f., *boucher*, m., *parlanténe*, f., Jura.

pégasse, f., Landes. — *p'ghiä*, m., Dompierre (Suisse), Gauch. — *aspijare*, f., Centre, Jaub.

trakète, f., Gir., Mistr. — *trakètt-batajasse*, m., Char.-Inf.

picq-spern (= pie d'épines), breton; « se dit d'une femme criarde et importune. » P. Grégoire. — Sur *grizyaz*, *picq-grizyaz*; « grièche », voir *Rev. Celtique*, XXVIII, 193, 194. [E. E.]

gueja, *gazeola*, *gazuèla*, *gascieta*, *gascetta*, *gazzoll*, *gasgetta*, *gazzina*, *gazanetta*, *gazzarèüla*, *gaza molinara*, *gazoeula molinera*, *stragazza*, *stragazzetta*, *stragazzun*, *sgarzett*, *sgarzetta*, *sgasirèüla*, *querula*, *ghierla*, *giarla*, *gerlato*, *gruara*, *averla*,

verla, averlia, velia, severlo, cazzavella, vastrica, castrica, crastica, crastola, castrocchia, gastrigotto, reguestola, regestola, reiestola, resestola, redestola, redestol, revest, sarsacola, gabiosna, gabiurna, gaburna, gaviurna, cajorno, buferla, farlota, fréghéra, furghéra, furgherian, frauero, frisone, frizunera, dergna, scopina, gavarzùa, cavazùa, mulinaru, filiana, pagghionica, partarassa, testa grossa, tistazza, tistuni, pitigrussa, pitilongu, en div. dial. ital.

gargona, caracefalu, Sicile. — *cacciamendula, bu-gaiat,* Malte, Blasius.

Alcandon, espagnol, Irby.

Agerste, agersche, agretsche, drillester, wurgeelster, sperelster, sprockheister, kaddigheister, dornkraul, dorndrall, dorndraller, neuntödter, neunmürder, wankrengel, warkengel, verwoar-fink, en div. dial. allem. — *schaapakster, kraaiakstergaai, klauwier, tuinekster, negendooder,* holland. et flam.

shrike, butcher, butcherbird, butcherboy, nine-murder, nine-killer, flasher, flusher, murdering-pie, jack-baker, wariangle, pope, cuckoo's maid, french magpie, dial. angl.

tornskade, danois.

Onomastique : « *Chante-Egrijole,* loc. de la Dordogne, » De Gourgues. — *L'Ancruère,* loc. de la Loire-Inf., Quilg. — *Aux aguesses,* dépend. d'Angleur, près de Liège. — J. F.

La jeune pie grièche, est appelée :

amargassatt, m., *margassatt,* m., *margajatt,* m., languedoc.

« Un arbre n'a deux pigriesches. » xvie s., Baif, éd. Blanch., 1880, I, 74.

« Les harangeres se mirent à crier comme deux pies-gruiaiches. » *Caquet des marchands*, 1649, p. 5. — *Pie-grièche* = femme hargneuse. « Je vais voir si Isabelle est moins pigrièche que tantest. » DELOSME DE MONTCHENAY, *La cause des femmes*, 1687. — « *Elle est comme la trëjasse, elle enrage sept fois par jour*, se dit d'une femme acariâtre. » Poitou, SAINT-MARC. — « Insolente comme une pie grièche. » CLÉMENCE ROBERT, *Les mendians de Paris*, p. 46. — « *Riré commo uno margasso* = rire insolemment. » Languedoc. — « *Faire la pie garre* ou *chanter la pie garre* = quereller, disputer, gronder », M.-et-L.

« La pie grièche imite les autres oiseaux, les appelle et les insultes en criant : *Vas t'cri!* » Touraine, *Rev. d. tr. p.*, 1907, p. 401.

« Prénié pas per friandiso dé parpélo *(paupières)* de tarnagas = *il était gourmand.* » Apt (Vaucl.), BOUNONASTANTURO, *Lou cat dé misé dé Lary*, 1855, p. 6. Cf. plus haut, p.

« Quand cet oiseau a chanté pour la première fois, au printemps, les gelées tardives ne sont plus à craindre. » PORCHERON, *Add. au gloss, du Centre.*

« Les enfants, quand ils peuvent s'emparer d'un de ces oiseaux, le torturent, en lui cousant le derrière avec des épines, tout vivant. » Velorcey (H.-Saô.), r. p.

« Badà coumé un amargassat qu'espèro la bécado. » Languedoc, MISTR.

« La bêtise de la pie-grièche est proverbiale pour donner dans tous les pièges. » CARTERON. *Causeries sur l'hist. nat.*, 1868, p. 42.

« *Si lou céou toumbavo que de darnagas!* = que de piés-grièches (c.-à.-d. que de niais) seraient prises ! » Provence ; XVIIe s., *Bugado prov.*

« *Darnagà dé palun* = sot, niais. — Darnagos sé ploumous = *niais.* » Alais, HAON. — « Laido coumé pécat, Bèsti coumé tarnagà E paouro coumè rat. » Provence, *Lou cache-fiò*, 1884, p. 43.

Lanius excubitor (LINNÉ). — **LA PIE GRIÈCHE GRISE**

pia grisa, f., Saint-Maurice (Valais), FATIO.
pigarèche bure, f., Centre, JAUB.
pikèrvèle margotée, f., blaisois, THIBAULT.
darnëya margot, f., Jons (Isère), FERRAND.
ouasse màyée, f., *màyasse*, f., *mèrlouasse barrée*, f., *crêle barrée*, f., *ouasse patassine*, f., *ouasse taboulotte*, *agasse tariboulètte*, f., *pighéri*, *picharé*, *pichéri*, *pijari*, *nôvi*, *éscalondre*, f., Yonne, RABÉ.
agasse tanbourinètte, *gasse tanbourinètte*, f., Yonne, RABÉ. — Nièvre, CHAMB.
agano tàmbourlo, f., Provence. MISTR.
tarnagas térén, m., cévenol, SANS, 1785.
tartavô, m., lyonnais, PUITSP.
darmagà-ésparvié, m., *darmagà gris*, provençal, MISTR.
darne bouissonnié, *darne faouchè*, m., *darne jailhè*, Dauphiné, MISTR.
darnëya-boèsson, m., Jons (Isère), FERRAND.
crawyeûs, m., *crawe agace*, f., *grosse crawêye agace*, f., *grîse agace*, f., wallon du Luxembourg, DEFRÉCHEUX. — *crawé*, fém., *crawêye* et *crawyeûs*, f., *crawyeûse* signifient « rabougri », c. p. M. J. FELLER.
falconello, *gaburna*, *dominicana*, *farlota domenicana*, *cajorno lombardo*, *tistazza nica*. dial. ital. — *wächter*, allem. — *wachter*, *schataakser*, dial. holl.

Lanius rufus (BRISSON). — **LA PIE GRIÈCHE ROUSSE**

darnagà à testo rousse, m., *darnagà rous*, m., *darnagà réyaou*, m., provençal, MISTRAL.

darnéà rougé, m,, forézien, Mistr.
darnëyà-bardè, m., Isère. — *darnë bàyar*, m., Loire.
rousse agace, f., wallon, J. F.
buferula, italien. — *wood-chat*, anglais. — *finkenbeisser*, allem. — *vinkenbyter*, dial. holl.

Sturnus vulgaris (Linné). — L'ÉTOURNEAU

(Voy. *Faune pop.* t. II, p. 151)

1. — Noms de l'oiseau :

sturnus. *stornus*, *stirnus*, *strunnus*, *stronus*, *strunius*, *strunnus*, *sturnella*, *sturnulus*, *esternulus*, *sturnellus*, *sturdus*, *strudus*, *turnus*, *turdus*, *rumbus*, *pirula*, *beatica*, *beacita*, *biacita*, *fossa*, *fassa*, *ciculus*, l. du m. à., Goetz ; Du C.; Dief; Wright ; Steinmeyer ; etc., etc., *spicus*, Rostaf.
esturnes, m., anc. p., Du C.
étourn, m., Archiac (Char.-Inf.), r. p.
tour, m., Excideuil (Dord.), c. p. M. Ed. Edmont.
esturnel, *estornel*, *estourniais*, pl., *atorneaux*, pl., anc. fr., God.
stornélh, *stournél*, *éstournèl*, *istournèl*, *stournè*, *éstournélo*, f., *astournélh*, *strounèlou*, *éstournéou*, *éstourniou* , *estourné* , *éstrounè* , *éstrougnô* , *tourniô* , *étornià*, *étourné*, *étorni*, *torné*, *toürnô*, *étouoné*, *touanò*, *touniô*, en divers patois.
étourniss, m., Milly (Meuse), c. p. M. Ed. Edmont.
atournur, m., Arrœncy (Meuse), c. p., M. Ed. Edmont.
éstournoulhétt, m., Eauze (Gers), c. p. M. Ed. Edmont.
antounoué, m., *tornozoua*, m., *kiakia*, m,, *tiatia*, m., *clacar*, m., *kiakar*, m., *vagnô*, m., *amouyotte*, f., Yonne, Rabé.
ratourné, m., *ratournè*, m., *ratouorné*, m., *ratournia*, m., Normandie.

rétournô, m., *rétouëy'*, m., *rétouneû*, m., *rétougni*, m., Vosges, c. p., M. Ed. Edmont.

rëtogno, m., Flavigny (C.-d'Or), c. p., M. Ed. Edmont.

rotognô, m., *r'tëgno*, m., Rhône, c. p., M. Ed. Edmont.

détournè, m.. Andraut (Gironde), c. p., M. Ed. Edmont.

antouaneu, m., Demangevelle (H.-Saône), c. p., M. Ed. Edmont.

antounòy', m., Crépey (Meurthe-et-Mos.). c. p., M. Ed. Edmont.

stournuk, éstournuk, éstournugalh, éstournék, stournètt, estournètt, éstournéy'tt, en divers endroits des B.-Pyr., des Landes, de la Gironde, de la H.-Gar. — *estourneigt, estourneu*, (Béarn), L. Batcave.

bistournél, m., *bistournéou*, m., Aveyr., Lot, T.-et-G., Gers.

bistournétt, m., Pays d'Albret, Dardy, I, 232. — Auterrive (Gers), *Arman. de Gasc.*, 1804, p. 25. — Lot-et-G., c. p. M. Ed. Edmont.

gastournétt, m., Caupenne (Landes), Foix, 1902, p. 49.

éstourél, m., Brousse (Tarn), c. p. M. Ed. Edmont.

éstourétt, m., Saint-Martin (Gers), c. p. M. Ed. Edmont.

tourè, m., Mellé (Ille-et-V.), c. p. M. Ed. Edmont.

esprobon, m., anc. fr. du Nord-Est, Reiffenberg, *Chron. de Ph. Mouskes*, II, 80; *Mém. de la soc. d. sc. de Lille*, 1876, p. 119. — *sprouon*, m., *sprovon*, m., *éprouon*, m., *éproon*, m., *épéron*, m., *éprovon*, m., *spraou*, f., *sproou*, f., *sprièou*, f., *sprèou*, f., *sprive*. f., *sipruou*, f., *supréou*, f., en divers patois du Pas-de-Cal., du départ. du Nord et de la Belg. wall.

sprèwe, suprèwe, f., à Verviers.

sprâwe, f., à Malmedy,

sprouwe, f., Brabant wallon, J. Feller.

sansonnet, m., franç., J. Bouchet, *Faitz et dictz de Molinet*, 1531, f[et] 28, v°; Christ. de Bordeaux.

Chambrière à louer, s. d. (vers 1600) etc., etc. — *chansonnet*, m., Yonne, Jossier. — May., Dott. — H.-Marne, Dagu.

sounè, m., Palaiseau (S.-et-O.), r. p.

mövid, m., Frameries (Belg.), *Armanaque borain*, 1889, p. 44.

farmacò, m., Plancher-l.-M. (H.-Saô.), Poul.

pik'-portt, m., Vallée d'Azun (H.-Pyr.), Cordier, 1878.

pique-tahon, m., Saint-Pol (P.-de-C.), c. p. M. Ed. Edmont. (Cet oiseau va sur le dos des bœufs piquer les taons et autres insectes).

galinatt. m., toulousain, Visner. (?)

storlo, strùlo, striolo, storlin, Italie. — *sturru giajulau, pintu grandinatu*, Sardaigne.

starl, sprin, sprên, spréhe, dial. all. — *spraa, spree, sprutter, blutter, kwatter*, Frise. — *stare, star, starnel*, angl. dial.

On trouvera d'autres noms gallo-romans de l'étourneau dans *l'Atlas ling*. de Gilliéron et Edmont, fasc. 11, carte 497.

[*tret*, bret. moyen, *dred*, bret. moderne, *treidy*, bret. de Vannes, P. Grégoire, *treidieenn*, l'A., cf. Ernault, *Gloss, moy. bret.* 150. « On dit en Haute-Bretagne *tret*, pour un espèce d'Etourneau », D. Le Pelletier, E. E.].

troet, trodzhan, cornique. — *drudwy*, gallois. — *truid, druid*, irlandais ; *druideag*, *trodan*, gaelique d'Ecosse ; *truitlag*, mannois (Ralfe).

Toponomastique :

L'*Etourneau*, Les *Etourneaux*, Le *Sansonnet*, noms de diverses localités. Les *Etournelles*, loc. de l'Ain.

Les Estournals, Les Tornialz, doc. de 1564, *Estourniols*,

Les Tournies, doc. de 1671, *Estourniès*, localités du Cantal, Amé, 1897.

Le moulin d'Estournea, doc. de 1416, *L'Estournellière* doc. de 1515, localités de la Vienne, Rédet.

L'Etournière, loc. du Calvados, Hippeau, 1883.

La Sansonnière, loc. de la Mayenne, Maitre.

Rue du Sansonnet, anc. rue de Paris, (à la Croix de Tournon), Sandric. *Marcschal des logis logeant le roy*, 1652, p. 4.

Onomastique :

Lestournel, Létournel, Lestourneau, Létourneau, Estourneau, Etourneau, Estournet, d'Estournelles, Elernoz, Leprohon (dép. du Nord), noms de famille.

Le Sansonnier, nom de fam. au xvie s. Dubosc, *Arch. civ. de la Manche*, 1865, p. 388.

An Trédic (= le petit étourneau), nom breton de famille en 1477, Ernault, *Gloss, moy. bret.*, 716, E. E.

« *Gallina storina* = poule couleur d'étourneau, » lat. du moy.-âge, Du C. — « L'après-dîné je monte ma jument *poil d'étourneau* » Regnard, *Les Chinois*. comédie, 1692. — « *Un étourneau* = un cheval couleur d'étourneau ». Féraud.

« Nous sommes comme étourneaux qui sont maigres parce qu'ils vont trop en bande » *Etat de la fortune des potentats en proverbes*, 1642, p. 5. — « Lous éstournèts Baden magrés à troupèts — les é. deviennent maigres en troupes. » B.-Pyr., Lespy. Parce que, de ce fait, il y a peu à manger pour chacun *. — « Pérqué sou magrés les tournels ? Qu'os qué sou tropés el tropel. » Auvergne, Bancharel, *Gramm., d'Auv.*.

* Il y a un proverbe semblable dans l'Ille-et-Vilaine et en breton : voir *Mélusine*, X, 18 (où est donnée une autre expression proverbiale bretonne) ; XI. 212. — E. E.

1888. — « Pérqué son maygris lous éïtourniaous Cou éy que fan de trops grands troupiaous. » Ambert (P.-de-D.), Missoux. « On dit (en cuisine) qu'il a la la chair du diable. » *Thresor de santé*, 1607, p. 229. « *Compaignable comme estournel* = aimant la compagnie. » Sidrac, *Demandes*, 1531, f[et] 176.

« Vous jasez mieux qu'un sansonet. » xviie s., Loret, *Muze hist.*, éd. Livet, IV, 76. — « *Sifleu d'estourniaux* = sifleur de linottes, savetier. » Rouen, au xviie s., *La Muse normande*, réimpr., 1893, II, 362. — « Je ressemble à votre sansonnet, je ne saurais siffler si je ne suis seul. » *Conférence de deux paysans*, 1649. — « Là faisant quelques foîs *le saut du sansonnet*, Et dandinant du cu comme un sonneur de cloche, Je m'esgueule de rire, escrivant d'une broche En mots du pathelin ce grotesque sonnet. » *Œuvres de Saint-Amant*, 1642, p. 251.

« Crie ! va ! c'est comme si tu disais : *sansonnet mignon* ! » Durand de Valley, *Dodore en pénitence*, vaudev., 1840, p. 3. — « *Bernique sansonnet !* = exclamation de refus, va te promener ! » Clairville, *Troupier qui suit les bonnes*, comédie, 1860, p. 28. — « *Berniquet pour sansonnet* = même sens. » Littré. — « *De la roupie de sansonnet* = rien. » Lermina, 1897, p. 133.

« Qu'est-ce qu'un comédien italien ? un oiseau de passage, *un étourneau* qui vient s'engraisser en France... » Regnard, *Les Chinois*, comédie, 1692.

« Les pensées des femmes sont comme un vol d'estourneaux. » Allard, 1605, f[et] 296, r°. — « Il avoit les pensées comme un vol d'estourneaux = *il était étourdi*. » anc. f., *Rev. des études rabel.*, 1906, p. 50.

« Il les épouvantera comme des étourneaux. » *Glossaire de l'anc. théâtre franç.* — « *Plus irneus qu'us estor-*

neus = plus alerte qu'un é. » anc. prov., RAYER. — « Qui, comme les estourneaux cherchant la bonne vinée, s'est arresté au pays guespin. » *Le Tondeux qui court*, 1615, p. 1. — « Se ruer sur quelque chose comme estourneaux dessus pois verts. » D'ASSOUCY, *Jugem. de Pâris en vers burl.*, 1648, p. 2. — « Toumbà coumo un bol d'estrounèls sus rasins, Narbonne, *Rev. d. l. rom.*, 1883, p. 174. — « *Es de raço d'estourneou, ame l'oulivo* = il est de la race des étourneaux, il aime l'olive, se dit de quelqu'un qui fait l'aimable pour obtenir quelque chose. » Provence, XVIIe s., *Bugado prov.*

« *As-tu teste d'estournel?* = es-tu sot? » JUBINAL, *Mystères*, 1837, I., 261.

« Plus sot qu'un estourneau. » DU LORENS, *Satyres*, 1624, p. 189. — « *J'empaume le sansonnet* = j'attrape l'imbécile. » G. DUVAL, *Parchemin*, vaudev., 1802. — « Amour n'a non plus de maniere Qu'un bol ou *un sansonnet ;* Il court et racourt par derriere ; Homme amoureux ne sçait qu'il fait. » *L'Amoureux passe temps*, 1582. — « Il alla comme un étourneau attaquer une place qu'il n'était pas en état d'oser regarder. » LE NOBLE, *Travaux d'Hercule*, 12e partie, 1693, p. 43. — « Vous vous êtes amourachée de quelque jeune étourneau. » DE SAINT-FOIX, *Œuvres de théâtre*, 1762, III, 62.

« Votre oncle vous permettra-t-il de roucouler ensemble comme une colombe et un sansonnet? — PELLETIER, *Amant rival*, com. 1805.

« Quand ils se partent de dessus un arbre, tous ensemble à une volée, en temps d'yver, ce signifie grande froidure et s'ils partent, par petites volées, l'un apres l'autre c'est signe de pluye. » *Grand Kalendrier et compost des bergers*, s. d. (vers 1500).

« Leur industrie est de s'amasser par troupes, crainte du milan lequel, estant resserrez en gros, ils repoussent du vent de leurs aisles, soit qu'il les attaque au dessus ou a costé de leur escadron. Que s'il les veut attraper par dessouz, ils l'aveuglent de leur fiente. » MICHEL LE LONG, *Le régime de santé de l'escole Salerne,* 1633, p. 178.

« Quand l'é. chante sur le toit d'une maison, il annonce une mort dans la famille. » Ensival (Belg.), *Rev. d. tr. p.*, 1901, p. 111.

« Quand on veut qu'un é. captif chante bien, il faut qu'il ait été déniché le jour de l'Ascension, » Baugé (M.-et-L.), *Rev. d. tr. p.*, 1905, p. 362.

Les é. se posent souvent sur le dos des moutons pour y picorer les insectes. « Quand il y a beaucoup d'é. sur les moutons. cela les fait engraisser. » Ineuil (Cher) r. p.

« *Sansonnets* = enfants illégitimes qu'on baptise *sans sonner ;* c'est un jeu de mots. » Meuse, LABOURASSE, 1902.

HERALDIQUE. Voir RENESSE, I, p. 481.

Passer domesticus (BRISSON). — LE MOINEAU

(Voy. *Faune pop.*, t. II, p. 154).

passer, latin.

passar, l. du m. â., *Archiv. f. lat., Lexicogr.*, XI, 324.

passer muralis, lat. du moy.-âge, GOETZ.

passa, l. du m. â., DU C.

passer resuscitatus, passer vicilinus. anc. nomenclat., J. FONTAINE, 1612.

passer, f., anc. prov., RAYN.

passèra, f., *passèro*. f., niçois, provençal, languedocien.

passère, f., *passire*, f., *passière*, f., *apassère*, f., Sud-Ouest.
prasse, f., *éprasse*, f., *prâsse*, f., *prache*, f., *éparse*, f., *épasse*, f., *passe*, f., *pèsse*, f., *pèche*, f., *pâche*, f., *pâsse*, f., *pouasse*, f., *apasse*, f., en divers patois de l'Ouest, du Nord-Ouest, du Centre.
passe, f., *passère*, f., *passerat*, m., *passeret*, m., *passe-rote*, f., *passereau*, m., *pæsseron*, m., anc. franç.
passereau ressucité, m., franç., J. Fontaine, 1612.
passe ressuscite, f., franç., Chr. de Savigny, *Tableaux des arts libér.*, 1619.
paistre, f., anc. liégeois, Jean d'Outremer, *Myr*, éd. Borgnet. I, 39.
patsâr, m., (H.-Loire), Vin. — Chamalières (H.-L.), c. p. M. Ed. Edmont.
pince, f., May., Dott. — Loire-inf., c. p. M. Ed. Edmont.
ponâ, m., Vendômois, Martill.
opassé, m., Sarlat (Dord.), Colas.
pachè, m., Le Dugue (Dord.), c. p. M. Ed. Edmont.
passératt, *apassératt*, *pachératt*, *pacharatt*, *posséraÏt*, *passérà*, *pôssërà*, *pass'rà*, *pachérà*, en divers patois du midi.
pass'là, m., *éparchà*, m., *pass'rió*, m., *mange-blé*, m., Yonne, Rabé.
pass'rèla, f., Loire, Gras.
passoula, m., Fontan (Alpes-Mar.), c. p. M. Ed. Edmont.
péss'lé, m., Courrendlin (Suisse), c. p. M. Ed. Edmont.
péch'lètte, f., Issé (L.-Inf.) et Massac (Ille-et-V.), c. p. M. Ed. Edmont.
passèreu, m., Estavayer (Suisse), c. p. M. Ed. Edmont.
pass'rott, m., Bobi (Vallées Vaudoises), c. p. M. Ed. Edmont.
passirott, m., Gujan (Gironde), Moureau. — Mézos, Parentis (Landes), c. p. M. Ed. Edmont.

passèroto, f., Esguyères (Var), A. Michel, *Istori de la vilo d'Eiquiero*, Draguignan, 1883, p. 355.

pachirok, m., Saint-Côme (Gironde) et Sarbazan (Landes), c. p. M. Ed. Edmont.

pàsséral, posséral, pachéral, pochéral, pachéran, passéraou, pass'raou, pochoraou, parchéraou, en divers endroits du Cantal, de la Corrèze, de la H.-Vienne, de la Vienne, de la Charente, du Lot.

passéroun, passérou, possérou, pachérou, en divers endroits de la Provence et du Languedoc.

passerou, (Béarn), *pasière*, (Béarn), femelle du moineau. — L. Batcave.

pachuriô, m., Morestel (Isère), c. p. M. Ed. Edmont.

panss'rô, m., Echallens (Suisse), c. p. M. Ed. Edmont.

pass'ran, m., Gatey (Jura) et Pringy (H.-Sav.), c. p. M. Ed. Edmont.

panchéran, m., Gruyères (Suisse), c. p. M. Ed. Edmont.

passérass, m., Veynes (H.-Alpes), c. p. M. Ed. Edmont.

passédatt, m., *possédatt*, m., *passéatt*, m., Hérault, Aveyr., c. p. M. Ed. Edmont.

pastéa, m., Givrand (Vendée), c. p. M. Ed. Edmont.

aparro, f., toulousain. Doujat, 1637.

parrou, m., H.-Pyrénées, c. p. feu A. Cazes.

aparré, m., Moissac (T.-G.), c. p. M. Ed. Edmont.

parratt, m., *aparratt*, m., Sud-Ouest de la France, et Béarn.

parrak, m., Bayonne (B.-P.), Ducéré.

përrutt, m., La Teste (Gironde), Moureau.

përuté, f., La Teste (Gironde), c. p. M. Ed. Edmont.

pardal, m., Pyrénées-Orientales, Barrère, 1745.

pou-â, m., Vendomois, Mantellière.

ch'patz, m., *hh'patz*, Ban de la Roche, Val d'Orbay (Alsace), Oberlin, Lahm. — [C'est l'allemand *Spatz*. — H.-G.].

monne, m., fr., du XIIIe s., SCHELER, *Trois traités*.
moine, m., *moisnet*, anc. fr., doc. de 1343, DU C., IV, 463.
moinel, *moneau*, *moyneau*, *franc moineau*, *moyniau*. *moyngneau*, *mounet*, anc. fr.
mouné, *monô*, *manô*, *mènà*, *mènò* *mouonô*, *mouané*, *mouénéa*, *mouin-nô*, *mognô*, *mougnidou*, *mouày'-nëy'*, en divers patois de la Normandie, de la Picardie, de l'Artois, de l'Ile de France, de la Champagne, de la Bourgogne, de la Lorraine, de la Fr.-Comté, de la Manche, de la Vendée.
mon-naou, Hte-Saône.
mouày'nëy', Courtisols (Marne), GUÉNARD.
mouin-n'lè, m., Florent (Marne), JANEB.
mouèn'ré, m., envir. de Chantonnay (Vendée), c. p. M. ED. EDMONT.
mouskeron, m., *muskeroun*, m., anc. f., GOD.
muscheroun, m., fr. d'Angleterre au XIIIe s. SKEAT.
mouéstron, m., Guernesey, r. p.
moéstron gare, m., env. de Matignon (C.-du-N.), GODEFROY. s. v° *mousseron*.
mastron, m., Tréveron (C.-du-N.), c. p. M. ED. EDMONT.
miss'ron, m., env. de Bouchain (Nord), c. p. M. ED. EDMONT. — env. de Valenciennes, c. p. M. L. B. RIOMET.
misseron, Quiévrain, SIGART.
mohon, m., Liège, Verviers ; *mouchon*, *mochon*, Ardennes luxembourgeoises ;
mouchèt, gaumais, Luxembourg méridional ;
mouchon d'twèt, Namurois (moineau de toit) ;
sauverdia, m., Namurois et Brabant wallon. — J. FELLER.
mossun, *mussun*, *moissun*, *moisson*, *moixon*, *mouisson*, *muisson*, anc. franç. en Normandie et dans le Nord-

Est. (Tous ces noms sont *masculins*). [*moisson*, St-Brieuc. = E. E.].

mouisson, m., *mouësson, mouésson, mouasson, mouosson, mouchon, mouchëon, mouchon, mouhon, mouchan, mouhon*, en divers patois de Normandie, Artois, Belg. rom. et Lorraine.

moisset, anc. fr., God.

mouchet, m., Metz, Le Duchat, *Œuvres*, 1741, 238. — Vance (Luxemb. belge), c. p. M. Ed. Edmont.

mouassè, m., *mouassrè*, m., Eure, Orne.

mochò, mcuchò, mohà, mouhŏ, mouhà, mouahà, mouéhò, en divers patois de la Lorraine et de la Champagne.

mach'lŏ, m., Isbergues (P.-de-C.), c. p. M. Ed. Edmont.

piaf, m., langage populaire parisien, r. p.

philippe, m., Yonne, Raré.

chérip, m., français dialectal, Littré.

chirip, m., *chirip-mohon*, m., wallon, Defréchéux.

[*tchìrìp*, les deux *i* très brefs : C'est une onomatopée. — J. F.].

tchiri, m., Sancey (Doubs), *Rev. de philol. franç.*, 1900, p. 32.

chirok, m., Landes, Dubalen ; Gassiat ; Daugé ; Flens de Lane, 1901.

chirott, m., Sauveterre (B.-Pyr.), c. p. M. Ed. Edmond.

tcharratt, m., Beaumont (Tarn-et-G.) et Montrastruc (H.-Gar.), c. p. M. Ed. Edmont.

tiri, m., (S.-et-L.), Fertiaul.

piri, m., Villiers-le-Pré (Manche), *Bull. de parl. norm.*, 1902, p. 39. — La Goucsnière (I.-et-V.), c. p. M. Ed. Edmont.

pigri, m., Vieuxviel (I.-et-V.) et Plévenon (C.-du-N.), c. p. M. Ed. Edmont.

bilri, m., Uzel (C.-du-N.), c. p. M. Ed. Edmont.

pilri, m., Noyal (C.-du-N.), c. p. M. Ed. Edmont.

pirli, m., La Dorée (May.), DOTT. — La Haye. — Pesnel (Manche), *Rev. de l'Avranch*, 1885, p. 452.

pissli, m., Avranches (Manche), LIOT, *Courseulles*, 1894, p. 53.

biritt, m., Gorges (Loire-Inf.), c. p. M. ED. EDMONT.

pìy'ritt, m., Char.-Inf., BOUCHERIE.

pillery, m., anc. fr., DUEZ, 1664.

guillery, m., anc. f., *Grands jours tenus à Paris*, 1622, p. 25 ; DUEZ, 1664 ; *Dict. de Trévoux*. — Orne, LIOT, *Courseulles*, 1894, p. 53.

[Ce terme est aussi donné *(ibid.)* pour le cri du moineau. Il est difficile de ne pas le mettre en rapport avec le mot *guilleret*. Le *Dict. Gén. de la langue franç.* fait venir ce mot d'un ancien verbe *guiller* « tromper », qui nous viendrait de l'anglo-saxon (?). En tout cas, ce sens de « gai » est incontestable. Rolland avait noté ces deux exemples : 1° *Ces guillerets* = gens joyeux, BEROALDE DE VERVILLE, édit. Roger, II. 108 ; — 2° *guillerette* = gaie, texte de 1460 dans la *Romania*, XVI, 481. — Et on ne peut traiter de ce mot sans rappeler comme il était populaire par le nom d'une chanson populaire : *Compère Guilleri, te lairras-tu, te lairras-tu mouri ?* = H. G.].

ghy'èri, m., Dompierre (Orne), c. p. M. ED. EDMONT.

ghéré, f., Hercé (Mayenne), DOTT.

frìy'ri, m., Ruffey-l.-Beaune (C.-d'Or), JOIGN.

friquet, m., Bayeux (Calv.), LIOT, *Courseulles*, 1894, p. 53.

rinkinkin, m., wallon, GRANDG.

rindindin, m., *zardal*, m., *mazardal*, m. (Ces trois noms servent surtout à désigner le moineau mâle), Saint-Pol (P.-de-C.). c. p. M. ED. EDMONT.

potin, m., Coutances (Manche), LIOT, *Courseulles*, 1894, p. 53.

criâ frètt, m., Bonneval (Savoie), *Rev. des patois*, I, 179.
grangé, m., Dozulé (Calvados), *Bull. de parl. norm.*, 1898, p. 87.
grato-palhè, m., languedoc, MISTR.
palhargou, m., *palhargor*, m., Aveyron, MISTR.
muralhè, m., Lézignan (Aude), c. p. M. ED. EDMONT.
passéroun dé muràyo, m., provençal, E. BLAZE, *Le chasseur aux filets*, 1839, p. 265.
passéroun dé tooulisso, m., provençal, JAUBERT, 1859.
passérà dè téoulado, m., *passérà dé canoun*, m., *téourissan*, m., provenç., MISTR.
tooulissàn, m., *toourissié*, m., provenç., c. p. M. ED. EDMONT.
tyok, m., *tiourak*, m., Suisse rom., c. p. M. ED. EDMONT.
mochon de toit, m., Belgique.
péche dë balè (= moineau de toiture)., m., Pléchatel (I.-et-V.), DOTT et LANG.
miss'ron de bariô (= moineau de clef d'ancre qui retient les poutres), m., Valenciennes, HICART.
mouchon di trô d'mani (= moineau de trou de pigeon), m., *sôverdia*, m., *gros bètch*, m., namurois, PIRSOUL.
toupinouol, m., Aveyron, MISTR.
pica-bla, m., Vissoye (Suisse), c. p. M. ED. EDMONT.
pëca-blö, m., Châble (Suisse), c. p. M. ED. EDMONT.
makeû de pois (= mangeur de pois), Varengeville-s.-M. (S.-Inf.), r. p.
mouagneû à gros bec, m., Eu (Seine-Inf.), r. p.
gros bec, m., îles de Jersey, de Serk, c. p. M. ED. EDMONT.
gris gaziò, m., Saint-Pol (P.-de-C.), c. p. M. ED. EDMONT.
bikion, m., Nendaz (Suisse), c. p. M. ED. EDMONT.
moussaverdia, m., Wavre (Bel.), c. p. M. ED. EDMONT.
magnoti, m., Hyères (Var), c. p. M. ED. EDMONT.
gàyô, m., Péry (Suisse), c. p. M. ED. EDMONT.

gros moineau, franç., FORTIN, *Ruses p. prendre ois.*, 1688, p. 139. (Par opposition au moineau friquet).
pierrot, m., français, dans LA FONTAINE, etc., etc.
perrot, m., anc. fr., *Glossaire de l'anc. théâtre français*.
piérou, m., Molliens-aux-Bois (Somme), r. p.
pierrette, f., la femelle, Paris.
[Je trouve dans les notes de Rolland cette découpure de HÉCART :
« *piérot*, moineau franc, par onomatopée de son cri. »
Je pense plutôt que le cri, compris le plus souvent comme commençait par un *p* et un *p* redoublé, a suggéré le nom d'homme *Pierre*, puisqu'il est si fréquent de donner des noms d'homme aux animaux, pour les mieux personnifier. De même le nom de *Philippe*, français, breton et anglais. — H. G.].
Lionart, m., nom familier et facétieux qu'on lui donna autrefois dans le *Roman de Renart*, Voir MARTIN, *Rom. de Ren.*, IV, 117.
filip, *chilip*, breton, LE GON. — [Voir aussi ERNAULT *Gloss. moy. bret.*, p. 237, où est cité l'anglais *philip*, avec renvoi à SHAKESPEARE, *King John*, I, I. — M. ERNAULT dit : « On désigne ainsi le moineau sans doute par imitation de son cri. » Sans doute, oui; mais il y a aussi rencontre avec le nom d'homme *Philippe*. — H. G.].
golvan, *golven*, breton et cornique.
gallan-strathaire, anc. irlanduis.
gealbhan, *galun*, *galloone*, *riabhag*, irl.
glaisean, *baois*, *ciolag*, gael. écossais, FORBES.
jallyn, anc. mannois.
passara, *passera*, *passarot*, *passua*, *passerina*, *selega*, *zelega*, *zelaga*, *celega*, dial. ital. — *panegàs*, Bellune. — *gorrion*, espagn.

müsch, mösch, sperk, spatz, dachscheisser, koornbicker, hunsfink, karkfink, lüntje, lünink, lünk, loüling, dial. allem.

pannemusch, papmusch, blokmusch, dakmusch,, stroomusch, boerenmusch, flamand (A. DE C.).

sparr, sparry, sparrow, thatch-sparrow, aisin-sparrow, spur, spurrer, spurd, spurg, spurgie, sprug, sprauch, spag, spadger, spinj, spuggy, phip, philip, hoosie, dial. angl.

husspurv, danois.

On trouvera d'autres noms gallo-romans du moineau dans *l'Atlas ling.* de GILLÉRON et EDMONT, fasc. 19, carte 866.

TOPONOMASTIQUE :

Les Moineaux, La Ferme des Moineaux, Les Haies à Moineaux, noms de diverses localités.

La Moynaudière, doc. de 1518, local. de la Vienne, RÉDET.

Les Trois Moineaux, loc. de la Loire-Inf., QUILG.

Le Fief du Mayneau, anc. local. près Nogent-sur-Marne, GIRARD-VEZENOBRE, Nogent-s.-M., 1878, p. 21.

La Moissonnière, anc. maison à Darnétal (S.-Inf.), dont le possesseur devait annuellement une nichée *de moissons* au haut justicier du pays, LESGUILLIEZ, *Not. s. Darnetal,* 1835, p. 34.

Le Pont des Trois Pierrots, sur la route de Saint-Cloud à Rueil.

Le Logis des Trois moineaux, loc. de l'Ain, SIRAND ; GUIGUE.

Monia, hameau de quelques maisons dans une encoignure du rocher au sud d'Anseremme, lez Dinant, province de Namur. — J. FELLER.

Le Blanc Misseron, village près de Valenciennes. (Le nom vient d'une anc. enseigne).

L'Hôtel des Quatre Moineaux, anc. hôtellerie à Langres, L. MORIN.

La Maison des Blancs Moinets, anc. maison à Saint-Quentin, GOMART, *Etudes sur St-Quent.*, 1844, II, 127.

Rue Mouenno, doc. du XVIIe s., *Rue des Moineaux*, aujourd'hui rue à Auray (Morbih.), ROSENZEW, 1870.

A l'enseigne des Moineaux, maison à Beauvais, DESJARDINS, *Arch. eccl. de l'Oise*, 1878.

Rue des Blancs Mouchons, anc. rue à Douai, LEPREUX, *Rues de Douai*, 1882, p. 16.

Enseignes :

Au Grand Moineau, anc. ens. de Compiègne, BAZIN, *Topogr. de l'anc. Comp.*, 1905, p. 16.

Aux Six Moineaux, anc. ens. au Mans, CHAMBOIS, *Hôtell. du Mans*, 1905, p. 36.

ONOMASTIQUE :

Laprasse, Presse, Prache, Depasse, Passat, Laparra (Lot), *Laparre* (L.-et-G.), *Passerat, Passeret, Passereau, Passerieu, Passeron, De la Passardière, Passelaye, de Passe, de la Passardière, Parat, Moinel. Moineau. Mounet, Moinet* (Vosges), *Moignet, Moinson* (Indre-et-Loire), *Lemoisson, Moisson, Moissenot, De la Moissonière, Mouchot, Moxhon* (Belgique), *Lemouchoux, Mouchon*, noms de famille. — [Peut-être *Meissonnier*. — H. G.].

On interprète ainsi le cri du moineau :

piu! piu! anc. provençal, RAYNOUARD.
piou! piou! provençal, AVRIL.
piaou! piaou! Béziers. *Rev. d. l. romanes*, 1877, p. 239.

piouit! franç., BLAIN, *Seins de feu*, s. d. (vers 1890).
picuit! parisien, L. NOIR, *Le pavé de Paris*, 1869, p. 199.
guilleri! anc. franç., GOD.; Est, PASQUIER, *Rech. de la France*, 1665, p. 671. [Cf. ERNAULT, *Notes d'étym. bret.*, 65, 66 (n° 43); sur *l'étym. bret.*, n° XXII (*Rev. Celt.* XXV, 277), E. E.]
pilleri! anc. franç., RENÉ FRANÇOIS, 1622, p. 61.
tchirip! liégeois, FORIR. — namurois, PIRSOUL.
tchîp! namurois, PIRSOUL.
djaou! djaou! namurois, PIRSOUL.
juif! juif! wallon, *Wallonia*, 1896, p. 119. (C'est le moineau qui guida les Juifs à la recherche de Jésus, dans le Jardin des Oliviers; il les appelait par ses cris perçants: *juif! juif!* et depuis ce temps il ne sait plus dire autre chose).
piou! piou! tiro-té d'achiou! (= ôte-toi de là!), Gascogne, PERBOSC, (dans *La Tradition*, 1904, p. 233).
tsériou! tséraou! tu né vénés, é io i vaou! (= tu en viens et moi j'y vais!), Lot, PERBOSC, (dans *La Tradition*, 1904, p. 233).
dief! dief! (= voleur), flamand. — Le moineau et le cygne furent invités à dîner chez Adam, mais celui-ci les fit attendre très longtemps. Le moineau, mourant de faim, souleva le couvercle de la casserole qui rissolait sur le feu, mais se brûla les pattes et laissa tomber le couvercle. Adam accourant au bruit, le moineau cria: *dief! dief!* pour s'excuser et le cygne cria: *kwek! kwek!* Depuis lors ces deux oiseaux sont condamnés à répéter toujours le même cri! (A. de C.).

Du moineau qui fait entendre son cri on dit:

pipare, pipire, pipilare, titiare, tintiare, tinciare, tinc-

tiare, cinciare, tirticare, tinnipare, riciare, l. du m. à., GOETZ ; DU C. ; DIEF.
piular, anc. provenç., RAYN.
piulà, env. d'Annecy, CONST.
pioler, français, GATTEL, *Le maître ital.*; 1803, p. 314.
piauler, franç., mod., et *Dict. gén.*
pipier, franç, du XVIe s., TABUREAU, *Mignardises,* éd. Blanch., p. 76 ; CL. GAUCHET, *Plais. d. Champs,* éd. Blanch., p. 120.
pépier, français, *Dictionn. de Trévoux,* 1752.
pépiter, français, H. LE VERDIER, *La faute d'Aimée,* s. d. (vers 1900), I, 80.
piaoutà, provençal, PELLAS, 1723.
piéoutà, Marseille, GROS, 1763, p. 176.
chiéoutà, Lauraguais (Aude), A. FOURÈS, *Cants del soulelh,* 1891, p. 138.
piassé, Centre, JAUBERT.
chucheter, franç. dialect., et *Dict. de Trévoux.* — [Ce terme ne peut pas se séparer de *chuchoter.* — H. G.].
chîpter (tchîpté), namurois, PIRSOUL.
pipilare, italien.
pini, roumain.
filipa, chilipa, crier, breton, LE GONIDEC.
to pipe, to chirp, anglais. — *schirpe,* Aix-la-Chap. — *gipsen,* Luxemb. allem. = *piepen,* flam.
« Ces enfants sont criards comme des pierrots. » Berry. LAPAIRE, *Le Courandier,* 1904, p. 238.

Le pot à moineaux qu'on attache sur les murs pour que ces oiseaux y viennent pondre, est appelé :

passérièro, f., provençal, PELLAS, 1723.
aparratièro, f., Lauraguais (Aude), A. FOURÈS, *Cants del soulelh,* 1891, p. 138.
toupinièro, f., provenç., ou langued., MISTR.

« Tu n'a pas plus de raisonnement qu'un moineau ». LAGRANGE, *Le prisonnier d'une femme*, comédie, 1836. — « C'est un sot moineau = *c'est un niais* ». Genève, HUMBERT. — « C'est un joli moineau = *c'est un niais.* » *Paris la nuit*, journal, 1891, p. 638. « Voyez le beau moineau ! » SERVIÈRE, *Manon la Ravaudeuse*, comédie, an XI. — « Voyez ce pierrot-là. » Locut. commune. « *Es counescat l'aparrat !* = il est comme l'oiseau. » toulousain, VISNER. — « Nous sommes débarrassés de ce vilain moineau. » CHÉRON, *Pierre Daout*, roman, 1895, p. 64.

« Il faut lui arracher ses plumes (à cet homme), nous verrons si c'est une linotte ou un pierrot. » ROCHEFORT, *Pages et poissardes*, comédie, 1840, p. 21.

« Cette nuit, d'un grand courage, Tu tranchois du franc moineau. » [GRANDVAL fils], *Deux biscuits*, tragédie, 1759, p. 30.

« Il falloit bien d'autres oyseaux pour un si beau pot à moyneaux. » D'ASSOUCY, *Ravissem. de Proserp.*, 1664, p. 21. — « Un joli mogneau pour une si belle cage ! » A. DE JALLOIS, *La nouvelle madame Angot*, comédie, 1860.

« *Appelles-tu ça des moigniaux ?* = crois-tu que ce n'est rien, que ce n'est pas important ? » *Recueil des pièces parues en 1649*, s. l., p. 563.

Tirer sa poudre aux moineaux = user sa poudre pour des choses de peu de valeur, perdre son temps. « Il s'attache auprès de cette femme, mais *il tire sa poudre aux moineaux*, il ne réussira pas. » *Dict. de Trév.*, 1752. — Ils consumèrent leurs munitions à force de tirer aux moineaux, RABELAIS.

« *Ce n'est pas viande pour ses moineaux* = cela n'est pas pour lui, c'est trop bon pour lui. » FURETIÈRE, 1708.

« Tu n'as pas plus de tête qu'un pierrot. » E. SUE, *Bonne aventure*, 1854.

« *T'es t'un mouchon* = tu es un moineau, se dit à un gamin. » Lille, DEBUIRE. — « *Moineau sans plumes* injure à un enfant. » BIZET, *Les boîtes*, comédie, An IV, p. 6. — *Moineau sans queue* = injure à un enfant. » Paris, r. p. — « *Moigniau déplumé* = injure. » *Riche en gueule*, 1821, p. 25. — « Beau moigneau pour se foute des airs de qualité ! *Nouv. engueulements*, 1839, p. 2. — « *Vilain moineau de Carême* = injure. » *Nouv. engueul.*, 1839, p. 10.

« *Ma petite pesse, pauvre petite pésse* = termes d'affection. » May., DOTT. — « *Nosté passérà* = notre enfant ; *ma passérèto* = ma mignonne, terme de caresse. » Provence, MISTR.

« *Es abibado couno un passérat* = elle est vive comme un moineau. » Lozère., *Alm. de la Louz.*, 1904, p. 31.

« *Counténl couno un passéroou* = content comme un moineau. » Alais, HAON. — « Gai comme pérot. » XVIe s., BONAV. DES PERIERS.

« *Il a l'air tout guillerct* = tout gai comme un *guilleri* moineau. » Le Consul. Pour le mot *guilleret* joyeux, gai, cf. *quilet*, *quillet* = gentil, aimable, agréable, anc. fr., GOD. — Le mot *guilleret* se trouve pour la première fois en 1460 ; voy. *Romania*, 1905, p. 97. [Mon rapprochement du mot *guilleret* avec *guilleri* = moineau, est une simple hypothèse]. Note de ROLLAND, mais voir plus haut, p. 28.

Moineau = membrum virile. « Je lui demande, bergère, veux-tu loger mon moineau ? » *Parnasse des muses*. — Dans le Nord-Est le mot *moineau* est très souvent employé par désigner le membre viril des enfants. — Voir aussi, pour la Picardie, *Kryptadia*, T. X, p. 25.

« *Guillery* = même sens. » *Chansons de Gaultier Garguille*, dans *Biblioth. facét.*, 1858, II. 50.

« *Cage à mouchons* = les parties génitales de la femme. » Hainaut belge, *Rev. du tradition.*, 1907, p. 33.

Les moineaux = les seins, Blésois, EUDEL.

« Très passérous sus uno éspigo Podou pas s'abari *(se nourrir)*, Ni trés garçous près d'uno fillo Jamaï s'éndévéni *(s'accorder)*. » Gard, LAMBERT, *Ch. p. de L.*, II, 45.

« Il mange comme un moineau et il chie comme une vache = *se dit de quelqu'un qui prétend ne presque rien manger.* » r. p. à Paris.

« On appelle plaisamment *Jacques à moineaux* un amateur d'oiseaux en cage. » Saint-Pol (P.-d-C.), c. p. M. ED. EDMONT.

« Comme le moineau franc qui craint de rentrer au nid qu'il a déserté et où l'attendent les coups de becs correcteurs... » GILBERT, *Le figaro de la révolut.*, 1825, I, 18.

« *Estrànglo-passérou* = un avare. » Provence, MISTR., II, p. 1165.

« Je suis comme le mouchon sur la branche qu'on voudrait bien prendre en lui jetant de la paille. » liégeois, *Bull. de la soc. liég. de litt.*, 1868. — « On ne prend pas les *söverdias* avec de la tchènne *(chénevis)* ». namurois, *La Marmite* du 29 déc. 1895.

« Passereaux comme aussi moineaux sont deux fins et très faux oiseaux. » G. MEURIER, 1582.

« Les gamins s'abattirent sur la place comme une volée de moineaux. » LAPAIRE, *Le Courandier*, 1904, p. 229.

« *Les moineaux sont dénichés* = les personnes qu'on comptait trouver ont disparu. » *Le faucon et les oyes de Bocace*, comédie, 1725; et autres écrivains du 18e siècle.

« *Qué ha parrats aou cap* = il a des moineaux dans la tête, il est un peu fou. » B.-Pyr., Lespy.

« Ayant prins de l'huyle de septembre, commodément illuminez comme escrevices, *chauts comme moyneaux*... » Duroc Sort-Manne, *Nouveaux récits*. 1575. — « Chaud comme moinneau. » Du Roc, *Nouv. récits*, 1573, p. 3.

« Vous avez fait *chirip-mohen*, vous n'aurez pas l'absolution. » Belg. wall., *Dict. des spots*.

Effrayer les moineaux = être laid à faire peur. « *Monsieur* : j'ai été pourtant plus jeune, je n'étais pas mal tourné... actuellement je ne suis pas trop décati. *La servante* : sûr que monsieur n'effraye pas les moineaux! » Delilia, *Qui va à la chasse*, comédie. 1898.

« Son cœur tapait plus fort que le cul d'un pierrot. » Borinage (Belg.), *Le Pays borain* du 23 nov. 1902.

moineau = ancien terme d'architecture militaire. « Les tours, les moineaux, les barbacanes... » *Hist. macar. de Merlin Coccaie*, éd. Jacob, p. 176. — Cf. God., II, 190.

« *Tête de moineau* = espèce d'anthracite à l'usage des petits poêles. » Bibi-Tapin, *Le cadavre ambulant*, s. d. (vers 1890), p. 63.

« On n'a jamais vu les jeunes petits pierrots porter la becquée à leur mère. » Ardennes, *Rev. de Champ.*, 1900, p. 426.

Sur les moineaux et autres oiseaux mis en cage et empoisonnés par leurs parents dans la cage même, voir le journal *Le Temps* du 7 octobre 1902. (Les champs et les bêtes par A. Couteaux).

« Ces lettres furent kierkies l'an ke li mousson se combattirent as mouskerons. » anc. fr., God., s. v° *moisson.*

« *Le moineau dit dans son langage :* Mettez le pain dans le four, parce qu'il va fërdi, fërdi, fërdi (froidir). » Ercé (I.-et-V.), Sébillot (dans *Rev. de ling.*, 1881, p. 15).

« *Faire la part aux moineaux*, c'est, quand on ensemence, jeter une poignée de blé derrière soi, à chacun des coins du champ, en récitant cinq *pater* et cinq *ave.* » Ardenne belge, Body.

« *C'est comme à l'Hôtel des quatre moineaux, tout y bout, rien n'y est chaud* = on se remue beaucoup pour n'arriver à rien. » Aube, L. Morin.

C'est l'hôtel des trois moineaux, jamais rien de cuit ni de chaud = se dit facétiquement du logis d'un pauvre. Perron, Prov., p. 130.

« *Subsidet in tecto passer dum migrat hirundo* = c'est le moineau qui est le véritable ami de l'homme, et non l'hirondelle qui émigre pendant les mauvais jours. » Voyez sur ce proverbe : Voigt, p. 17 en note.

Les plus hardis découvrent bientôt un sentier qui conduit aux prairies jadis grevées d'une singulière charge. Le premier char de foin récolté devait être amené au seigneur et surmonté d'un moineau soigneusement enchaîné. Nous n'avons pu découvrir l'origine de cette redevance, Collin et Charleuf, *Saint-Honoré les Bains.*

Symbolique. « Une image représentant un moineau est accompagnée de ces mots : *N'est pas moineau qui veut.* » La Feuille, *Devises*, 1693.

Héraldique. Sur le moineau, voir Renesse, I, 465.

Passer montanus (BRISSON). — LE FRIQUET

(Voy. *Faune pop.*, t. II, p. 163).

lonefa, l. du m. â., WRIGHT. (?)
petite pesse, f., franç., FORTIN, *Ruses p. prendre les ois.*, 1688, p. 139.
poussouy're, m., Mirande (Gers), ABEILHÉ.
prasse ramigère, f., Chef-Boutonne (D.-S.), BEAUCH.
prass'tiö, m., Centre, JAUBERT.
passeteau, m., *paisseteau*, m., anc. franç., GOD.
poisteau, m., anc. fr., DUEZ, 1678.
pincelette, f., *pinchelette*, f., Loire-Inf., Ille-et-V.
moineau des bois, *moineau des haies*, *passe buissonière*, en divers endroits.
passéroun, fé., *passéroun dé traou*, m., *passéro mountagnèro*, f., provençal, 1859.
passéroou, *passéroou das téoulés*, lang. d'HOMBRES.
pochéra dé bò, m., *pochérà dé tsirghé*, m., Lot., c. p. M. R. FOURÈS.
parratt bastar, *parratt dé sègo* (= moineau de haie), Gers, H.-Pyr.
pêche de hâ, f. (= de haie), Ercé, Ille-et Vil. SÉBILLOT, *Rev. de Ling.* 1881.
fiafia, *saugeri*, Jura, OGÉE.
passératt-gréoulé, m., *passéroun dé borgno*, m., languedocien, MISTR.
moineau de noyer, m., français, BELON, 1555 ; etc., etc.
moinequin, m., *morkin*, m., dép. du Nord, NORGUET.
friquet *, m., français, BELON, 1555, etc., etc.

* « *Friquet*, c'est un moineau de noyer qui ne fait que fretiller sur l'arbre, becquettant les noix. De là on nomme les femmes *friquettes* qui sont fort volages et qui ne font que babiller et courir. » R. FRANÇOIS, *Merv. de nature*, 1622, p. 68. — *Friquette*, petite fille éveillée, MÉNAGE, 1730.

cave, m,, *kiave*, m., *creûzò*, m., Centre, JAUB.
moineau caborne, m., Charente, TRÉMEAU DE ROCHEBRUNE.
carbatou, m., env. de Castres, MISTRAL.
tchaboti, m., wallon, DEFRÉCHEUX. (De *tchabotte* = creux dans les arbres.)
tchabotrou, m., namurois, PIRSOUL.
creuzot, m., Centre, JAUBERT.
marie, f., *reuge*, f., *rapoutô*, m., *pierrot*, m., Yonne. RABÉ.
parkin, m., Voiron (Isère), BLANCHET.
balètte, f., L'Hermitage (I.-et-V.), c. p. M. ED. EDMONT.
pibé, m., *giré*, m., Aveyr., MISTR.
pardal roquer, m., Pyr.-Orient., BARRÈRE, 1745.
sôlé, m., Loire-Inf. et M.-et-L., VERR.

Passer petronia (DEGLAND)

moineau à la soulcie, m., *collier jaulne*, m., franç., BELON, 1555.
passérà dé saouzé, m., Le Vigan (Gard), REUGER.
saouzén, m., Vauvert (Gard), HONNORAT.
pèsse des saules, *pèsse sôline*, M.-et-L., VERR.
favà, m., *saouzìn*, m., Avignon, HONNORAT.
saouzénall, m., toulousain, VISNER.
sôzéya, f., *passuret*, m., Jons (Isère), FERRAND.
sôj'ré, m., Mâcon, *Lexique*, 1903.
carbatou (= petite cravate), m., toulousain, VISNER, 1897. — C'est le moineau au collier jaune.
parratt d'Indo, m., H.-Pyr., c. p. feu A. CAZES.
passe marine, f., franç., FORTIN, *Ruses p. prendre ois.*, 1688, p. 139.

Pyrrhula vulgaris (Temminck). — **LE BOUVREUIL**

(Voy. *Faune pop.* t. II, p. 165)

1. — Noms de l'oiseau :

rubicilla, pyrrhula, momencl. d'Aldrovande.

petit bû, m., Nepvant (Meuse), Labourasse.

bouvé, m., *bovî*, m., *boviè*, m., *bouavin*, m., *bouavin rouge*, m., *bouvrël*, m., *bouvrëy'*, fém., *bovriël*, m., *bubrulh*, m., *bougrul*, m., *bouvreû*, m., *bouvrò*, m., *bouévriö*, m., *pivo*, f., *pive*, f., *pivoni*, m., *pivouânò*, m., *pivouane*, f., *pirône*, f., *piöne*, f., *pione*, f., en divers patois.

pinson-bouvreuil, m., Bocé (M.-et-L.), c. p. M. Ed. Edmont.

rouvrëlh, m., S.-Inf., c. p. M. Ed. Edmont. — *rouval*, m., Gard. — *rouviu*, m., Saint-Pol (P.-de-C.), c. p. M. Ed. Edmont. — *cardinal*, Namur. — *panse rouge*, f., Nièvre. — *rodje-goudje*, f., Meurthe. — *blanc-cul*, en div. endr.

pivois, m., franç., Challe, *Journ. d'un voyage aux Indes Orient.*, 1721, II, 6.

piöle, f., Deycimont (Vosges), Adam.

pîlö, m., Saint-Hubert (Luxemb. belge), *Rev. de philol. fr.*, 1890, p. 210. — Namur, Pirs. — Sclayn (Belg.), c. p. M. Ed. Edmont.

pinson rouge, m., env. de Malicorne (Sarthe), c. p. M. Ed. Edmont.

pìnsàr marì, (= pinson de mer, c.-à-d. étranger), *pinsàn marìn, pìnsà mari*, Tarn, Landes, B.-Pyr.

pinsa mauri, Arrens, H.-Pyr., c. p. M. Camélat.

hìnsoun dé la testo grosso, provenç., Mistr.

pimar, m., Malmédy (Prusse rhénane), c. p. M. Ed. Edmont. — *pinmar*, à Spa, J. Feller.

pimày', m., Beaufays (Belg.), c. p. M. Ed. Edmont.
pinson sableù, m., *flûteù*, m., Yonne, Rabé.
pleureux, m., Centre, Jaubert.
siflò, m., Torcy (P.-de-C.), c. p. M. Ed. Edmont.
tu, m., Ardenne belge, Defréchéux. (Ainsi appelé de son cri).
Camus, m., Franche-Comté, Suisse romande. (Ainsi appelé à cause de son bec court). — *perroquet de France*, franç., Bulliard, *Aviceptol.*, 1813, p. 409. — *pérrouquétou*, m., languedoc., Mistr.
gros bëc, gros bë, Vosges, Jura. — *ébourgeonneux, éboutouneux, gros bëc, gros bë*, Vosges, Jura. — *parse à grou bec*, f., M.-et-L. — *pique-bourgeons, ébourgeouneux, éboutouneux, boutougneû, boutoniè, boutounè, pinson boutouniè, casse-boutons*, en div. endr. — *pica-brot*, Loire. — *poude-broult* (= coupe-bourgeon). B.-Pyr. — *pèsso-coulivo, pèsso-pigno*. Provence. — *pécavotan*, m,. Fribourg (Suisse). — *pica-l'étron*, m., Thévésol (Sav.), r. p.
calandre, f., Mayenne, Dottin.
rëcéta, m., Hergugney (Vosges), Adam.
térin, m., Sommerviller (Meurthe), Adam.
gripandar, m., Haillainville (Vosges), Adam.
monsieur, m., Nièvre, Chambrore (ainsi appelé à cause de ses riches couleurs).
mëssò, m., Vannes-le-Châtel (Meurthe), Adam.
bouch'nò, m., Charmies (l'Orge), Meurthe, Ad.
rossignol moret, m., franç. dialect., Fortin, *Ruses pour prendre ois.*, 1688, p. 139.
mancàyèsse, f., Ventron (Vosges), Adam.
ulh dé béou, m., La Teste (Gironde), Moureau.
chopar, m., *choparde*, f. (la femelle), Boulogne-s.-Mer, Haigneré. — Bainethun (P.-de-C.), c. p. M. Ed. Edmont.

Sur le bret. *pabaour*, voir Ernault, *Gloss., moy. bret.*, 459, [E. E.]

monachino, muonace, gèmon, becotto, finco subioto, subioto, zufolotto, ciufolotto, cifolot, suflot, sivilot, stuflot, scigùn, siolonso, dial. ital. — *pilo*, Luxemb. all. — *blutfink, rothfink, luhfinke, doomspaap, pfäfchen, kicker, kucker, gügger, roth-gügger, gol, goler, rothgimpel, brom-beisser, brom-äs*, dial. allem. — *bullfinch, bull-spink, bully, bud, budding-bird, plum-bird, hope, hoop, red hoop, nope, bud-nope, black-headed-nob, mawp, mwope, mope, hoof, olf, blood-olf, alp, olp, blood-olp, tope, pope, billy-blackcap, tawney*, dial. angl. — *dompap*, danois.

goudvink, bloedvink, roodevink, néerl.

« Une variété de bouvreuil, le *Pyrrhula coccinea* est appelée *double pionne.* » Dép. du Nord, Norguet.

« *Bouvrette*, f. = sorte de serinette pour les bouvreuils. » Littré.

« Voir un bouvreuil présage une mauvaise nouvelle. » Fougerolles (May.), r. p.

Loxia curvirostra (Linné). — LE BEC CROISÉ

(Voy. *Faune pop.*, t. II, p. 169).

loxias, loxia, l. du m. â., Dief.

bec croisé, m., *croiseau*, m., *croix-bec*, m., franç., Duez. 1664. — *croisel*, m., fr., *constantinus*, 1573. — *bec croutzatt, bec tortt*, Landes. — *bé touar*, Var. — *djâ creussâ* (= geai croisé), m., Damprichard (Doubs), Gramm. — *bé dé cizèls, bé dé cizéous*, languedoc., provenç. — *perroquet*, Jura. — *pilo-pin*, m., Nice. — *pésso-pigno*, m., Provence. — *trénca-pinyas*, Pyr.-Or., Barrère, 1745. — *truk*, m., *zouèk* m., H.-Pyr., c. p. feu A. CAZES. — *pinson de Paris*, Yonne, RABÉ.

becch in cros, becch stuort, becher, crociere, crosnobel, dial. ital. — *pico tuerto, pico cruzado*, espagn. — *kreutzvogel, krappenfresser, krinis, krünitz*, dial. allem. — *talbit, paris-fogel, jwensk-papegoja*, Suède.

Coccothraustes vulgaris (VIEILLOT). — **LE GROS BEC**

(Voy. *Faune pop.*, t. II, p. 171).

loxia coccothraustes, nomenclat. de LINNÉ.

ascalaphus, ascalapeus, ROSTAF.

frison, anc. fr., *Romania*, 1907, p. 270.

gros bec, m., français, BELON, 1555; etc., etc. [Je passe sous silence les formes patoises.]

pinson à gros bec, H.-Marne. — *pinseron à gros bec*, Orne. — *ch'pa bec* (= bec épais), Val d'Orbey (Alsace). — *dur-bé*, m., Gard, Aude. — *miéch-gach*, m., *sénino*, f., Aveyron. — *martoou*, m., H.-Pyr. — *bak-slége*, env. de Belfort. — *pèsso-ooulivo*, m., Provence. — *casse-noyaux*, H.-Marne. — *casse-rognons* (= casse-noyaux), m., Meuse. — *pik-brò*, *picatà*, m., Loire, H.-Loire. — *pinson-royal*, franç., THIERRY, 1564; Yonne, H.-Marne. — *pìnsàn éspagnol*, Gers. — *pìnsà dé mountagno*, m., H.-Pyr. — *pinsà roké*, m., Pyr.-Or. — *pinson d'Artois, ébourgeonneux*, franç., FORTIN, *Ruses p. prendre oiseaux*, 1688, p. 139. — *gros pinson, pinson d'Ardennes*, *mulè*, m., *grou ba*, m., Yonne, RABÉ. — *grò mudrêr*, m., Malmédy (Prusse wall.), ZEL.

pizzigone, Corse. — *becco duro, frocione, fregione, frixiòn, frosone, frusone, frisone, frissone, frosolone, sfrison, frisott, sfrisott, fringieddone, frin-*

giddastre, nociotto, scossa-nuci, scosson, scaccia-menduli, pacca-osso, dial. ital. — *piccu grossu, pizzu grussu, re d'alipinti* (= roi des pinsons), Sardaigne.
piñonero, pico gordo, espagnol, IRBY.
dickschnabel, kernbeisser, steinbeisser, kirschenschneller, kirschfink, klepper, kriesiklöpfer, kirscheknèppchen, dial. allem. — *dikbek,* holland. — *appelfretter,* Jerisc. — *appelvink, bogaardvink, slagvink. botvink, vink,* dial. flam. — *gros beak, hawfinch,* anglais.
« *Dur-bé* = niais, sot, butor. » cévenol, SAUV., 1785. — « *Badà lou dur-bé* = faire le pied de grue, attendre sous l'orme. » Gard.
Doorslaan als een blinde vink = raisonner à l'aveugle, de choses qu'on ne connaît pas. — *Vinkjes hebben* (litt., avoir de petits pinsons) = avoir des poux et des puces (A. DE C.)

Fringilla chloris (TEMMINCK). — LA VERDIÈRE

(Voy. *Faune pop.*, t. II, p. 172).

virco chloris, l. du m. â., DIEF.
canapeus, ROSTAF.
loxia chloris, nomencl. de LINNÉ.
verdier, m., *verdière,* f., *verdrier,* m., anc. fr. — *bèrdètt,* m., *vèrdè,* m., *vèrdé,* m., *vèrda,* m., *vèrdö,* m., *vèrdoué,* m., *vèrdyiore,* f., *vèrdjère,* f., *vadjire,* f., *vèrdure,* f., *verdraö,* m., *verdrï,* f., *bèrdaoulo,* f., *vèrdiole,* f., *vèrdal,* m., *vèrdèy'rola,* f., *vardërële,* f., *vardérol,* m., *vardërin,* m., *vèrdëlin,* m., *vèrdëliè,* m., *vèrdojo,* f., *bèrdaouch,* m., *bèrdaoûtso,* f., *bèrdaouze,* f., *verdouaze,* f., *vèrdzaoudo,* f., *vèrdaoudjo,* f., *vodjourotte,* f., *vèrdasson,* m., *vèrdon,* m., *vèr-*

doun, m., *bèrdoun*, m., *bardoun*, *berdou*, *vèrdùn*, *vèrdona*, m., *jôn'rö*, m., *djon'rotte*, f., *jônèsse*, f., en div. pat. — *rëvèrdière*, f., S.-et-L. — *bérièy'ro*, f., Loz. — *vëriè*, m., *vriè*, m., M.-et-L., Yonne. — *mèdjure*, f., Plancher (H.-Saône), POUL. — *parse jaune*, f., M.-et-L. — *pailleret*, m., fr. dial., FORTIN, *Ruses p. prendre ois.*, 1688. — *djâzrènne*, f., wallon.

roussieiro, lang., SAUVAGE, 1785.

serrant, m., Maine, BELON, 1555. — *montant*, m., anc. fr., J. BOUCHET, *Ditz de Molinet*, 1531, f[et] 36, r[o]. — *montin*, m., Bessin, JOR. — *vert-montant*, m., anc. fr., J. BOUCHET, *Ditz de Mol.*, 1531, f[et] 28, v[o]; Nord, Pas-de-C. — *vert linè*, m., *vert lign'rou*, m., *vert*, m., *gros vert*, m., *verte linette*, f., *var linette*, f., Belg. wall.

linò jaune, *lunò jaune*, Orne, L.-et-Ch. — *linò briyan*, m., S.-Inf. — *lunètte briyante*, f., Berry. — *vert frion*, m., Mons, Valenciennes.

churuluk, m., env. de Bagnères-de-Bigorre.

melenek, *melennoc*, *mileinetch*, *melega˜n* (et pour la femelle, *rouzega˜n)*, breton, voir ERNAULT. *Gloss. moy. bret.*, 401. [E. E.]

amarot, *amorot*, *amolot*, *calenzòlo*, *carenzòlo*, *schiaranto*, *cirant*, dial. ital. — *schwunz*, *zschwunschig*, *flats*, dial. all. — *green linnet*, angl.

« *Coà lou berdou* = couver la verdière, c.-à-d. attendre longtemps, faire le pied de grue. » B.-Pyr., LESPY.

Pinsa dou pays (le pinson du pays). — *Pinsa de la mountagne* (pinson des Ardennes, plus long que le précédent; il a le dessous du ventre différent). C. p. M. L. BATCAVE (d'Orthez).

« *Vert frion* = faraud, jeune homme endimanché qui s'admire. » Valenc., HÉC.

« La verdière a fait découvrir le tombeau du Christ, en

disant dans son langage : *catche! catche! disso cisse pîre* = il est caché sous cette pierre. » Belg. wallonne, *Wallonia*, 1896, p. 118.

« La verdière, dans son langage, se plaint qu'on ne lui fait jamais visite : *vos n', vos n', vos n'venez jamais m' vîr!* » Nivelles (Belg.), *Wallonia*, 1896, p. 118.

HÉRALDIQUE, RENESSE, I, p. 492.

Fringilla cœlebs (LINNÉ). — LE PINSON

(Voy. *Faune pop.*, t. II, p. 174.)

fringuellus, frenguillus, fringuilla, frigrellus, fringellus, fringella, fringilla, frigellus, frigella, figella, l. du m. â., BOUCHERIE, 1874 ; DIEF. — *pincio, pinsula*, l. du m. â., DU C. ; DIEF.

fran-n'ghüéy', m., Menton (Alpes-Marit.), c. p. M. ED. EDMONT.

pinson, m., *pinceon*, m., franç. du XIIIe s. — *pìnsoun, pinchon, pi˜son, pìnsou, pinsou, pinchou, pi˜chou, pyinsou, pyinchou, pyansou, pyancin, pinsiô, pi˜sioou, pincheù, pyinceù, pinjon, pintson, pindzon, pindzou, pinzon*, en div. pat. — *pingn'son*, m., I.-et-V. — *rououge pinchon*, m., Jersey, c. p. M. ED. EDMONT. — *malpinchon*, m., Pierremont (P.-de-C.), c. p. M. ED. EDMONT. — *pichon*, m., P.-de-C. — *pésson*, m., Guernesey, Nièvre. — *passon*, m., Vosges. — *pioussou*, m., *piouchou*, m., *piouchél*, m., H.-Gar., Tarn, T.-et-G. — *hinson, hinchon, hinsan, hèn'son, hìnsoun, hinsou, hinsô, hinsu, hyinsou, hianson, houinson, hisson, hissou, hissu, tyinson, tyinchon, tyinsou, tyénsou, éghianson, écouinchon*, en divers pat. — *clinçon, clhançon, éclhançon*, Isère, Loire. — *hinfion*, H.-Savoie. — *pìnsàn*, m., Languedoc, Gascogne, Guyenne. — *pinsan*, m., *pinchan*, m., *épinsan*, m., Oise, Aube, Marne, Meuse. — *pinsan*, m., Lux. mérid. — *pìn'sartt*, m., Aveyr., Tarn, c. p. M. Ed. Edmont. — *pinçar*, m., *pinchar*, m., *pinchér*, m., S.-Inf., P.-de-C., Somme. — *pìnsà*, m., Pyr.-Or., H.-Pyr., B.-Pyr. — *pincheur*, m., Char.-Inf. — *kìnsar*, m., Provence, Langued., Auvergne. — *pichar*, m., Somme, c. p. M. Ed. Edmont. — *pinseron*, m., *pincheron*, m., M.-et-L., Ille-et-Vil., Orne, Eure, Eure-et-L. — *pincerin*, m., Vendée. — *spinseron*, Carlsbourg (Belg.), Defr. — *pinstron*, I.-et-V., c. p. M. Ed. Edmont. — *pinch'lon*, *princh'ton*, m., S.-Inf., c. p. M. Ed. Edmont. — *pinsénèy'*, m., Val d'Orbey (Als.), Lahm. — *pinjon-né*, m., Oise, Somme, c. p. M. Ed. Edmont. — *pinjoteu*, m., Candas (Somme), c. p. M. Ed. Edmont. — *pépissou*, m., env. de Narbonne. — *coué-chon*, m., Valais, Lav. — *couchä*, m., Savoie, Const. — *pince*, f., Neau (May.), c. p. M. Ed. Edmont. — *pinghè*, m., Guesnes (Vienne), c. p. M. Ed. Edmont. — *pinö*, m., Bellengreville (S.-Inf.), c. p. M. Ed. Edmont. — *dyignö*, Ormoy la R. (S.-et-O.), c. p. M. Ed. Edm. — *pinpin*, *binbin*, m., Côtes-du-N. — *kyikchin*, *kikchin*, *kchinké*, *tchit'chin*, *tchyintchyin*, Calvad. — *tuintuin*, Noyal (Morb.), c. p. M. Ed. Edmont. — *tuin*, m., Cher, Allier, c. p. M. Ed. Edm. — *touin*, *tuïn*, *tyuin*, Loire, Ardèche. — *ta-in*, S.-Inf. — *pikpik*, m., Verzenay (Marne), c. p. M. Ed. Edm. — *huihui*, *kiki*, *fouifoui*, *tchui*, Suisse rom., Savoie. — *pouipoui*, Doubs. — *fiéoufitré*, m., dans le Queyras (H.-Alpes). — *passérott*, m., Champorcher (Val d'Aoste), c. p. M. Ed. Edmont.

aloblanc, m., *aliblanc*, Aveyr. — *alablàntso*, f., *alblanche*, f., Limouzin, Manche, Auvergne.

bidon, m., *bolin*, m., M.-et-L., VERRIER.
pikpik, m., Verzenay (Marne), c. p. M. ED. EDMONT.
kuikui, m., Haute-Luce (Sav.) et Nendaz (Suisse), c. p. M. ED. EDMONT.
kiki, m., Tarentaise, DESSAIX, II, 174.
tchui, m., Les Ponts de Martel (Suisse), c. p. M. ED. EDMONT.
pouipoui,, m., franc-comtois, L'abbé BESANÇON, 1786. — Clerval (Doubs), r. p.
fouifoui, m., Chablais (Savoie), DESSAIX, II, 174. — Le Brassus (Suisse), c. p. M. ED. EDMONT.
fiéoufitré, m., dans le Queyras (H.-A.), MISTR.
pigri, m., Saint-Clément (Manche), c. p. M. ED. EDMONT.
pyopyott, m., Sigean (Aude), c. p. M. ED. EDMONT.
tsardounié bastar, m., Monistrol d'A. (H.-Loire), c. p. M. ED. EDMONT.
boutonié, m., Soulanger (M.-et-L.), c. p. M. ED. EDMONT.
aloblanc, m., *aliblanc*, m., Aveyron, MISTRAL.
alblanche, f., Château-Ponsac (Hte-Vienne), c. p. M. ED. EDMONT.
alobyeintcho, f., Auzances (Creuse), c. p. M. ED. EDMONT.
alablan'tso, f., Meymac (Corrèze), c. p. M. ED. EDMONT.
awouoblon-n', m., Vic-sur-Cère (Cantal), c. p. M. ED. EDMONT.
garyè, m., Crédin (Morbihan), c. p. M. ED. EDMONT.
gârè, m., Plumelec (Morb.), c. p. M. ED. EDMONT.
glomi, m., Plévenon (Côtes-du-Nord), c. p. M. ED. EDMONT.
chi, m., *pierrot*, m., franc-comtois, L'abbé BESANÇON, 1786.
djouli mohon, m., Wallonie prussienne, BASTIN.
càyolin, m., La Villette (Manche), *Bull. d. parl. pop.*, 1902, p. 46. — Clécy, La Ferrière-Hareng (Calv.), c. p. M. ED. EDMONT.

picó, m., Bocage normand, LECŒUR.

pinse, f., Ernée (May.), DOTT. (C'est un doublet du mot *passe*). Voir ci-dessus, p.

mouéstron, m., La Haye-Pesnel (Manche), *Rev. de l'Avranchin*, 1885, p. 452. — env. de Vire (Calvad.), *Bull. d. parl. norm.*, 1902, p. 79, — env. d'Allaire (Morbihan), c. p. M. ED. EDMONT.

vèrmouâsson, m.. Sainte-Geneviève (Manche), c. p. M. ED. EDMONT.

mouistron, m., Comblessac (I.-et-V.), c. p. M. ED. EDMONT.

mistradéy', m., La Hayne (Manche), FLEURY.

ocibodiè, m., Aurillac (Cant.), VERMENOUZE, *Fleur de brousso*, 1896.

principio, m., Vaudiouse (Jura), THÉVENIN.

fridoulé, m., *fridouli*, m., Vorcy (H.-Loire), r. p.

fridouvé, m., Haute-Loire, VINOLS.

fridoureu, m., Chamalières (H.-Loire), c. p. M. ED. EDMONT.

tchiò d'pò (= chiure de porc), m., Bournois (Doubs), RONUS.

prigheu, m., Morbier (Jura), c. p. M. ED. EDMONT.

pikmassé, m., Vielsalm (Luxemb. belge), c. p. M. ED. EDMONT.

daïé, m., Le Val-d'Ajol (Vosges), c. p. M. ED. EDMONT.

bëkétran, m., Annecy, Leschaux (H.-Sav.), CONST.

saint-syphorien, m.. Manche, *Soc. d'arch. d'Avranches*, 1885, p. 28.

pisinn, breton de Plouaret, r. p. (Sur les noms bretons de pinson, voyez : E. ERNAULT (dans *Mém. de la soc. de linguist.*, XII (1903), p. 460-464.

alipintu, Sardaigne, AZUNI, II, p. 166.

On trouvera d'autres noms du pinson dans l'*Atlas linguist.* de GILLIÉRON et EDMONT, fasc. 22, carte 1018.

TOPONOMASTIQUE :

Le Pinson, Le Quinson, Les Pinsons, Les Quinsons, Les Quinsans, Les Pinsards, La Pinsonnière, La Pinsonnerie, La Pinsardière, La Pinsonnaie, Valpinson, Montpinson, Montpinchon, noms de diverses local.

Le Mont-Pinsart, éminence dans le Boulonnais [ED. EDMONT].

Rue Puech-Pinson, rue de Montpellier, DUVAL-JOUVE, *Rues de Montp.*, 1877, p. 270.

Puy-Pinsou, Chanta-Pinso, doc. de 1170, *La Pinsonie,* doc. de 1474, *Sale Pinche, Sale Pinson,* localités de la Dordogne, DE GOURGUES, 1873.

Les Quinquins, Savoie, VERNIER.

Quinsenas au moy. â., *Quinsonnas* aujourd'hui, lieu-dit à Sérézin (Isère), DELACHENAL, *Cartul. du Temple de Vaux,* 1897, p. 78.

La Colline de Pinsonneau, loc. de la Char.-Inf., G. MUSSET, *La Char.-Inf. avant l'hist.*, 1885, p. 113.

La Quarte-Pinsonnel, doc. de 1555, *La Carte-Pinsonnette,* aujourd'hui, loc. de la Vienne, RÉDET.

La Pinsonnellerie, loc. d'Indre-et-L., CARRÉ.

Quincenard, Quinzenat, loc. de Saône-et-L., GUILLEMIN.

La Pichonnière,, loc. de la Sarthe, BELLÉE, *arch. de la Sarthe,* 1881, III, 189.

Pincionis Villa, lat. de 1100, *Pinceon,* doc. de 1239, loc. d'Eure-et-L., MERLET, 1861.

Pinsonvaux, doc. du XVIIe s., loc. de la Meuse. MARCHAL, *arch. civ. de la M.*, 1875, I, 166.

Pinchonlieu, loc. de l'Oise, DESJARDINS, *arch. eccl. de l'O.*, 1878, I, 157.

Garapinso, doc. de 1366, *Galinpinson,* doc. de 1628, *Galle-Pinson* aujourd'hui, loc. du Cantal, AMÉ.

Lac Quinzonnet, ancien nom du lac des Rousses, L. Raymond, *Vallée de Joux*, Lausanne, 1864, p. 9.

Les noms de lieu *Quincy*, *Quincieux*, n'ont rien à voir avec le pinson : ce sont des formes de *Quintiacus*, dérivés du gentilice romain *Quintius*.

Onomastique :

Pinson, *Pinçon*, *Pinsonnat*, *Pinchonnat*, *Pinchon*, *Pinsan*, *La Pinsonnière*, *de Montpinson*, *Pinsard*, *Pinchon*, *Valpinçon*, *Pinchard*, *Quinchon*, *Quinzard*, *De Quinsonnas*, noms de famille. — [*Penjon*; *Devinck*, connu à Paris par un chocolat de cette maison, est le flamand *De Vinck*, « le pinson « — H.-G.]

Du pinson qui fait entendre son cri, on dit :

fringultire, *friguttire*, l. du m. â., Dief.; Wackern.

fringotter, *frigotter*, anc. fr. — *pincler*, wallon. (D'où *pigneteù*, = appel fait par le pinson.) —*jaspiner*, Char.-Inf.

quincher, lyonnais, *Guignol illustré*, 16 et 24 avril 1887.

« *chouhezer* (chanter avec de grands éclats de voix, comme font les pinsons quand ils luttent de chant). Paraît venir de l'all. *jauchzen*, d. de la Suisse *juchzen* (crier à gorge déployée, pousser des cris de joie). » Grandg.

Le cri du pinson est ainsi interprété :

fink! fink! français, *Magasin des demoiselles*, 1866, p. 104.

zìn! zìn! ou *cìnq! cìnq!* gascon, c. p. M. A. Perbosc.

pìk! pìk! Saint-Pol (P.-d.-C.), c. p. M. Ed. Edmont.

piou! piou! ou *ritchitchiou!* T.-et-G., Cassagnau, *Fantesios*, 1856.

riéou! chiéou! chiéou! Marseille, *Armana de Mars*, 1901, p. 27.

Voir, pour le Lavedan, M. Camélat, dans *Mélusine*, X, 270.

On assure que le pinson, dans son chant, prononce les phrases suivantes :

« Pétito... ti! diou! diou! Couro sara l'éstiou? Lé jour dé l'Ascensiou. » Aude, JOURDANNE, p. 36. — « Ti! ti! ti! qu'est-ce que tu as pour ton déjeûner! Un bon petit plat de rôti. » Vélorcey (H.-Saô.), r. p. — « Bonne femme, voulez-vous, s'il vous plaît, me donner une petite poignée de peillots? » Bréal-s.-M. (I.-et-V.), *Rev. d. tr. p.*, 1895, p. 666. — « Si j'avais de l'huile et du vinaigre, je ferais la chatte à Courie. » Ineuil (Cher), r. p. — « Rapiapia! pia! pia! piëü! N'y a pas de pu ritse que iëü *(il n'y en a pas de plus riche que moi)*. » Vizelles (P.-de D.), *Rev. d. trad. p.*, 1898, p. 393. — « C'est! c'est! c'est! c'est stupide! » *Magasin de demoiselles*, 1866, p. 104. — « Avez-vous vu les Espagnols, Français? » env. de Belfort, VAUTH. — « Montrez-moi le chemin de Saint-Gibrien. » Marne, r. p. — « Montrez le chemin de Saint, Saint, Saint-Symphorien. » Hercé (Mayenne), DOTT. — « Veux-tu me dire le chemin de Châteaugiron, toi, citoyen? » I.-et-V., Sébillot (dans *Rev. de ling.*, 1881, p. 16. — « C'est un fameux coquin qu'Cyprien. » Loire-inf., *Rev. d. tr. p.*, 1906, p. 261.

« Tu te tues, petit bonhomme, tu te tues, » Loire-Inf., *Rev. d. tr. p.*, 1906, p. 261.

« Il fait si biau, si biau, qu'el solel luit! » Saint-Pol (P.-de-C.), c. p. M. ED. EDMONT.

« J'avouais un si biau p'tit catiau! Tous chés mécants

garchons ils m'el l'ont détruit. » Saint-Pol (P.-de-C.), c. p. M. Ed. Edmont

« Le pinson chante en hiver : *p'tit grain, cousin!* au printemps : je me moque du laboureur, je gagne ma petite vie ! » Aube, L. Morin, p. 10.

« *Riou! ziou! ziou! Quouro béndro l'estiou, Qué farén perbésiou* (provision), » Lozère, *Armanac de Louzero,* 1907, p. 43. — « Piou ! piou ! piou ! Un sestié dé froumén Fày pas uno micho, aou méns = *un setier de froment ne fait pas une miche, sûrement.* » Limousin, Perbosc, dans *Rev. du Traditionn.*, 1908, p. 5.

« Le pinson répond à la mésange qui lui dit qu'il faut faire beaucoup d'œufs : Mizoulino, sarnébiou ! Sus aquélo quéstiou Moun abis és lou tiou, Amaï lou tiou lou miou ! Riou jiou ! jiou ! jiou ! jiou ! » Aveyron, Besson, *Countés de la Tata Mannou*, 1902, p. 317.

Voir pour formulettes bretonnes analogues, relatives au pinson, L. F. Sauvé, *Formulettes*, dans *Rev. celt.*, V, 192 ; *Mélusine* X, 270. — A. Perbosc, *Le Langage de Bêtes* (dans *La Tradition*, 1904, pp. 237 et 238, et *Revue du Traditionnisme*, 1908, p. 5).

« On appelle *pinsonnée* certaine chasse aux pinsons qui se fait avec des torches pendant la nuit. » Fortin, *Ruses p. prendre les ois.*, 1688, p. 127. — De même Langlois, 1739.

« On appelle *pinchoneû* celui qui élève des pinsons pour les produire dans les concours de chants. » Lille. A. Capon, *Marie-Claire*, 1896, p. 39.

« *tchouquezer* = chanter avec de grands éclats de voix, comme font les pinsons quand ils luttent de chant. » Belg. wall., Grandg.

« On dit d'un pinson qu'il peut *poser*, lorsqu'il est

reconnu en état de soutenir un assaut de chant avec d'autres oiseaux de son espèce, captifs comme lui, aveugles comme lui. Les pinsons ne sont bons à *poser* qu'au bout de quatre ou cinq ans ; plus jeunes, ils ne peuvent soutenir la concurrence avec les vieux. On les exerce au combat, d'abord deux à deux, ensuite en plus grand nombre..... Les pinsons *poseurs* sont un objet de spéculation... A quelque distance du champ de bataille sont appostés des hommes pour chasser les *oiseaux voleurs*. On appelle ainsi des pinsons qui viennent se percher et chanter assez près pour être entendus des pinsons *posans*, à qui ils causent de l'ombrage..... » Nord et Pas-de-Calais, *Arch. histor. du Nord*, Valenciennes, 1892, p. 151-155.

« Canto clar coum' un quinçon. » Provence, XVIIe s., *Bugad. prov.* — « *Gay comme un pinçon.* » D***. *La fille sçavante*, comédie, 1690. — « *Sylvia danse bien, elle est fringante comme un pinson.* » *Le faucon et les oyes de Bocace*, comédie, 1725, p. 16. — « *Gaillard comme un pinson.* » A. Bouet, *Pirate et corsaire*, roman. — « *Galoï coumo dé quinsoun dé maï.* » marseillais, *Armana de la sartan*, 1892, p. 57. — « *Escarrébélhat coum u pinsà.* » Béarn, *Armanac dé u bou biarnés*, 1903. — « Ils s'en vont gays comme des pinsons. » Legrand. *Le ballet des 24 heures*, 1722. — « Et nous voilà partis drus comme des pinsons. » Jura, Max Buchon, *En province*, 1858, p. 20.

« *Ces pinsons-là* = Ces moineaux, ces pierrots, terme de mépris. » *Vie parisienne*, 24 mai 1890, p. 284.

« N'a pas maï de fouésso *(force)* qu'un quinsoun, » Provence, Achard, 1785.

« *Hà coum lou pinsan, parti hoéy', tournà déman* = faire comme le p., partir aujourd'hui, revenir demain. » B.-Pyr., Lespy.

« Quand le pinzon fat son paquë, L'avëille sarre son loquë. » Chambéry, Constantin, *Litt. orale de la Savoie.*

« Qué caou saknà lou pinsan selon soun san. » Marensin (Landes), Foix, 1902. p. 49.

« Qué baou méy' u pinsà à la ma *(main)* que grue au céou *(ciel).* » B.-Pyr., Larroque, *Arr.*

« Si vous allez au bois et si vous y entendez chanter le pinson, signe que vous aurez un procès. » Spa (Belg.), *Rev. d. tr. p.*, 1901, p. 112.

« *Mario Chourra et Youan Pinsà qué ban hè nossas doumà, sinse mica è sinse pà* = Marie Roitelet et Jean Pinson vont se marier demain, sans miche ni pain; c.-à-d. en parlant d'un mariage pauvre, c'est la faim qui épouse la soif. Allusion à une chanson populaire connue. » H.-Pyr., *Souvenir de la Bigorre,* 1889.

« *A Sent-Mathiou lou pinsan ditz adiou, lou coutéliou hè piou piou* = à la St-M. le p. dit adieu ; l'alouette fait piou piou. » B.-Pyr., Lespy. [la petite alouette huppée, L. Batcave].

« *Il a déniché un pinchar,* se dit, par jeu de mots, de celui qui a attrapé une onglée par le froid. » Boulogne-s.-M., Haign.

El pinchon, m., l'onglée, Saint-Pol (P.-de-C.), c. p. M. Ed. Edmont.

« *Pica,* m., maladie du pinson en cage. » Namur, Pirsoul.

Héraldique, Voir Renesse, I, 470-471.

Fringilla montifringilla (Linné). — LE PINSON D'ARDENNES

(Voy. *Faune pop.* t. II, p. 185)

pinson montain, anc. fr., Belon, 1555. — *montain,* m., fr., Thierry, 1564. — *montan,* m., fr., Constantinus,

1573. — *pìnsar dé montagna*, Gard. — *pinson de montagne, pinson-chat*, franç. dial., BULLIARD, *Avicepto1.*, 1813, p. 439. — *pìnsàn mountagnol*, Gironde. — *kìnsar roukié*, Avignon. — *pinson d'Ardenne*, fr., THIERRY, 1564, — *ardënè*, *ardërè*, en certains endr., *pinson d'Artois*, fr., LA COUPRIÈRE, *Manuel de l'amat. d'ois.*, 1829, p. 174. — *kìnsoun corsé*, provenç. — *pìnsàn marìn*, Landes. — *bidon de mer*, m., M.-et-L. — *pinson du bon pays*, La Chaux de Fonds (Suisse), FAT. — *pîçon d'fagne*, (= pinson de marais), m., *fagnar*, m., *càyeûke*, *kekeû*, *couakeur*, wallon, DEFRÉCHEUX. — *mirolon*, m., *mërolon*, m., *mirolè*, m., Genève, Savoie. — *mak*, *mouak*, *mòy'*, Tarn, Aveyr. — *gnèk*, *gnouèk*, Gers, H.-Pyr. — *choic*, *chuè*, Savoie, DESSAIX, II, 174.

Fringilla nivalis (BRISSON)

alpìn blàn, *nivèy'roou*, provençal. — *rochëron*, m., Savoie.

Fringilla carduelis (LINNÉ). — **LE CHARDONNERET**

(Voy. *Faune pop.*, t. II, p. 187).

acalanthis, *acanthyllis*, *acanthis*, *carduelis*, latin.
acalantia, *acathalantis*, *acazalanthis*, *achalantida*, *carduelus*, *carduella*, *carduvellus*, *cardellus*, *cardella*, *cardugellis*, *gardellus*, *cardonellus*, *cardicola*, *acredula*, *caladrius*, *luscina*, *luscinia*, *lucina*, *lucinia*, *lissinia*, *aurivittis*, *aurifrisius*, *auricinctus*, *cinclus*, *scutatis*, *scutacus*, *florulus*, *florentius*, l. du m. â., GOETZ ; DU C. ; DIEF ; WRIGHT ; STEINMEYER ; WACKERNAGEL, *Vocab. optimus*, 1847, etc.

achaldema (= ager sanguinis ; allusion à quelque légende expliquant les couleurs rouges du chardonneret), l. du m. â., Du C.

charderole, f., *cardonnerole*, f., *chardonnerole*, *cardenereul*, m., *cardonnereul*, *écardonnereule*, *chardonnet*, anc. franç.

cardìn, *cardino*, f., *cordino*, f., *cardi*, *cordi*, *tyérdin*, *tchérdin*, *stiérdin*, *cardil*, *cordil*, *échardril*, *carditt*, *échardritt*, *cardalino*, f., *cardarino*, f., *cardày'rino*, f., *gardèlo*, f., *cardélino*, f., *cardélìn*, *cardinal*, *gardinal*, *cardinalin*, *cardinolin*, *tsèrdëgnolé*, m., *cardinott*, *cardinotte*, f., *cardinèto*, f., *cardinoun*, *cardénié*, *cardoun*, *échardonne*, f., *cardonel*, *cardonelle*, f., *cardonnet*, *cardounéte*, *cardonètte*, f., *écardonnètte*, f., *cardrounè*, *carderonètte*, f., *cardoreû*, *cadoreû*, *cardounièra*, f., *cardouniyo*, f., *chardonè*, *échardonè*, *tsardonè*, *chardonnette*, *chardonnereau*, *chardonô*, *chardougnô*, *tsardouni*, *chardronnet*, *échardronet*, *chardonnerette*, f., *chardonnelet*, *charderaulat*, *chardonneri*, *chardeneri*, *chardinërè*, *chiardeni*, *chardoneron*, *tchodémèy'*, *tchèdjën'rè*, *chadroné*, *chôdronié*, *chôdroné*, *chôdërné*, *châdougn'râ*, *chardonnerel*, *éçardënèri*, *chardonereû*, *tchordouniyo*, f., *chardounilho*, f., *chardilhon*, *chadrilhon*, *chatrilhon*, *chardrier*, *chatrilhè*, *châtri*, *charli*, *chadarilhou*, *charidola*, f., *chandrognè*, *chandronètte*, f., en divers patois.

chardonnette dorée, f., Oissel (Seine-Inf.), Turgis, *Oissel*, 1886, p. 172.

cadèrnèra, f., Pyr.-Or. — *tchandërnia*, m., *tchandërminia*, m., Ban de la Roche, Oberl. — *lunòto roujo*, f., Aude. — *pighétt*, m., limouzin, Colas. — *chobiar*, m., H.-Vienne. — *charbonié*, m., *vèrdan*, m., Savoie, Dessaix, II, 173. — *tsarlë*, m., P.-de-D. — *hilhou*, m., *hilhatt,* m., Bayonne. — *canari,* m., H.-Pyr. — *dyoli,* m,, Malmédy (Prusse Wall.,) ZEL.

Voir d'autres noms gallo-romans du ch. dans GILLIÉRON et EDMONT, *Atl. ling. de la Fr.*, fascicule 32, cart. 1493.

« Le chardonneret mâle est appelé *siz'lin;* le jeune ch. *grizou;* le jeune mulet produit du mâle du chardonneret et de la femelle du serin porte le nom de *grizé.* » Saint-Pol (P.-de-C.), c. p. M. ED. EDMONT.

Pour les termes employés par les éleveurs d'oiseaux, à l'égard du chardonneret, voyez : A. CAZES, *Monogr. du chardonneret*, 1858, passim.

La chardonnette ou « chamæleon noir » est appelée en bret. *lousaouenn ar pabaour* (plante du chardonneret, P. GRÉG. [E. E.].

Eur pabar, eur pabard a zen, un homme très distingué: breton de Plomodiern. [E. E.].

distelvink, flamand.

Paborel, f., coup bien appliqué (bret. de Léon, Milin, Mss.) peut être proprement un féminin de *pabor.* [E. E.].

TOPONOMASTIQUE :

Grangia Chardineti lat. de 1139, *Nemas de Chardineto* lat. de 1209, *Bois du Chardonnet* aujourd'hui, localité de l'Aube, BOUTIOT, 1874.

Landes des Chardonnerets, Le Chardonnet, La Chardronnière, localités de la Mayenne, MAITRE, 1878.

cardinà = bavarder, deviser, caqueter. (D'où *cardinage* = caquet). L'un et l'autre s appliquent plus spécialement à la causerie intime de deux amis et surtout de deux amoureux. Montauban, c. p. M. A. PERBOSC.

Du chardonneret qui chante on dit :

cardinéjà, toulousain, VISNER. (D'où *cardinéjado* = chant du ch.).

cardinéyà, B.-Pyr., LESPY (on dit : *qué-m cardinéyatz?* que me chantez-vous là) ?

« On appelle *pinsanèou* un ch. privé qui imite le chant du pinson. » B.-Pyr., LESPY. — Peu estimé des oiseleurs. Au figuré, signifie : ce que dit un homme n'est pas de lui, L. BATCAVE.

« *cardinatt* = au figuré, fine mouche. » B.-Pyr., LESPY.

« Sec comme un grizé. » Saint-Pol (P.-de-C.), c. p. M. ED. EDMONT.

« *Ma cardounio* = ma charderonnette, terme d'amitié adressé à une fille. » Pézénas, MAZ. — « *Cadoreux* = terme de caresse à l'adresse d'un enfant. » Somme, JOUANCOUX.

« Les habitants de divers villages de la Savoie sont appelés *chardonnerets* parce que leurs gilets et cravattes sont bariolés de couleurs vives. » *Soc. d'hist. de la Maurienne*, 1867, p. 399. — *chés cadoreux*, surnom donné autrefois aux sergents de ville d'Amiens, à cause du bariolage de leur uniforme [ED. EDMOMT]. — « *chardonneret* = gendarme. » argot, DELVAU, 1883. — « *cardonéte*, f. = membrum muliebre. » Valenciennes, HÉCART.

« Préndré lis chots *(chouettes)*, pér dé cardélinos = *se tromper grossièrement*. » Provence, MISTR.

« Pescayré de ligno, Cassayré de cardelino, Es cop d'hazard quand dino (*var.* es ben tard quand dino.) » Provence, XVIIe s., *Bugado prov.* — « *Péscaïré à la ligna Et cassaïré dé cardouniya An jamaï achéta ni vigna ni terra* = n'ont jamais eu le moyen d'acheter vignes ou terres). Lunel (Hér.), c. p. M. E. Pintard.

« *Tan que l'amouyé la fuy'a, la cardélin' lou rougé n'a pa* = tant que le mûrier la feuille a, le ch. le rouge (maladie particulière à cet oiseau) n'a pas. » Provençal, *Journal des chasseurs*, 1837, p. 233.

« Un nid de ch. dans le jardin porte bonheur à la maison ; il indique que la fille se mariera bientôt. » E.-et-L., Chap.

« Le ch. dit à sa femelle : Aqui la primo, al niou ! al niou ! Apiéï l'estiou, N'aourén uno poulido pérbéziou = *voilà le printemps, au nid ! au nid ! puis l'été, nous en aurons une belle provision.* » Aveyr., Besson, *Countes de la Tata*, 1902, p. 318. — « Le chardonneret dit : *Catarino ! Catarino !* » Quercy, Perbosc (dans *La Tradition*, 1905, p, 330).

Formulette enfantine :

Quatorze cardinos estacados per un hiou
Que hazen : chiou-chiou-chiroliou.

(Quatorze chardonnerettes attachées par un fil — qui faisaient : *chiou-chiou-chireliou).* Comberouger (Tarn-et-Garonne), c. p. M. A. Perbosc.

On raconte dans la Flandre occidentale que le bon Dieu, en coloriant le plumage de différents oiseaux de la création, avait tellement prodigué les couleurs qu'Il n'en possédait plus aucune quand Il arriva auprès du chardonneret, celui-ci étant placé le tout dernier. Le pauvre oiseau en pleura de dépit. Alors, le bon Dieu reprit un peu de couleur à chacun des oiseaux et la donna au chardonneret qui obtint ainsi une robe multicolore et fort belle (De Mont et De Cock, *Vlaamsche Vertelsels*, p. 53).

Fringilla spinus (Linné). — **LE TARIN**

(Voy. *Faune pop.*, t. II, p. 191).

spinus fringillus, spinnus regaliolus, basiliscos passer, lat. du moy. âge, Goetz.

lucar, ligurinus, spinus, l. du m. â., Dief.

lucardillus, l. du m. â., dans un document niçois, Du Cange, IV, 153.

tarus, l. du xvie s., Bruyenirus, *De re cibaria*, 1560, p. 816.

tarin, m., franç. anc. et mod. — *tarìn*, m., *tari*, m., provenç., langued. — *tori*, m., Corrèze. — *térin*, m., anc. fr.; P.-de-C., Jura. — *tarô*, m., Mayenne. — *turìn*, m., *tulìn*, m., Provence, Languedoc. — *tyèlû*, m., fr. comtois. — *cèy'ni*, m., H.-Vienne, Préc. — *sizè*, m., Namur, Pirs. — *cizerê*, Ard. belge, J. F.

pinson d'aube, serin vert, H.-Marne.

lhoucarétt, m., Pyr.-Orient., Barrère, 1745. — *lucré*, m., Provence, Langued. — *liéoucré*, m.. Provence. — *pataclìn*, m., Provence, Mistr., II, p. 1165.

tharin, breton, P. Grégoire. [E. E.].

« *Préné un lucré* = attraper un coup d'air, un rhume ; *agànt à un lucré à l'abéouragé* (à l'abreuvoir) = s'enivrer, être ivre. » Provence, Mistr. — « *Boire un tarin* » = boire un verre de bière, de vin, etc., Lille, c. p. M. Ed. Edmont.

trÿntje, tirÿntje, tier, tierÿt, tierken; elstrÿntje, elsvinksken, elzepekker; sperrepiepe(r), wintervinksken, dial. flam., De Bo, *Idiot.*

« Le tarin dérobe son nid aux regards par le pouvoir d'une pierre que lui seul connaît. » Izel (Luxembourg), *Rev. d. tr. pop.*, 1903, p. 402.

Fringilla citrinella (Linné). — **LE VENTURON**

(Voy. *Faune pop.*, t. II, p. 192).

serin vert, H.-Marne. — *vardoun*, m., Provence. — *vénturoun*, m., provenç., Achard, 1785. — *citro*, f., Vaucluse, Honn. — *cardouni-o bastardo*, Provence. *turìn vioulounàyˈré*, Avignon, Honn. — *bioulou*, m., *brioulou*, m., H.-Pyr., c. p. feu A. Cazes.

Fringilla serinus (Linné). — **LE SERIN DE PROVENCE**

(Voy. *Faune pop.*, t. II, p. 193).

serinus, latin du moyen-âge, Dief. — *serena*, l. du m. â., Scheler, *Dict. d'étymol.*, s. v° serin. — *citradula*, l. du xvie s., *Vocabul. lat. et gall. verbis script.*, 1515. — *serin*, m., fr., Damerval, 1507. — *cerin*, m., Vocabul. lat. et gall. verb. script., 1515. — *seren*, m., prov., Pellas, 1723. — *sérìn*, m., Provence, Languedoc, Gascogne. — *sérin des pins*, Gironde. — *serin, serin des bois, serin vert de Provence*, franç. — *serin vert, térin*, H.-Marne, Dagu. — *cedrin*, m., fr., Duez, 1664.

sérézìn, m., *sérasìn*, m., *sérizìn*, m., Provence, Gard, Hér. — *sorozi*ˈ, m., Lozère. — *sërâ-in*, m., Bas-Valais, Gill.

charrit, m., gascon, au xviie s., D'Astros, *Poésies*, éd. Taill., I, 4. — *charri*, m., H.-Pyr., B.-Pyr. — *charriscle*, f., *chèrriscle*, f., B.-Pyr., Landes (D'où *charriscla* = chanter, en parlant de cet oiseau). — *charrasclìn*, m., gascon. — *charrisclaoute*, f., B.-Pyr., Darrichon, *Perqué lou rey petit es lou rey d'ans.*, 1879, p. 5.

scenicle, m., *senicle*, m., franç. dial., Junius, 1577; Hegemon, *La colombière*, 1583, p. 74; J. Boillot, *Portr. des anim.*, 1592; Duez, 1678. — *sénil*, m., *sinil*, m., *sénilh*, m.. Languedoc, Gascogne, Béarn, Landes. — *séni˜*, m., Lias-Caz. (Gers). — *cinit*, m., fr. dial., Junius, 1577. — *sini*, m., *sëni*, m., *sëgni*, m., Rhône, Loire, Isère, Savoie.

canari bourd, *canari dé montanya*, *gafarrou*, m., Pyr.-Orient., Barrère, 1745.

chatcha, Aysac (H.-P.), c. p. M. Camélat.

seran, *seranicg*, breton, P. Grégoire [E. E.].

œstig à Ganari (= rossignol des Canaries), bret. vannetais, L'A. [E. E.].

sidan, bret. moyen et mod., cf. Ernault, *Gloss. moy. bret.*, 626. [E. E.].

linek, *linegez*, bret. mod., ibid. 368 [E. E.].

milloh, bret. de Vannes, ibid. 402 [E. E.].

Fringilla cannabina (Linné). — **LA LINOTTE**

(Voy. *Faune pop.*, t. II, p. 191).

linaria, *canapeus*, *canapus*, *canopus*, *canapenus*, *canapes*, *canapillus*, *canapellus*, *canabeus*, *canabicea*, lat. du moy. âge, Dief.

linoza, l. du m. â., Du Cange, IV, 124.

linott, m., *ninott*, m., *lignô*, *lignò*, *linoto*, f., *ninoto*, f., *ninotte*, f., *alinotte*, f., *lignoto*, f., *lignotte*, f., *linè*, *linèto*, f., *linètte*, f., *lunò*, *lugnò*, *lunoto*, f., *lunotte*, f., *alunotte*, f., *élunotte*, f., *lunètte*, f., *alunètte*, f., *lënëto*, f., *linô*, m., en divers patois. — *minoto*, f., Prov. — *lin'rô*, m., Ille-et-V. — *lign'roû*, m., wallon. — *linereul*, m., anc. fr. du N.-E., God. — *lignot*, m., anc. fr., *lunètte des bôs*, f., Doubs. — *lunètte franche*,

Berry. — *léonard*, m., anc. fr., J. FONTAINE, 1612. — *milhéroke*, f., B.-Pyr., Landes.

milharoke, à Orthez, la linotte grise, celle qu'en France on appelle rouge, L. BATCAVE.

ànjouvìn, m., *énjouvìn*, m., Provence.

grande linotte des vignes, *linotte de Strasbourg*. *gyntel de Strasbourg*, franç., GRANDE ENCYCL.

*frison**, m., anc. fr., MICHEL LE LONG, *Régime de l'eschole de Salerne*, 1633, p. 197. (Cet auteur dit qu'il fréquente les vignes comme les étourneaux. C'est probablement la linotte).

frion, m., anc. fr., SCHELER, *Et. lexicol. sur les poésies de Gillon*, 1884, p. 72 ; J. BOUCHET, *Faitz de Mol.*, 1531. — *gris frion*, m., Mons (Belg.), SIG. — *fin frion*, m., Bohain (Aisne), r. p. — *frian*, m., départ. du Nord, NORGUET ; [et Couvin, sud du Namur, J. F.].

frioncel, m., fr. du XIVe s., EUST. DESCHAMPS, II, 207 ; IX, r. 140. (La jeune linotte ?)

vitra, m., *pile-verjus*, m., Yonne, RABÉ.

mélhar, m., H.-Vienne, PRÉCIGOU.

miralho, f., Auterrive (Gers), *Arman. de Gasc.*, 1904, p. 26. — *miralhétt*, m., Lectoure (Gers), DURRIEUX, *Belhades*, 1892, p. 38.

passérelh-pardou, m., Pyr.-Or., BARRÈRE, 1745.

chatrilhè batar (= chardonneret bâtard), m., Loire, GRAS.

roussiéri, m., Loire.

choun, m., Mirande (Gers), ABEILHÉ.

chukine, f., Nay (B.-Pyr.), LESPY.

choke (Bayonne).

fanello, italien. [Sur l'étymologie de ce mot, voyez : *Romania*, 1907, p. 235.]

sidan, m., *linek*, m., linotte mâle, bret., LE GONIDEC.

* ODIN, 1681, traduit l'italien *frisone* par *verdier*.

sidanez, f., *linegez*, f., linotte femelle, bret., Le Gonidec.
vlasvink, néerl.; *kneeker, lanootje*, dial. flam. (A. de C.).

La jeune linotte est appelée :

luneyssat, m., toulousain du xviie s., Noulet, *Œuvres de Goud.*
lunéysso, f., toulousain, Noulet, *Œuvres de Goud.*
luneicho, f., gascon du xviie s., D'Astros, *Poésies*, éd. Taill., I, 17.

Onomastique :

De Montlinot, nom d'un chanoine de Laon, vers 1763. — *Linot, Linotte*, nom de famille. *Delinotte*, famille actuelle de l'Yonne.

« Il est aussi simple qu'un linot. » G. Sand, *François le Champi*, 1852.
« On appelle *jenne de lunette* un enfant qui a la prétention d'être fort. » Ardennes, Goffart.
« Réveillé comme un linot. » G. Sand. *François le Champi*, 1852.
« Gai comme un linot. » L. Reybaud, ce qu'on peut voir dans une rue, 1858, p. 184. — « Elle était maligne et curieuse comme un vrai linot. » G. Sand, *La petite Fadette*. — « *Une linotte coiffée* = une femme légère, » Duez, 1678.
« Vaou miés avé une lignotto dins la gabi qu'un perdigaou dins la garrigo. » *Armana provenç.*, 1896.
« M'entens tu bien, teste linotte? » Damerval, 1507. — « Elle aime la frerie, et on l'enivre comme on veut; c'est une vraye teste de linotte. » xviie s., Tallemant des Réaux, éd. de 1862, VI, 150. — Causer en tête de linotte. » *Départ apostat de Labadie*, 1670, p. 54.
« Parler en linotte. » *L'école de l'homme*, 1752, II, 204.

« La linotte au lever de la canicule perd de son chant jusqu'au coucher de cet astre. » Fusi, *Mastigophore*, 1609, p. 135.

Les savetiers se chargent volontiers d'apprendre aux linottes à siffler, ce qui leur donne soif. « Ce viel raptaceur de botte Fait plus d'un métier à la fois. Tire le ligneul avec les dois Pendant qu'il siffle la linotte. » Techener, *Catal. d'une collect. d'Estampes*, 1855, p. 154. — « Siffleux de linottes = savetier. » normand du du XVIIe s., Héron, *Muse norm.*, 1895, V, 203. — « *Flouete lunotte* = flûte linotte, savetier. » Besançon, au XVIIIe s., *Mém. de la soc. d'émulat. du Doubs*, 1900, p. 402. — « Bon homme, dans quelque cabaret, Viens-tu de siffler la linotte? Est-ce le vin rosé, le blanc et le clairet Qui t'ont si bien chamarré la calotte? » Le Noble, *Les deux Arlequins*, comédie, 1691. — « *Avé la lignoto, cargà la lignoto* = être ivre, s'enivrer. » Provence, Avril. — « *Soufflà la linoto* = même sens. » Dauphiné, Mistr. — « Moi, je suis comme la linotte en cage; j'ai la pépie, verse encore. » Vaucluse, La Madeleine, *Marquis des Safras*, 1859, p. 39.

Siffler la linotte = être en prison. » *Les suspects*, comédie, 1797.

Casso-lignoto = sobriquet des habitants de Nîmes qui se contentent de la chasse aux petits oiseaux. » Mistr.

« Tetins poinctifs comme linots. » Anc. théâtre franç., I, 318.

« *Frise-Linotte*, nom facétieux donné à un des personnages de la comédie *Les nuits de la Seine*, 1852, comédie par Marc Fournier.

« Il faut arracher les plumes (son vêtement) à cet homme, nous verrons si c'est une linotte ou un pierrot. » ROCHEFORT, *Pages et poissardes*, comédie, 1840.

« Autrefois la linotte et le chardonneret estoient à part en diverses cages, mais à présent tout est en mesme vollière = *aujourd'hui les rangs sont confondus.* » XVIIe s, *Caquets de l'accouchée*, éd. Fournier, 1855, p. 33.

Linaria montana (BRISSON)

linotte marine, f., français, *Dict. de Trévoux*, 1752.
double bougron, m., départ. du Nord, NORGUET.
aouzétt d'Américo, m., H.-Pyr., c. p. M. A. CAZES.

Linaria rufescens (VIEILLOT). — LE SIZERIN

(Voy. *Faune pop.*, t. II, p. 196).

ceix, cedex, cerex, corex, coyes, ceges, segex, ciar, l. du m. â., DIEF.
linotte de vigne, f., franç., *Dict. de Trév.*, 1752.
ninotte de vigne, f., *ninotte royale*, f., Genève, HUMBERT.
linot rouge, m., *linotte rouge*, f., Orne, Aube.
lignoto à cuou rougé, f., provençal, MISTR.
linoto d'Espagno, f., Avignon, HONNORAT.
linot royal, m., Lille, A. CAPON, *Marie Claire*, 1894, p. 195.
passérélh vérmélh, m., Pyr.-Orientales, BARRÈRE.
picaveret, m., anc. franç., BELON, 1555.
tartarin, m., Oissel (S.-Inf.), TURGIS, *oiss*, 1886, p. 171.
siz'rin, m., Bessin (Calv.), JOR.
vérzèlène, f., *vérjélin*, m., *vérjèlin*, m. wallon, DEFR.
ànjouvìn gavò, m., *lignoto gavoto*, f., *lignoto griso*, f., *lignoto à cuou rougé*, f., provençal, MISTR.

bougron, m., départ. du Nord. NORGUET. — *bougran*, m., Saint-Pol (P.-de-C.), c. p. M. ED. EDMONT.

marsoleau, m., Anjou, P. BOREL, *Tres. de rech.*, 1655, I, 514.

ortolan, m., Jorat (Suisse), RAZOUMOWSKY, 1789, I, 82.

sterrekneeker, *frioen*, *tollenaartje*, dial. flam. (A. DE C.).

« Tu chantes comme un linot de vigne. » XAVIER, *Le sergent Mathieu*, comédie, 1828.

« La linotte de vigne chante : *vigneron, vigneron qui chie Pour qu'on lui apporte la fricaissie*, Aube, L. MORIN, p. 10.

Emberiza miliaria (LINNÉ). — **LE PROYER**

(Voy. *Faune pop.*, t. II, p. 197).

pratellus, l. du m. â. — *praer*, m., *prayer*, *proyer*, *pruyer*, *praière*, masc., *perier*, *praele*, masc, anc. fr. — *pradié*, m., *pratièro*, f., *périé*, m., Provence. — *prêle*, masc., Rhône, Loire. — *përëla*, f., Isère. — *pèy'roun*, m., Mirande (Gers), AB. — *pierrot des prés*, H.-Marne. — *reine des prés*, fr. cont. — *grosse alôy' di prés*, wallon. — *allouette de drue*, f., Champagne et Lorraine, BULLIARD, *Aviceptol.*, 1813, p. 441. — *gros bec*, Char.-Inf. — *verdier des prés*, Lorraine.

pétardié, m., *pêtarié*, m., *pétari*, m., *pétar*, m., Provence, Dauphiné. — *pètrà*, m., Drôme. — *pétou*, m., Gers. — *pétarrisclo*, f., *pétarrisclé*, m., H.-Pyr., Gers. — *pépètte*, f., H.-Saône, Doubs. — *chi-pèrdri*, m., Provence. — *mère-perdrix*, f., anc. franç., GOD., s. v° frion. — *padri*, m., Loire, BOIRON, *Disc. en vers pat.*, Lyon, 1860, p. 3. « Il est couma le padri, Quand lo solé se couche, se souve din son gni. » — *coquedrie*, *prée*, fr. dial., FORTIN, *Ruses p. les ois.*,

1688. — *jorjeri*, Aube. — *chìnchourlo*, f., *chichourlo*, f., Hérault. — *tortorino*, f., Lozère. — *téridass*, m., languedoc. — *trido jardinièro*, f., Avignon. — *tritri*, m., *bribri*, m., *cricri*, m., en div. endr. — *trïtt*, m., Landes, Char.-Inf. — *triy'*, f., Aube. — *teriz*, m., anc. fr., BELON, 1555. — *clameđ*, m., en certains endr. — *zianbé*, m., Valais, FAT. — *chinass*, m., Aveyr., MISTR.

prader, *pravun*, *strillo*, *strillozzo*, *stridulu*, *predicatur*, *pardir*, *cantaris*, *petasso*, *petonzo*, *schiataione*, dial. ital. — *dickschieter*, Frise.

Le chant de cet oiseau est ainsi interprété :

tirterteriiz! anc. fr., BELON, *Nat. des oys.*, 1555, V, XXI.
tri! tri! tiritz! franç., MAGNÉ DE MAROLLES, 1788, p. 463.
tri! tri! liritz! Char.-Inf., LESSON.
tri! tri! trii! provençal, MISTR.
bread and cheese! Shropshire, JACKSON.

« Le mâle dit à la femelle qui pond : *rantanplan tiroliro!* à quoi la femelle répond : la pèou de moun quiéou s'estiro (= s'étire). » Provence, PERBOSC (dans *Rev. du tradit.*, 1908, p. 7).

« Fa coumo lou pétarrisclé qué nouris lis ioous doou coucut. » Gascogne, MISTR.

Emberiza citrinella (LINNÉ). — LE BRUANT JAUNE

(Voy. *Faune pop.* t. II, p. 197)

amarellus, *amerellus*, l. du m. â.

bruant, m., *bruyant*, m., *bréant*, m., *brayant*, m., fr. anc. et mod. — *bruant jaune*, fr. — *brouan*, *bëruan*, *brugnoő*, m., May. — *brilhan*, Rhône. — *bréjan*, Yonne. — *rutan*, m., Lorraine. — *bruyant-verdier*, *verdier-buissonnier*, *verdière de haie*, en div. endr.

verdier, vèrghé, vèrdière, verdère, verdriè, vèrdoua, f., *vèrdun, vèrdelò, vèrdalo*, f., *vèrdalha*, f., *verdan-na*, f., *bèrdaoulo*, f., *bèrdaoujo*, f., *bèrdaouze*, f., *berdoll, vèrdasson, vèrdrô, varderin, vèrdèy'rola*, f., *jônètte*, f., *jôn'rò, djon'rotte, jaounèl, roussèto*, f., *roussanèlo*, f., *roussièy'ro*, f., en divers patois. (Tous ces noms sont aussi donnés à la *verdière, fringilla chloris*, ce qui amène des confusions. Voy. ci-dessus, p. 47).

chi-jaouné, m., Provence. — *chitt jaouné*, m., H.-P.

djâserène, liégeois. — *djâserène*, ardenais. — *djauserène*, namurois, J. FELLER.

jazerène, f., *djôz'rène, dj'az'rène*, f., wallon. (Selon M. A. Thomas, *Mélanges d'étymol.*, 1902, le mot jazerène est parent de *jazeron* = collier d'or). *

gane frien (= linotte jaune), m., Cambrai, — *linotbraant*, fr., FORTIN, *Ruses pour les oiseaux*, 1688.

gafarrou, m., Pyr.-Or., BARRÈRE, 1745. — *chantchagni*, m., H.-Loire, MOUSS.

ambra, pajarina, dial. ital.

ammer, goldammer, amering, ämmerin, imbrütze, dial. allem.

geelgorze, geelvink, néerl.; *erdgruunsel, gruunsel, garsgroense, garsfroensel*, etc., dial. flam. (A. DE C.).

ammer, yellow homber, yolw ring, angl. dial.

ONOMASTIQUE :

Bruant, Bréant, Bréhan, Verdière, Verdier, Duverdier, noms de famille, ED. EDMONT.

[Ces noms ne suggèrent celui de Brohan, à moins que ce nom ne vienne d'une localité ou d'un lieu dit, H. G.].

« La linotte sifflante est en haine au bruant. » JOS. DU

* Pour moi les noms de *bruant, bruyant, rûtant* (Lorraine, *rûter, rûtier* = bruire) m'incitent à tirer *djaserène* du verbe *djaser* = fr. jaser, J. FELLER.

CHESNE, *Grand miroir du monde*, 1593, p. 319. — « La linotte hait tellement le bruant, que l'on tient pour asseuré que leur sang ne se mesle jamais. » XVIe s., A. PARÉ, *Anim.*, 21.

« *Annar a la verdalla* = aller pondre au nid des autres, comme le coucou dans le nid de la verdière; faire cocu quelqu'un. » Anc. toulousain, NOULET, *Nonpareillas receptas*, p. 35.

« Cet oiseau prend la jaunisse de la personne qui le fixe (= regarde fixement) et meurt, tandis que la personne est guérie. » Belg. wallonne, *Rev. d. tr. pop.*, 1903, p. 155.

Emberiza cirlus (LINNÉ). — **LE BRUANT ZIZI**

cirlus, nomencl. D'ALDROVANDE.

pichoun chi, chi naturaou, cirrò, m., Provence. — *chitt bastar*, H.-Pyr. — *chik-papa*, m. Montpellier, *Soc. d'agric. de l'Hér.*, 1838, p. 202. — *lizi*, m., *lidiò*, m., *tra*, m., Yonne, RABÉ. — *zizi*, m., *zizé*, m., env. de Genève. — *cëni*, m., Locle (Suisse), FATIO. — *gourdo*, f., Mirande (Gers). — *vardërin terreux*, m., Berry, JAUB. (Il fait son nid à terre).

zizien, Orthez, c. p. M. L. BATCAVE.

zizi, zirlo, zirla, zigolo, zivolo, dial. ital.

Emberiza cia (LINNÉ). — **LE BRUANT FOU**

cirlus stultus, nomencl. D'ALDROVANDE.

chitt, m., H.-Pyr. — *chik*, langued. — *chip*, Gironde. — *chi*, m., *chico*, f., *cigo*, f., *chi bartassiè, chi céndrous, chi farnous, chi d'Aouvergno, chi-moustacho, chico marino*. — *ciga*, f., *ciga cendrova*, Nice. — *tÿinke*, f., La Teste, MOUR.

oiseau bête, Savoie, DESSAIX, II, 176. (Il se laisse facilement prendre aux pièges).

zicco, ziga, zia, sia, cia, ciû, siòto, zigolo, zivolo, zipp, cipp, zitt, dial. ital.

Emberiza hortulana (LINNÉ). — L'ORTOLAN

(Voy. *Faune pop.* t. II, p. 202)

ortolan, m., franç. — *ourtoulàn, ortolà*, Midi. — *vigneron*, m., Yonne, Aube, Jura. — *vignolâ*, m., P.-de-D. — *pile-verjus*, m., Yonne, RABÉ. — *pilo-blatt*, m., *poudikètt* (= qui taille la vigne), Aude. — *fossori*, m., *fouchié*, m., Savoie. — *babissartt*, m., Aveyr. — *bino-bino-tu*, m., *dévignày're*, m., Hérault. — *binëttu*, m., Charente, Indre. — *bino-vitt*, m., T.-et-G., H.-Gar. — *bina*, f., Ferrières (Allier). — *bine*, f., Deux-Sèvres. — *bibibu*, m., *chichibu*, *chichibégu*, *duéy'duéy'bégu*, *yoyobégu*, Provence. — *mézénguss*, m., *bézénguss*, m., *bèrjaoudo*, f., Aveyr. — *gìngivi*, m., Gap. — *sànsàfuzi*, m., *sànsànvi*, m., Gard. — *tantandurmi*, m., Dauphiné. — *pàyuy'*, m., Vallensolles (B.-A.), HONN. — *trizzino (?)*, m. Corse.

bruant des gourmants, franç. vulg.

bénarric, m., toulousain, CHR. DE GAMON, *Créat. du monde*, 1609, p. 166; DOUJAT, 1637. (On dit gras comme un bénarric). — *bénarritt*, m., *bénerritt*, m., Landes, B.-Pyr. — *bénourritt, bénorrit*, langued. — *benari*, m., fr. du Midi, *génie des mal fortunez*, 1622, p. 16; *Voyage de Mercure*, 1659, p. 106. — *bénarri de Toulouse*, XVIe s., LORET, *Muze hist.*, éd. Livet, IV, 1re part., p. 112.

qilhery, bret., P. GRÉGOIRE (qui dit que cet oiseau est oiseau est commun à l'île de Batz; c'est à cet auteur que le dictionnaire vannetais de L'A. a pris *quilheri*, qu'il eût écrit sans cela par *ll)*; cf. *Rev. Celt.*, XXV, 277, etc. [E. E.].

TOPONOMASTIQUE :

Chantebine, nom d'un hameau dans le Puy-de-Dôme.

Interprétation de son cri :

ti! ti! ti! tu! franç., MAGNÉ DE MAROLLES, 1788, p. 459.
L'ortolan dit, dans son langage, au vigneron : « *Bines-bines-bines-tu?* » Deux-Sèvres, BEAUCH.; Char.-Inf., JÔN. Et le vigneron lui répond quelquefois : « *Non, mon petit osâ, je bêche.* Char.-Inf., JÔN. — « *Tsâba, tsâba ton vi, Tira la bètsa, N'en farâ mê veni* = finis, finis ton vin; tire la bêche, tu en fera venir davantage. » Vinzelles (Puy-de-D.), *Rev. d. tr. p.*, 1898, p. 333. — « *Bino, bino, bino vitt!* = bine la vigne. » Lot, PERBOSC (dans *La Tradition*, 1904, p. 234. — « *Bino, bino, tu! an binat à Villaudric!* = bine, toi : on a déjà biné à V. » PERBOSC (dans *La Tradition*, 1904, p. 234). — « *Cal poudà! cal poudà!* = faut tailler la vigne. » Lauraguais (Aude), A. FOURÈS, *Cants del soulélh*, 1891, p. 236. — « *Quiti soum!* = je suis quitte, c.-à-d. l'hiver est passé. » Lauraguais (H.-G.) PERBOSC (dans *La Tradition*, 1904. p. 234). — *Dévigno, tu!* = devine, toi! » env. de Béziers, PERBOSC (dans *La Tradit.*, 1904, p. 234. — « Pauvre, pauvre fossori! » Savoie. PERBOSC (dans *La Tradit.*, 1904, p. 235). — « *Fauche! fauche! faucheri!* » Savoie, PERBOSC (dans *La Trad.*, 1904, p. 235). — « *Barral, barral sans vi.* » Provence, MISTR. — « *Aï bégu! aï bégu.* » Provence, PERBOSC, (dans *Rev. du Tradit.*, 1907, p, 339. —

« *Folgés sénsé vi* = tu fouis sans vin. » Pyr.-Or., Perbosc, (dans *Revue du Tradit.*, 1907, p. 339. — « *N'ày' pas ni pa, ni pa, ni bi!* ou *padi! padi!* » Aveyr., Bessou, *Countes de la Tata*, 1902. — « Dé pa, dé car, dé vi, dé ru *(du raisiné)*. » Saint-Pons (Hér.), Lambert, *Ch. p. du L.*, I, 197.

Sur les interprétations du chant de l'ortolan, cf. Sébillot, *Le folk-lore de France*, III, 181, [E. E.].

« Quand la *bine* chante il y a des raisins de fleuris. » Deux-S., Souché, *Croy*.

« Quand on voit un ortolan on lui chante : *Viro-lou, viro-lou. S'atrapos toun païré, escano-lou ; sé l'atrapés pas, laïsso-lou!* = arrête, arrête-le. Si tu trouves ton père, étouffe-le ; si tu ne le trouves pas, laisse-le. » Arles, *Rev. d. l. rom.*, 1873, p. 581.

« Tel qui mange aujourd'hui des ortolans sera demain rongé des vers. » Cl. Le Petit, *L'heure du berger*, 1662.

Sur les proverbes relatifs à cet oiseau, cf. Mistral, *Le Trésor du félibrige*, v. *ourtoulan*. Les « ortolans confits » sont cités, en Bretagne, comme un type de mets recherché, [E. E.].

Emberiza schœniclus (Linné). — **LE BRUANT DES ROSEAUX**

schœniclus, junco, (junconis au génit.), anc. nomencl., Turner, 1544.

chi dé canié, chi canéou, chi dé palùn chi dé sagno, trido roukièro, f., Provence. — *chinoués*, m., Hér., Creuzé. — *léchiou*, m., Mirande (Gers), Ab. — *dial*, m., dép. du Nord, Norguet. — *moineau d'eau*, H.-Marne. — *moineau de joncs*, Jura. — *ortolan des roseaux*, franç. — *passera d'lesca*, Piémont. —

rohrsperling, rohrspatz, allem. — *water-sparrow,* angl.

Emberiza nivalis (Linné)

bruant des neiges, ortolan de neige, moineau des dunes, franç. — *lêne,* f., H.-Marne, Daguin.

[**Emberiza lapponica** (Linné)

bruant montain, grand montain, franç. Ed. Edmont].

Alauda arvensis (Linné). — **L'ALOUETTE**

(Voy. *Faune pop.*, t. II, p. 205).

alauda, latin. — *aloda, alauga, alaudula, laudula, laudila, laudeola, alunda, landula *, caradrius, caladrius, caradrion, caladrion, galandra, calandrus, calandra, philomela, filomena, lucina, antelucana, cirris, serris, tilaris, itilaris laverca, laris,* l. du m. â., Dief; Steinm; Wright, etc., etc. — *laverca,* l. du m. â., dans un texte portugais de 1253, Ribeiro, *Dissert.*, IV, 70

alaude, f., anc. gascon; H.-Marne. — *alaoude,* Landes, Gir. — *alaodi,* f., *laodi,* f., Gir., c. p. M. Ed. Edmont — *aloue,* f., anc. fr. du Nord-Est; Nord, S.-et-L. — *alowe,* f., *aloe,* f., anc. fr. — *alô,* f., Fougerolles (May.) — *alovo,* f., *lâovo,* f., H.-Vienne, c. p. M. Ed. Edm. — *alôy',* f., env. de Limbourg (Belg.), c. p. M. Ed. Edmont.

alôye, f., Liège, verriers, Spa.

[* *lodola,* f., dans Frère Léon, Vie de St-François d'Assise = J. Feller. — Le ms. de Rolland a bien *landula,* par une N. — H. G.].

alôre, f., Hesbaye.
alôyète, f., Stavelot, Malmedy.
âlowètte, f., Vielsalm.
âlouwète, f., liégeois.
alo-ète, f., Avesnes.
alou, m., Hainaut. — Formes comm., par M. J. Feller.
laoudèto, f., *laoudéte*, f., *alaoudéte*, f., *alaouzo*, f., *alaoujo*, f., *avaouzo*, f., *araouzo*, f., *alaouzèto*, f., *laouzèto*, f., *louzèto*, f., *lozèto*, f., *glaouzèto*, f., *laoujèto*, *nouzèta*, f., *ouzèta*, f., *alaouvèto*, f., *alouvèto*, *élëvëta*, f., *aoulivèto*, f., *aréouvèto*, f., *alouvotte*, f., *alvote*, f., *lovèto*, f., *lov'to*, f., *laoubèto*, f., *loubèto*, f., *aliëta*, f., *aluta*, f., *alèta*, f., *alëjètte*, f., *aluèta*, f., *aluéta*, f., *oluto*, f., *alëte*, f., *louètte*, f., *alouotte*, f., *louètte*, f., *aloètte*, f., *aloyètte*, f., *aliyèta*, f., *alhuta*, f., *âlhëta*, f., *alheûto*, f., *allètte*, f., *olotte*, f., *òyëte*, f., en divers patois. — *agaouzèto*, f., Lozère.
aloutyò, m. (= jeune alouette, env. de Saint-Pol (P.-de-C.), c. p. M. Ed. Edmont).
layete, f., anc. fr., P. Borel, *Tres. d. rech.*, 1655, p. 295. — *aloiete*, f., *alouelle*, f., *aluelle*, f., *aloeaux*, m. pl., anc. fr. — *alouè*, m., Palaiseau (S.-et-O.), r. p. — *albora*, f. Savoie, Const. — *louzou*, m., *ouzu*, m., H.-Loire.
lay'ra, f., *lêra*, f., *lêre*, f., H.-Savoie, env. de Genève. — *djëri*, m., Monton (P.-de-D.), c. p. M. Ed. Edmont.
laudete, (Béarn).
lauzete, (Vic-Billh), L. Batcave.
mauviette, f., parisien, *Suite des dons de Cornus*, 1742, II, 316, Magné de Mar., 1788, p. 345. (Ce nom viendrait, dit-on, de ce que autrefois, on servait, à Paris. dans les restaurants, cet oiseau en qualité de *petit mauvis* (de *petite grive*). — *môvia*, m., Berry, Jaub.

calandra, f., *calandri*, f., anc. prov. — *calàndro*, f., *caliàndro*, f., *caràndro*, f., Provence. — *calandre*, f., *calende*, f., *chalande*, f., *chalandre*, f., anc. fr. — *acalande*, f., Berry, JAUB. — *écalandre*, f., Auxerre, JOSSIER. (On dit : *Chanter comme une écalandre*) = Chanter merveilleusement. — *filàndrèo*, f., Barcelonnette (B.-A.), c. p. M. ED. EDMONT.

izëla (= oiselle), f., Chablais (Sav.), CONST. — *pouyocèou*, m., H,-Pyr., c. p. M. A. CAZES. — *rosspédère*, f., Saulxures-s.Mos. (Voges), r. p.

laudetat, s. m., petit de l'alouette, Arrens (H.-P.), c. p. M. CAMÉLAT.

alc'houéder, breton. (Pour l'étymol. de ce mot voyez : V. HENRY, *Etym. bret.* (dans *Miscellanea ling. in onore di* ASCOLI, 1901, p. 204).

lodula, f., *taragnola*, f., Corse, c. p. M. ED. EDMONT.

loa, *loato* (= jeune alouette), XVe s., dans le Nord de l'Italie, MUSSAFIA (dans *Denkschr. d. k. Akad. d. Wiss. phil. hist. Classe*, 1873. p. 174. — *lodola*, *llodola*, *lodana*, *lodina*, *calandra*, *calandretta*, *calandruni*, *grivea*, dial. ital.

léwäckelchen, Luxemb., GANGL. — *leuwerick*, *lewerk*, *lortsk*, *levering*, *lerche*, dial. all. — *leeuwerk*, *leeuwere*, *lawerk*, *hemelawerk*, dial. flam. — *laverock*, *lark*, *Our Lady's hen*, dial. angl.

On trouvera encore d'autre noms gallo-romans de l'alouette dans l'*Atlas linguist.* de GILLIÉRON et EDMONT ; fasc. 1, carte 36.

TOPONOMASTIQUE :

Campalausié, *Le Champ de l'alouette*, *Chanta-Alauza*, *Chantelauze*, *Chantelouse*, *Chante-Aloue*, *Cantalausette*, *Cantelauvette*, *L'Alauzeda*, *La Lauvette*, *L'Alouette*, *Les Allouettes*, *L'Alouettière*, *L'Alouet-*

terie, L'Allouettie, noms de nombreuses localités. (Ces noms sont habituellement donnés à des terrains sablonneux et stériles qu'aiment à fréquenter les alouettes au printemps).

La Cabane à la Lauvo, env. d'Aix-en-Prov.

Bruay-les-Alouettes, écart de Bruay (P.-d-C.).

Maison des Alouettes, Maison-Alouette, Creuse, Marne,

Les Allouvaus, doc. de 1470, Drôme, BRUN-DURAND, 1891.

Champlauve, en patois, *Chalauso*, près Molines (H.-Alpes), MISTRAL, I, 525.

La Montluede (= Mons Alaudæ), près Trévoux (Ain), JOLIBOIS, *Hist de Tr.*, 1853, p. 36.

L'Alue, Le Pont de l'Alue, Les Alutats, Allier, CHAZAUD.

Pinçe-alouette, Sarthe, PESCHE, VI. 377.

La Calandrie, Loire-Inf., QUILG.

La Belle-Alouette, Les Trois Alouettes, Le Pont de l'Alouette, Morbihan, ROSENZW., 1870.

La Haute-Alouette, Le Vive-Alouette, Eure, BLOSSEVILLE.

La Cavée de Lalouette, La Place de la Croix-l'Alouette, anc. loc. et anc. place de Darnétal (S.-Inf.), *Lesguilliez*, Not. s. Darnétal, 1835, p. 42 et p. 49.

Le Gué de l'Alouette, ancien gué près de Coulommiers, *Est. hist. sur Seine-et-M.*, 1834, p. 1155.

Le Champ aux Aloyaux, lieu dit en 1119, à Tilloy (Nord), BONIFACE.

La Poste aux Alouettes, La Montagne des Allouettes, Le Champ d'Aloue, QUANTIN.

Cantus Alaudae, Cantualaudae, lat. du m. â., *Chialoe*, loc. de l'Aube, LALORE, *Cartul. de Troyes*, 1875, II, 328, 331.

Chantelauze, loc. de la H.-Loire.

La Pierre aux Alouettes, nom d'un dolmen dans l'Aube, BOUTIOT, 1874.

La Rue du Chant de l'Alouette, rue de Paris, au XVIIe s., FRANKLIN, *Estat des rues de Paris*, 1873, p. 133.

La Calandre, La Calande, Les Calandres, Rue de la Calandre, Rue Calandre, noms de diverses localités et de diverses rues * dans les villes.

Rue de l'Alouette, anc. rue de Montpellier, DUVAL-JOUVE, *Rues de Montp.*, 1877, p. 46.

ONOMASTIQUE :

Laloue, Lalauze, Alauze, De l'Alouette, L'Alouette, Lalouette, Alouette, Louette, Lalouet, Lalouel, Alloiteau, Alauzet, Allouard, Dalaudié, Dallaudière, Delhaudiere (Allier), *Dalaudié, Champelauvier* (Ardèche), *Chantelauze, Chalandre, Calandreau*, noms de famille.

M. BATCAVE ajoute : *Lalaude, Laudette;* M. EDMONT : *Alouetteau;* et j'ajoute : *Laudet.* — H. G.

De l'alouette qui chante, on dit :

garrire, l. du m. â., *Cärmina burana.* — *tirolirà*, anc. gascon, D'ASTROS, *tirelirer*, fr., D. MARTIN, *Parlem. nouv.*, 1660, p. 571. — *tririter*, fr., CL. GAUCHET, *Plais, des champs*, 1583, éd. Blanch., p. 273. — *se gaziller*, LE MOIGNE, *Noëls*, 1520.

Pour l'interprétation du chant de l'alouette, dans la Belgique flamande, voir : A. DE COCK et IS. TEIRLINCK, *Kinderspel*, tome VI, pp. 22-27.

« Dum alauda canit *czir-czir* scolares currunt *pir-pir.* » DIEF., p. 20.

[* Ces noms de rues viennent des enseignes représentant des *Calandres*. Mais ces *calandres* étaient-elles bien des alouettes? (La rue de la *Calandre*, à Saint-Pol (P.-de-C.), tire son nom de la *Calandre*, ou machine à tabiser les étoffes, installée autrefois dans un immeuble de cette rue), ED. EDMONT].

La gentille allouette avec sen tire-lire,
Tire l'ire à liré, et tire-lirant tire
Vers la voûte du ciel ; puis son vol vers ce lieu
Vire, et désire dire : Adieu Dieu, adieu Dieu.
Du BARTAS, *La 1re semaine*, 5e jour.

La dauphinelle est appelée pied d'alouette, fr. *(pî d'alôye*, wallon), par comparaison des feuilles à trois folioles divergentes avec le *pas* d'une alouette, J. F.

Houlêye pate d'alôye! injure wallonne à un boîteux.

Treûs alowètes valèt deûs tchampin-nes, Stavelot Proverbe wallon de gourmet (3 alouettes valent 2 grives).

Quand l'alowète tchante duvant l'tchandeleûs', l'ours rumousse ô s'trô po sî samin-nes, quand l'alouette chante avant la chandeleur, l'ours rentre dans son trou pour six semaines. Stavelot, J. FELLER.

« La lauzeto per lauza Diou Dab soum *tiro-liro-piou-piou* Debés lou céou dret coumo uo biro En bèt *tiro lira* se tiro, E quan nou pot més haut tira En bat tourno *tiro lira.* » gascon du XVIIe s., G. D'ASTROS, *Poésies*, édit. Taillade, 1867, I. 4. — « La calendre en lyre-lirée, Lyre, lyre, lyre-lirant, Dans un faux jour de l'assoirant s'étant mirée et remirée D'un lyre, lyre, lyra-luit Demande s'il est jour ou nuict. » ELIS, *Œuvres*, 1628, p. 133.

On dit que l'alouette, en s'élevant dans les airs prononce diverses paroles : « Al paradis! al paradis! Tout li lusis! tout li lusis! Aveyr., BESSOU, *Countes de la Tata*, 1902, p. 320. — « Je t'emmènerai au paradis! je t'emmènerai au paradis! » Guernesey, r. p. — « Tu m'oublies! tu m'oublies! » Ercé, (I.-et-V.), *Rev. de ling.*, 1881, p. 3. — « Je sèmerai encore! je sèmerai encore! Guipel (I.-et-V.), *Rev. d. tr. pop.*, 1904, p. 248. — « J'prie Dieu, j'prie Dieu Pour le riche et pour le gueux. » Berry, LAISNEL DE LA SALLE.

Elle doit chanter Jésus-Christ car on dit dans une prière populaire : « La p'tite alouette qui est dans son nid Qui chante le nom de Jésus-Christ. » Chantelle (Allier). BEUDANT, *Hist. de Chant.*, 1862, p. 190. — « Ouvre la porte du paradis, dis ! dis ! » Touraine. — « Nom de Dieu ! que je suis haut ! Saint-Pierre, ouvrez-moi la porte du paradis. — Non, parce que tu jures encore. — Non, je ne jurerai plus ! jamais, jamais. » Rhétiers (I.-et-V.), r. p. — Mon doux Jésus, Laissez-moi monter laissus *(là haut)*, jurerai plus, jurerai plus. *(Mais ses forces s'épuisent et elle descend en blasphêmant)* : sacredié ! sacredié ! » Poitou, DESAIVRE, *Et. de mythol. locale.* — « Monte en sus ! monte en sus !... *(en descendant)* : tête-bleu ! corbleu ! morbleu ! quatre vaches ne valent pas un bœuf. » Char.-Inf., JÔNAIN, p. 77. — « Ouvrez-moi les portes du paradis, je ne pécherai plus... mille diables ! que j'étais haut ! » Ercé (I.-et-V.), *Rev. de ling.*, 1881, p. 3. — « Je ne jurerai plus !... cré mille nom de nom ! j'étais-t-il haut ! » May., DOTT. — Je n'jurerai plus !... je jurerai cor ! je jurerai cor ! » Guernesey, r. p. — « Je n'pécherai plus !... je pécherai encore ! *(De là on appelle alouettes les ivrognes qui comme les alouettes promettent toujours de ne plus boire et continuent toujours).* Guipel, (I.-et-V.), *Rev. d. tr. p.*, 1904, p. 248. — « Je n'fauterai plus !... je fauterai core ! » E.-et-L., CHAPISEAU. — « Djurërè pu !... fouti-ti ! fouti-ti ! » Monteil-au-Vic. (Creuse), r. p. — « Jurerai plus, bon Dieu !... je jure ! je jure ! » Namur, PIRSOUL. — « Monte au ciel... Vas *(var.* fiche) au diable ! » Fumal (Belg.), *Rev. d. tr. p.*, 1903, p. 402. — « Jurarèy' plus Diou !... Canalho dé Diou ! » Gascogne, PERBOSC (dans *La Tradition*, 1904, p. 75. — « *Ordi ènça, ordi ènla, saccorodiou! tant d'ordi!*

= orge ici, orge là, sacredieu! que d'orge! » Lot, PERBOSC (dans *La Tradition*, 1904, p. 76.

« Autrefois, quand on ne possédait pas encore le feu, on envoya l'alouette le chercher dans le ciel. La voilà partie, qui monte, monte, en disant par vanterie : *je vas vers Dieu! je vas vers Dieu!* Le bon Dieu se trouva offensé de voir l'alouette si glorieuse ; il la fit redescendre. Elle retomba en disant : *je m'en dédis! je m'en dédis!* je tombe à bas! Depuis ce temps elle essaye tous les jours de remonter au ciel, mais chaque fois elle est forcée de descendre. » Nièvre, MILLIEN, *Etrennes nivernaises*, 1896, p. 24.

« Les alouettes volent toujours haut, parce qu'elles vont boire au-dessus du temps *(ciel)*. Le Bon Dieu les a condamnées à y aller pour les punir à cause qu'en volant, elles disent toujours : *bougre! bougre de mâtin!* » Bournois (Doubs), ROUSS., *Gloss.*

« Le ciel est si loin qu'une alouette essaya d'y monter, mais avant d'être arrivée à moitié chemin, elle fut forcée de s'arrêter et de descendre. » Dord., *Armanac de Louzero*, 1903, p. 15.

Sur l'alouette ne pouvant s'élever dans le ciel qu'à une certaine hauteur, voy. *Mélusine*, X, 249.

Pour d'autres formulettes de l'alouette s'élevant en l'air, voir : E. ERNAULT (dans *Mélusine*, X (1900), 20-21 ; SAUVÉ (dans *Revue celtique*, V, 190-191).

« C'est une merveille de voir l'alouette s'élever, en faisant son ramage, à perte de vue et tomber comme une pierre sans se tuer. » *Théâtre des boulevards*, 1756, p. 101.

« Il aurait voulu être comme l'alouette, qui si haut qu'elle plane au haut des airs, ne quitte pas de vue sa famille. » A. BLONDEL, *Camus d'Arras*, s. d. (vers 1895), p. 337.

Bacon a comparé la philosophie spéculative à l'*alouette*, qui s'élève jusqu'aux cieux et redescend sans rien rapporter de sa course, et la philosophie expérimentale au faucon, qui s'élève aussi haut, mais revient avec sa proie.

Mme DE STAEL, *De l'Allemagne*, IIIe part., c 10.

Gardez-vous de fortune, seigneur, je le vous aloe.
Quand fortune a fait homme *haut chanter comme aloe*,
Et il cuide mieux estre assis dessus la roe,
Lors retorne fortune, si le geste en le boe.

MONIOT, *Le dit de Fortune*.

Quand les enfants voient une alouette s'élevant en l'air, ils lui débitent les formulettes suivantes :

« Alouette, alouette, monte en haut, Périer l'bon Dieu qu'il fasse chaud Pour pâturesses et pâturiaux Qui vont sans chausses et sans bihots *(sabots)*, Car la faim leur colle les boyaux, En faisant tourner leurs fuseaux Pour amarrer leur petit trousseau Et pour se faire de petits manteaux Pour aller danser au renouveau. » Bocage normand, MADELEINE, *Au vieux temps*, 1907, p. 318. (Cela se chante et l'auteur cité donne la musique notée).

« Alouette monte en haut, Va prier qu'il donne du chaud Pour faire pousser les blés nouveaux Qui nourriront les petits pâturiaux. » Bocage norm., LECŒUR. — « Allouette, chante, Afin que Dieu t'entende ; Dis-lui dans ton chant De faire venir le beau temps, Pour que ces enfants Gagnent du pain et de l'argent. » C.-du-N., SÉBILL., *Add.* — P'tite alouette, monte en haut, Prier Dieu qu'il fasse chaud, De l'avoine plein une faux, Du blé à moussiaux, Pour tous nos p'tits alouetiaux. » Perche, VALLERANCHE, *Curios. percher.*, p. 124. — « Petite alouette, monte en haut Pour les petits pâturiaux Qui sont dans la lande là-haut; Va chercher une p'tite charrette de louis, Pour nous mener en paradis. » Guipel (I.-et-V.), *Rev. d. tr. p.* 1904, p. 113. « Alouette, monte en haut, Prie le bon Dieu que n'y faye chaud, Pour ceux petits pâtres Qui n'ont ni pain ni pâte, Qui traînent leurs gahillons Tout du long de ceux boissons. » Nièvre, *Etrennes nivernaises*, 1895, p. 42. — « Alouette, monte en haut, Prie à Dieu qu'il faiche biau Pour ches pétits alloutiaux, Qui n'ont ni mains ni coutiaux Pour coper leus petits morciaux! » Saint-Pol (P.-de-C.), c. p. M. Ed. Edmont. — « Alouette, monte en haut Prie le bon Dieu pour chés Cateaux * qui sont tout nus. à pieds décaux! » Saint-Pol (P.-de-C.), c. p. M. Ed. Edmont.

Voir d'autres formulettes analogues dans *Mélusine*, I. (1877), c. 538; *Rev. de linguist.*, 1881, p. 2-3.

« Un enfant prétendit jeter une pierre si haut et si loin qu'on ne la verrait pas retomber. Il gagna son pari, car, tirant de sa poche une alouette vivante, il la lança en l'air. » P. Duchon, *Contes pop. du Bourbonnais*, 1900, p. 22. (Cf. *Armana de Louzero*, 1908, p. 20, où l'alouette est remplacée par une caille).

« Les alouettes grandement redoubtent la ruine des cieux tombans, car les cieux tombant toutes seraient prises. » Rabelais. — « *Qué haré cade las laoudétes* = il ferait tomber les alouettes, il ferait des choses impossibles. » B.-Pyr., Lespy. — « Si vous aviez le temps, il y aurait trop d'alouettes de prises. » *Etrennes nivernaises*, 1895, p. 33. — *Voilà bien des alouettes de prises!* = voilà un riche butin. » De Beauclair, *Gallicismes*, 1794. — « Si les nues tom-

* Sobriquet porté par les membres d'une famille très pauvre.

baient, il esperoit prendre les alouettes toutes rosties. » RABELAIS.

« *Verno tempore* chante l'alouette. » *Motz dorez de Cathon*, 1530. — « Il n'est que d'ouyr l'alouette chanter. » LE BON, 1557. — « *Colombine* : Quand j'entends chanter l'alouette, ma vertu est à fleur de corde et c'est une saison bien chatouilleuse que le printemps. » *Les Chinois*, comédie, 1692.

« Tous les matins il se lève en chantant comme l'alouette. » RICARD, *Pierre Giroux*, 1837, I, 185. — « Au valet paresseux à se lever on chante sur un mode traînant : Jean-Pierre, vois-tu? L'alouette, l'alouette, Jean-Pierre, vois-tu L'alouette qui lève le cul? » Poitou, SAINT-MARC. — « A cette heure j'écouterai les alouettes se lever = *je serai encore couché.* » Templeuve (Nord), BONNIER. — « Canto de bon matin, comme l'alaouséto. » Provence, MISTR. — « *Aller voir lever les alouettes* = se lever de bonne heure pour courir la campagne. » Pas-de-Cal., c. p. M. ED. EDMONT.

Entre moi et mon amin,
En un bois k'est leis Betune,
Alaimes juwant mairdi,
Toute lai nuit à la lune.
Tant k'il ajornait *(qu'il faisait jour)*
Et ke l'alowe chantait,
Ke dit : « Amins, alons en. »
Et il respont doucement :
Il n'est mie jours,
Saverouse, au cors gent;
Si ment, amours,
L'alowelle nos ment.
Adonc se trait près de mi,
Et je ne fu pas an fruine *(en frogne, de mauvaise humeur)*
Il me baixait bien trois fois,
Ausi fix je lui plus d'une,

K'ains ne m'anoyait;
Adonc volexiens nous lai *(nous eussions voulu là)*
Ke celle nuit durest sant *,
Mais ke plus n'alest dixant :
Il n'esl mie jours,
Saverouze, au cors gent;
Si ment, amours,
L'alowelle nos menl.

Vieux documents, *Archives des missions scientifiques et littéraires*, t, V (1856), p. 100.

« Il n'est mie jour, savoureuse plaisant, Si me consent Dex, l'aloete nos ment. » Fragm. de chans. du XIIIe s., *Rev. d. l. rom.*, 1902, p. 200. — « Il est jour dit l'alouette; Non est, non dit la fillette. » Fragm. de chans., RONSARD, *Livret de folastreries*, 1584, p. 38. — En Italie, selon FERRARO, c'est une hirondelle qui chante trop tôt le jour au gré des amoureux. [dans le *Barzaz-Breiz*, p. 237, cf. 241, c'est le coq, E. E.]. — On connaît le passage de SHAKESPEARE, dans *Roméo et Juliette*, III, 5.

« Il est comme les alouettes qui chantent en tout temps et ne craignent pas le serain. » DRACHIN D'AMORNY, *Le carabinage*, 1616, p. 43.

« Autant l'alouette chante avant la Saint-Mathias (24 fé-février), autant elle se tait après. » Vosges, DU BROC, *Patrons des corporat.*, 1887, I, 151.

« Le jour de la Saint-Vincent, L'alouette reprend son chant. » Ardennes, MEYRAC, *Trad.*

« Canto coumé uno lèro = il chante bien. » Aveyr., MISTR.

« Il a chanté comme la calandre et tout le monde sait l'affaire. » Provence, MARY LAFON, *La boîte d'or*, 1880.

* Tant? [ou *cent?* E. E.].

« *Cap de laudéte* = tête d'alouette : tête légère. » Arrens H.-P., c. p. M. Camélat.

« Gai quement ène élouvotte à serail. » Doubs, *Alman. des bonnes gens de Montbéliard*, 1893, p. 74.

« On sait que le plus beau vol et le plus agréable est encore aujourd'hui la volerie de l'Epervier aux *aloues*. Anciennement, prendre le plaisir de cette chasse, c'étoit « se rigoler de l'*aloe.* » La Curne, *Dict. de l'anc. lang.* [Ed. Edm.].

« *Alouière*, espèce de bourse dans laquelle on mettoit les *aloues* qu'on avoit prises. » La Curne, *Dict. de l'anc. lang.* [Ed. Edm.].

De l'alouette qui se tient en l'air en équilibre sans changer de place, on dit :

fà l'alèto, fày'ré l'aléto, f., Provence, Languedoc.

aleter, haleter, anc. fr. [« Quant voi la florette Naistre en la pree Et j'oi l'aloete A la matinee Qui saut et *halete.* » *Zeitsch. f. rom. Philol.*, III, 546].

dalter, Char.-Inf., Jônain, p. 134.

« A la Saint-Paul L'alouette prend son vol. » env. de Paris, Broussonnet, *L'année rurale*, 1788, p. 164.

« Plustost passans que le vol d'une aloue. » anc. fr., Alain Chartier.

« Lever le cul comme une alouette qui boit à une ornière. » Deux-Sèvres, Souché, *Prov.*

« *Régardà lis Caléndros* = marcher, les yeux vers le ciel, sans s'inquiéter de ce qui se passe autour de soi. » Provence, Mistr.

« Dans la bourde de l'alouette. » Cotgrave, 1650. [allusion à l'alouette qui fait semblant d'être blessée pour attirer l'attention sur elle seule quand elle a des petits].

« Les lorettes m'attiraient comme le miroir attire l'alouette. » SAINT-LARY, *Chutes fatales*, 1859, p. 12. — « Comme une pauvre alouette, elle se laissa prendre au miroir de ses paroles. » KÉROUL, *Mam'zelle Fauvette*, 1898.

Moquette = alouette vivante servant d'appeau à la chasse au miroir. » MAGNÉ DE MAROLLES, 1788, p. 343.

« *Alouette* = niais, badaud. » *Harangue du sieur Mistanguet*, 1615, p. 19.

« *Aloueteau* = 1° jeune alouette; 2° jeune enfant. » actuellement dans Perche, GOD., I, 236.

« Maigre comme une alouette au vent. » *La Fluste de Robin*, 1619, p. 19.

« Ah! ma pauvre mauviette, cette bougresse ne ferait de toi qu'une bouchée. » BERNÈDE, *Clara*, s. d. (vers 1890), p. 248. — « *Mauviette* = fille malingre. » DECOURCELLE, *Môme*, s. d. (vers 1901).

« Il m'a tendu sa grande jambe d'alouette. » *Comédie des prov.*

« *Une mauviette* = une petite fille maigrelette. » RESTIF DE LA BRET., *Monsieur Nicolas*, 1796, p. 151.

« Se couchiant disoit une veufve maigrette Qui vouloit faire encore piquer son canevas Qu'elle estoit grasse au cul ainsi que l'alouette. » AUVRAY, *Banquet des muses*, 1623, p. 37.

« *Un appétit d'alouette* = un petit appétit. » *La Gaudriole*, 1893, p. 310.

« Il n'a pas de graisse sur tout son corps pour paistre une alouette. » DUPUY, *Satyre Menippée*, 1677, p. 135.

« Il y a quelques-uns qui vivent d'amour. *Réponse* : ouy bien, comme les alouettes des auln. » WODROEPHE, 1625, p. 250. — « Il vit d'amour et de belles chansons comme les alouettes de roques *(de cailloux)* » Guernesey.

« *Terres à alouettes* = terres sablonneuses et stériles. » Fur., 1708. — *Pais dé laouzéto* = terrain maigre. » Cévenol, Sauv. 1785. — « A Fraiture les alouettes crèvent de faim au mois d'août. » Belg. wall., *Rev. d. trad. p.*, 1903, p. 402. — « *Cent esparbès nou-y gaharen pas ue laoudéte* = Cent éperviers n'y prendraient pas une a., c.-à-d. c'est un pays pauvre. » B.-Pyr., Lespy. — « A Sant-Avar cent sparveis prendrian pas iouna avoza. » H.-Loire, *Velay et Auvergne*, 1903, p. 189. — « A peine cent faulcons y prendroient une aloue. » Marchegay, *Anecdotes*, 1883, p. 43.

« *Cap de lausèto* = tête légère, étourdi. » toulous. du XVIIe s., Noulet, *Œuvres de Goud.* — « *Tésto dé loouvéto* = même sens. » Drôme, Almoric, *Nouananto-nòu*, 1897, p. 9.

« Tu es laid, les filles courent après toi comme les alouettes après les hobereaux. » Poitou, P. Caillet, *Michelle*, 1868, p. 22.

« Car il vous doute plus que l'aloe faucon. » Guessard, *Aye d'Avignon*, p. 6.

« *Bec d'alouette* = certain ornement de femme. » fr. du XVe s. Gasté, *Chans. norm. du* XVe s. 1866, p. 78.

alouette = espèce de coup. « Endurer, plameuses, chiquenaudes, *alouettes* et grans coups sur les dentz. » Rabelais, *Pantagruel*, 1533, réimpr. de 1904, p. 99.

« *Laousétày'ré* = chasseur aux alouettes. » Languedoc, Mistr. — « *alouèkyé*, m. = braconnier qui chasse les alouettes au filet, la nuit. » Calvados, *Bull. d. parl. norm.*, 1899, p. 132. — « *Alaoudéy'*, m. = filet pour prendre les a. » Bordelais, Mistral.

« *Tirer les alouettes au cul levé* = les tirer en les faisant lever devant soi dans les guérets, au lieu de les tirer venant au miroir. » Locution de chasse connue.

« *Alaousèto nèro,* f. = morceau de foie enveloppé dans de l'épiploon. Provence. — « *Alouette sans tête* = escalope de veau roulée avec du hachis, terme de cuisine parisienne. » r. p.

« *Tête d'alouette* = partie desséchée de la souche de la vigne. » Loir-et-Cher, Eud.

« *Mangiar carne d'allodola* = se louer soi-même; jeu de mots. » Ital.

« On dit que les alouettes grandement redoutent la ruine des cieulx, car les cieulx tumbant, toutes seroient prises. » Rabelais, *Pant.*, IV, 17.

« *Calandréjà* = être gai; *calandréjado* = gaîté. » toulousain, Doujat, 1637.

« Sa chevelure aussi rousse que la première plume des calandres. » L. Cladel, *Mi-Diable,* 1885.

« L'alaousèto jamaï a manja lou faoucoun. » Provence.

En beaucoup d'endroits on appelle *pain d'alouette* celui que le laboureur a emporté aux champs, qu'il n'a pas mangé tout entier et dont il rapporte les restes. Les enfants aiment beaucoup ce pain. « On l'appelle *pain chanté aux alouettes.* » Gaye (Marne), c. p. M. C. Heuillard., cf. *Mélusine,* IV, 94. — « *Tu auras du pain d'alouette,* = se dit aux enfants pour les tenir tranquilles. » Somme, Ledieu. (Ailleurs, *pain de coucou).*

« Au pays de Cocagne, au soleil levant, s'esleve une grande nuée sur laquelle le soleil ayant dardé quelque temps ses rayons, on voit pleuvoir de toutes parts des cailles et des alouettes toutes rosties. » Drachir d'Amorny, *Carabinage,* 1616, p. 3. — « Ceux-cy sont du pays de Cocagne, les alouettes leur tombent dans le bec toutes rosties. » Sandricourt, *Visage de la Cour,* 1652, p. 16.

« *Jouer à l'alouette bandée* = à colin-maillard. » Rennes.

COUL. — « *Jeu de l'alouette* = même jeu. » M.-et-L. VERR.

« *Juer à l'cane d'aloéte.* Des enfans en nombre indéterminé, se rassemblent; le plus fort se met à la tête et prend la main de celui qui le suit, et ainsi jusqu'au dernier, formant une longue file. Le premier prend sa course en criant : *cane, cane, cane d'aloéte,* ce qui se répète par toute la bande. Cette course est si rapide, que si la chaîne se rompt, ce qui arrive quelquefois, ceux qui se trouvent séparés tombent rudement, ou vont se heurter avec force contre une muraille. » Valenciennes, HÉCART.

« Garçon, fillette, Gauche d'alouette. » formulette de Rouen en 1604, dont le sens est obscur, *Fricassée crotestill.*, éd. Blanch., p. 60.

« Fày coumo la calandro de Bascou, que disiét pas res, mes n'en pensavo pas més. » Alais, HAON. (Ce proverbe se rattache à une facétie où le perroquet est généralement en jeu).

« Quand on entend chanter une alouette le matin, présage de richesse. » Belg. wall.

Symbolique. « Une image, représentant une alouette en l'air, est accompagnée de ces mots : *garrula et vade,* c.-à-d. *va-t-en, babilleur.* » LA FEUILLE, *Devises,* 1693. [C.-à-d. chante et pars, J. FELLER].

Pour la symbolique de l'a. voir MENESTRIER, *Philosophia imaginum*, 1695, 794-795.

Alauda calandra (LINNÉ). — **LA CALANDRE**

calàndro, f., *caliàndro,* f., *cariàndro,* f., Provence. — *calàndré,* f., Aude. — *calandre,* f., franç., BELON, 1555. *calandrà,* m., *calàndro méjàncièro,* f., prov., JAUBERT, 1859, — *coulassado,* f., Basse-Provence,

HONN. (Ainsi appelée, selon MAGNÉ DE MAROLLES, 1788, p. 346, parce qu'elle a un collier noir). — *calandra, anéda*, f., Pyr.-Or., BARR., 1745. — *gratizétt*, m., Aveyr.

calandro, calandra, calandrone, ital. — *calhandra*, portug. — *calandria, alondra*, espagn., IRBY.

Alauda brachydactyla (LEISLER). — LA CALANDRELLE

calandrelle, alouette des sables, franç. — *caléndréte*, f., B.-Pyr. — *calàndrina*, f., Hér. — *caliàndroun, couréntí-o*, f., Provence. — *alè*, m., Jons (Isère). FERRAND. — *lhaouzèta blanca*, Pyr.-Or., BARR. — *miscarolo*, f., cévenol, D'HOMBRES. — *tourroulho*, f., langued. — *calandrina, calandrino*, ital.

Alauda cristata (LINNÉ). — LE COCHEVIS

(Voy. *Faune pop.* t. II, p. 216)

cassita, lat., AULU-GELLE, Noct. att., 2, 29, 3. — *alauda*, lat. d'orig. gauloise, PLINE, XI, 144, 121. — *corydalus, coredulus*, bas lat. d'orig. grecque, *Arch. f. lat. Lex.*, 1885, p. 478. — *coredula, coridalis, cordialis, coredellus, acredula caducula, cassica, cassita, galerita, bardaia, bardella*, l. du m. â., DU C.; DIEF; STEINM, etc.

coupada, Nice. — *aloe coupée*, f., *cupée*, f., *aloe acoupée, acoupée, acupée*, anc. fr. — *capurlado*, f., langued. — *capulado*, f., Gers. — *alouette hupée*, fr., CONSTANTINUS, 1573. — *alouette dupée*, Berry, Angoumois. — *alouette dubée*, Indre-et-L. — *alouette dubine*, Char.-Inf. — *houplêy' alôye*, f., wallon. —

alouette à toupette, Marne. — *laoudèto tuhado*, H.-Pyr.

tufarino, f., Provence. — *tufarlé*, m., Aveyr. — *tuféIhodo*, f., *cufélhado*, f.. Aude. — *tuferlino*, f., H.-Gar. — *tufarèlo*, f., H.-Gar. — *choupiya*, m., H.-Marne. — *cougoulhada*, f., Pyr.-Or. — *caculhado*, f., prov., Selerius, 1549. — *caoukiyado*, *cooukiyado*, provenç. — *coucouyado*, f., Var, Gard. — *caoukiyada*, f., Hér. — *couchiyado*, f., Var. — *couki-ardo*, f., Vaucl. — *kikiyado*, f., Gard. — *alouette coqueluchée*, *alouette bouquette*, *alouette à tupe*, *couy'ri*, m., *drème*, f., Yonne, Rabé. — *alouette chaperonnée*, fr., Monet, 1635. — *cokloui*, m., Namur. — *cokélè*, m., wallon. — *cokline*, f., Savoie. — *cokevieu*, m., anc. fr., Froissart, *Poés.*, éd. Scheler, II, 313. — *cochevieulx*, *cochevieus*, anc. fr. — *cochevyz*, fr. d'Anglet. au XIIIe s., Skeat. — *cochevis*, m., fr., Solerius, 1549; G. Bouchet, *Rec. d'oys. de pr.*, 1567, p. 37, etc., etc. — *alouette à creste*, fr., J. Fontaine, 1612. — *grosse alouette*, Orne. — *alouette de moulin*, Maine, Sousnor, *Dial. de tr. vigner.*, 1649., p. 316. — *calandre*, Poitou. — *càmpiouë*, f., La Teste (Gir.), Mour. — *chanvrotte*, f., Guernesey, r. p. — *calande*, orléanais.

lodola capelluta, *capellacia*, *tupputa*, *cucugghiata*, *ciuffa*, *gaddarita*, dial. ital. — *carretera*, esp.

kopplerche, *kobellerche*, *kottlerche*, *toppkopplewerke*, *topplewerke*, *hupplerche*, *heubellerche*, *tchopferl*, *wegerlerche*, *mistlerche*, dial. all.

copid larke, angl. du XIIIe s., Skeat., *cotswold lark*, angl., Charleton, 1666.

C'est le mâle de l'alouette ordinaire. — Cras-Avernas (Belg.), *Rev. d. tr. pop.*, 1903, p. 155.

cochevieux = un sot, un imbécile. » anc. fr., God., II,

166 ; G. Paris, *Myst. de la P.*, 1878, p. 456. — « Tu es plus lour qu'un kokevieu. » God., II, 166.

Interprétation du langage de l'alouette huppée. « *Iou té gardé lé mil, lé mil! qu té gardo lè mil? Iou té gardi lé mil!* = je te garde le mil ! qui te garde le mil ? Moi, je te garde le mil. » H.-Gar., Perbosc dans *La Tradition*, 1905, p. 329. — « En picorant le crotin, en hiver, sur les routes : *crotos d'azé! tout és bou! Rro milo Dious! quouro séra l'éstiou?* = crotin d'âne, tout est bon ! cré mille Dieux ! quand viendra l'été? » Lot, Perbosc dans *La Tradition*, 1904, p. 76. — *Crotos d'azé, tout es bou! sacrodiou! sé podi pas arribà à l'estiou, mé n' farèy la prévìziou* (je m'en ferai la provision). » Gascogne, Perbosc dans *La Tradition*, 1904, p. 76.

« On dit d'une personne avide : *fày coumé la couquiado : tout és miéou* (mien) *tout és miéou.* » Provence, Mistr., II, 337.

Alauda arborea (Linné). — **L'ALOUETTE LULU**

(Voy. *Faune pop.*, t. II, p. 218).

cujélié, m., Calvad. — *coquerelu querelu*, fr., dial., Bulliard, *Avicept.*, 1813. — *cocurlu*, H.-Marne. — *cotrelu, trelu*, m., fr., dial., Fortin, *Ruses p. les ois.*, 1688. — *coutourliou*, m., Pyr.-Or., B.-Pyr., Gir., H.-Vienne. — *courtouliou*, B.-Pyr. — *coturli*, H.-Vienne. — *coutréliou*, Dord. — *coutouliou*, H.-Pyr., Gers, Landes. — *coutëliou*, Gers, Landes. — *coutélou*, Gard, Vaucl. — *goudouliou*, B.-Pyr., H.-Pyr. — *gouriéou*, Nice. — *couturiéou, couturiou*, Limous. — *churlu*, Dord. — *turlu*, fr. dial., Richelet, 1710 ; Belg. wall. ; Normandie, Champagne, Orléanais, Berry. — *courla*, f., fribourgeois.

Cf. *lu! lu!* onomatopée de la flûte; *Hist. macar. de Merlin Coccaie*, édit. Jacob, p. 147.

turlulu, Savoie. — *turlutu*, env. de Paris. — *turlututu*, Lozère. — *turlurètte*, f., H.-Marne. — *turoluro*, f., Cantal. — *alouette fërlure*, Poitou. — *tréplu*, Aube. — *triplu*, Doubs. — *turplu*, C.-d'Or. — *truplu, ghërlu, alouette fërdu, alouette flûtia, alouette bèrtelée, alouette de Champagne, tatouyeûse*, Yonne, Rabé. — *bèrluche*, f., M.-et-L. — *piklu*, Berry. — *lulu*, Lot. — *vitilu, sourdètte*, f., Gard, Vigu. — *séculò*, m. (l'oiseau chante *séculò!*), Vaucluse. — *boudouluou*, Apt (Vaucl.). — *bourtouligo*, f., *bédouvino*, f., *bédouido*, f., *bédouvino*, f., *amagou*, m., *pélégrino*, f., *saouta-roucas*, m., Provence. — *pétourlina*, f., Montpellier. — *chalaundre*, f., fr. d'Anglet. au XIIIe s., Skeat. (Le mot est trad. par l'angl. *woodlark*).

alouette de bois, petite alouette huppée, Jura.

turluru, tùrli, türlo, berluato, piturlino, petronella, spia da nottoen, currintina, linguinedda surda, dial. ital. — *cujailla*, esp., Irby. — *lürle*, f., Suisse all., Stald.

« *Càntos én coutoliou* = tu ne sais chanter qu'en groupe. » toulous. Visner.

« *Lou coutourliou Qué u canto piou piou.* L'alouette lulu lui chante piou piou, se dit d'une jeune fille qui a envie de se marier. » B.-Pyr., Lespy.

« A la mi février Fait son nid le cugelier. » Orléanais, Salerne, 1767. — « *A Sént Mathiou Lou pinsan ditz adiou; Lou coutéliou Hè piou piou* = A la Saint-Mathieu le pinson dit *adieu;* l'alouette lulu fait *piou piou*. » B.-Pyr., Lespy.

« Cet oiseau chante au vigneron : *taille vite! taille vite! baisse le dos! baisse le dos!* » Volnay (C.-d'Or), Bavard, *Hist. de Volnay*, 1887, p. 329.

Anthus campestris (Bechstein). — **LE PIPI DES CHAMPS**

créou, m., *criéou*, m., *triéou*, m., *prioulo*, f., *fisto*, f., Provence. — *tri-ou*, m., Hér. — *ciourra*, f., Nice, Fell.

Anthus arboreus (Bechstein). — **LE PIPI DES ARBRES**

pipet, m., anc. fr., *Romania*, 1907, p. 285. — *pipi*, m., *pipiéou*, m., Nice. — *piapia*, m., *grivelette*, f., *grosse vinette*, Sav., Dessaix, II, 177. — *piéoupiéou*, *piéoulano*, f., *piéoulo dé vigno*, *piéoulo*, f., *piéoulé*, m., *piolo dé vigno*, f., *pivo*, f., *pivouèto*, f., *pivo ortoulano*, f., provenç. — *pi-oulé*, m., Lot. — *filou*, m., Tarn. — *ito*, f., *chukèto*, f., H.-Pyr. — *fifi*, m., *rigouri*, m., Jur. — *cici*, *chichiri*, Provence. — *double piokéte*, f., dép. du Nord. — *becfigue*, m., Lorraine. — Fr.-Comté, *bec-fi d'hiver*, Ain. — *bec-fi de vigne*, Genève.

ortolan de Lorraine, *alouette grasse*, *grassi*, en cert. endr. — *grassétt*, langued. — *grassé*, m., *grassé d'ivèr*, m., Provence, Gard, Hér. — *grày'ssé*, m., Gard. — *bèguène*, f., *grosse bèguène*, Belg. wall. — *santa-catherina*, f., *dourdoulha*, f., Pyr.-Or.

tordina, *dordina*, *pispola*, *spipola*, dial. ital. — *peep*, *tree-pipit*, angl. dial. — *ziep*, Carinthie.

mousquezete, Orthez (B.-Pyr.), L. Batcave.

Sous le nom de *bec-figue* cet oiseau est bien connu des gastronomes. « Si le bec-figue avait la taille du dinde, nulle fortune au monde ne le pourrait payer. » Toussenel, *Esprit des bêtes*, 1847, p. 116. — « C'est un rôti très recherché par les amateurs de morceaux délicats, et qui peut aller de pair avec l'ortolan. Ainsi que lui, il ne se divise point, et ainsi que lui mérite le nom de *bouchée du Gourmand*, puisqu'il est rare qu'on le mange à deux reprises. » *Manuel des amphytrions*, 1808, p. 107.

Anthus pratensis (Bechstein). — **LE PIPI DES PRÉS**

titèto, f., Gers. — *pipètte*, f., Yonne. — *piokéte*, f., *pièkéte*, f., dép. du Nord. — *pichota pioula*, Hér. — *piéoulìn*, B.-du-Rh. — *piéouto*, f., Gard. — *pivouétoun*, prov. — *cici pioutày'ré*, Gard. — *pissou*, m., Aunis, L. E. Meyer. (On dit que le pissou arrive invariablement le 23 septembre, jour de la Saint-Maurice). — *tuitui*, m., *plëplë*, m., Yonne, Rabé. — *fifi*, Yonne, H.-Marne, Savoie. — *tuin*, Allier. — *cincignotte*, *ci~cignâtte*, f., Lorraine. — *citt*, *zitt*, *titt*, B.-Pyr., Landes. — *fito*, f., Tarn. — *hive*, f., Isère. — *quic*, *becfigue*, m., *alouette de pré*, Orne. *becfi de pré*, Genève. — *petite alouette*, fr., J. Fontaine, 1612. — *alouettin*, m., Yonne. — *alouette de pré*, *farlope*, *farlouse*, anc. fr., Belon, 1555. — *alouette rûssyin-ne*, wallon. — *béguiwète*, Namur. — *chanétt*, *chané*, m., Hér. — *tchantrê de brouwîre*, m., Luxemb. belge, Defr. — *sonnassa*, m., *souanassâ*, m., Yonne, Rabé. — *sisi*, *uita*, *fista*, *fiston*, dial. ital. — *fink*, *graspieper*, *piper*, *piepljurk*, Frise. — *piplerche*, *giver*, Suisse all. — *titlark*, *titling*, *cuckoo's titling*, *titing*, *teetick*, *tidy*, *tilling*, *cheeper*, dial. angl.

pioule, Orthez (B.-Pyr.), L. Batcave.

Motacilla (Genre). — LA BERGERONNETTE

motacilla (quod semper movet caudam), latin de Varron, etc., etc.

tremulus, l. du ve s. après J.-C., A. Thomas (dans *Romania*, 1906, p. 197).

muta ycilla, l. du m. â., Omont, *Glossarium andegavense*, 1898.

cauda-tremula *, *coda-tremula*, *tremula-cauda*, *motacula*, *culucalus*, *culuculus*, *ficedula*, *spicecula*, *sepicedula*, *spitella*, *ripivaga*, *lappus*, *tappus*, *tapula*, *toda*, *tradus*, *serra*, *cicendula*, *cicenula*, *ferax*, *furita*; *hydrox*, *ydrox*, *idrax*, *glanca*, *albicula*, *luscinia*, *lucinia*, *lucilia*, *lucilius*, *lustinius*, *lucilus*, *luciva*, *luciba*, *lucida*, *lucuna*, l. du m. â., Du C.; Dief; Steinmeyer, etc., etc. — *caudica*, *strabaria*, l. du m. â., Du C., II, 252. — *muria*, *murius*, *murmus*, l. du m. â., Dieff, p. 372.

culicilega, anc. nomencl., Turner, 1544.

sylvia motacilla, nomencl. de Linné.

croule-cowe, m., fr. du xiiie s. en Anglet., Skeat. — *hoche-queue*, m., *hoche-quoue*, m., *hoche-cul*, m., *hoch'te-queue*, *hôsse-kéoue*, *hausse-cul*, en div. endr. [Variante *hosse-cawe*, wallon., c. p. M. J. Feller]. — *vouetse-cuva*, m., Suisse. — *liva-cava*, f., H.-Sav. — *cova-rëva*, fr., Valais. — *ligno-couo*, *aousso-coué*, m., Provence. — *baisse-queue*, *baisse-quouette*, en div. endr. — *batte-queue*, m., anc. fr., Belon, *Portr. d'oys*. — *bato-cougo*, *bato-couo*, *bato-couéto*, *bacouo*, m., Provence, Languedoc, Auvergne. — *branle-queue*, m., fr., Solerius, 1549; Fr.-Comté, Champ.,

* « Totum corpus ejus exagitabatur et contremebat ad similitudinem avis quæ *caudatremula* nuncupatur. » Du C., II, 251.

Auvergne. — *branle-quouètte*, Fr.-Comté, Champ., Bourg. — *bran-ne-quoue*, Fr.-Comté. — *balle-queue*, m., fr., *Hortulus pueror.*, 1606; Yonne, Marne. — *guigne-queue*, m., fr., Junius, 1577; S.-et-L., Rhône, Isère. — *guigno-couè*, m., *guigno-co*, *d'aràÿ'rè*, Provence. — *guignecue*, f., midi de la Fr., Gesner, 1604. — *higne-cuve*, Loire. — *batte-mare*, fr., Duchesne, 1544; Seine-Inf. — *danche-mare*, m., Manche.

lessiveuse, H.-Marne. — *lavandière*, fr., Belon, 1555, etc., etc. — *berchelette*, anc. fr. — *bergerette*, *bergeronette*, fr. anc. et mod. — *bergère*, *bargère*, *bargière*, *berdzièro*, *bardzèro*, *barzière*, *barzire*, *bèrgirêto*, *bergèÿ'rèto*, *barjounète*, *bèrdionourètto*, *ébargironète*, en divers patois. — *bärdzîthuounä* (av. *th* angl.), f., Vinzelles (P.-de-D.), p. 139. — *bèlgéninotte*, f., Velorcey (H.-Saône), r. p. — *bèlonjôte*, f., bourguignon, Durandeau. — *barcelonètte*, f., Courseulles-sur-Mer (Calv.), r. p.

bèguinète, wallon, Lobet.

agoalère (= bergère), *pastourëléte*, H.-Pyr. — *aoulèro*, f., *pastèro*, f., *càmpicho*, f., Gers. — *pastourèlo*, f., langued. — *labouràÿ'ro*, f., Corrèze. (Cet oiseau suit le laboureur pour manger les insectes mis au jour par la charrue). — *labourètte*, *lavôrètte*, Manche, I.-et-V. — *pique-bœuf*, Char.-Inf. (Cet oiseau se pose sur le dos des bœufs et des moutons pour y picorer les insectes). — *bovîre*, f., H.-Sav. — *bouÿourèto*, f., B.-Alpes. — *bouÿ'réta*, f., H.-A. — *vachètte*, L.-Inf., Loiret. (Cet oiseau accompagne souvent les vaches). — *vatsérouna*, f., H.-Loire. — *vachère*, *vacher*, *garde-vache*, *bergeriotte*, Yonne. — *pourquiéÿ'réto*, f., Gard.

[Defréchieux donne encore pour Tournay le nom de

vacrie, que j'interprète par *vaquerie*, de *vaque* = vache, J. Feller].

troumpo-pastré, Lot. (Cet oiseau se laisse approcher de très près par le pâtre, mais au moment où ce dernier pense l'attraper, il s'envole prestement). — *enguane-pastre*, Montpellier, Constantinus, 1573. — *gala-pastré*, m., Gard. — *can'ogouélhé*, m., Luchon (H.-G.), c. p. M. B. Sarrieu. — *couo-loungo*, Aveyr. — *coue-longue*, B.-P. — *queue de poële*, Maine, H.-Bret., Norm. — *couère*, f., P.-B. — *couarigo*, f., Gasc. — *couarott*, m., H.-G. — *couacho*, *couàncho*, Gard. — *couétardèlo*, f., Ariège. — *coudéy'ne*, *coudike*, *coudèritt-coudèrèy'te*, Landes. — *coudéte*, f., Orthez, c. p. M. L. Batcave.

M. Batcave ajoute : « Il y a trois espèces : 1° *dous passe* ou *piou*; 2° *yaune*, jaune, résident quelque peu à Orthez; 3° *grise* ou *mascle*, à tête noire. »

ghiarott, m., Hér. — *girètt*, m., Gir. — *gironètte*, f., May. — *bouakegiratte*, Saulxtures-s.-M. (Vosges), r. p. — *marionètte*, f., Mayenne, Yonne, — *balarina*, f., Nice. — *pute*, f., *pëte*, Poitou. — *bacéléto*, f., provenç. — *gisclo*, f., Loz. — *gisclé*, m., Avignon. — *poule du bon Dieu*, oiseau du bon Dieu, Savoie. — *pé nègré*, m., cévenol, Sauv., 1785. — *praze grise*, Char.-Inf. — *chöche-motte*, Jura. — *mouizèlle*, f., Nibelles (Loiret), c. p. M. Ed. Edmont. — *moüele*. f., anc. fr., Borel, *Tres. d. rech.*, 1655, p. 262.

pibri, *pilri*, Meuse. — *chidro*, f., H.-Pyr. — *chirou*, *chiraou*, *doudou*, wallon. — *toutu*, m., Corrèze. — *titt*, m., Char.-Inf. — *cougoumélha*, *marlhénga*, Pyr.-Or., Barrère, 1745.

chito, f., Argelès (H.-Pyr.), c. p. M. Tarissan.

Voir d'autres noms gallo-Romans de la bergeronnette

dans Gilliéron et Edmont, *Atlas ling. de la Fr.*, fasc. 31, carte 1460.

canneréss (= lavandière), breton vannetais, L'A. [E. E.].

caneresicq an dour (= petite lavandière ou batteuse de l'eau), breton, Nomenclator, *canneresic-an-dour*, D. Le Pelletier, etc. (c'est par inadvertance que Troude fait ce mot masc.) [E. E.].

canneresic ar bœlecq (= la petite lavandière ou batteuse du prêtre), bret., P. Grégoire. Une note manuscrite de Millin dit qu'il y en a qui lui donnent ce nom, et ajoute : « Pourquoi ? » s'il est exact, ce doit être un mélange du précédent avec celui qui suit [E. E.].

bélek (= prêtre), bret., Le Gonidec, Troude [E. E.].

foëteresic an dour (= petite fouetteuse de l'eau), bret., P. Grégoire Troude suppose gratuitement quelque erreur ; je douterais plutôt de *foeterezik-ar-belek* (= petite fouetteuse du prêtre), qu'il donne, peut-être d'après une note prise sur le P. Grégoire [E. E.].

strinkerezik-ann-dour (= petite éclabousseuse d'eau), bret., J. Moal, *Suppl.* au dict. de Troude, Landerneau, 1890 [E. E.].

dimezell (= demoiselle), bret., J. Moal [E. E.].

pappamosca, pispisa, pisspiss, sisicula, cuetta, quatroecci, uccello del diavolo, dial. ital. — *pispita*, esp., Irby. — *mariu-erla*, islandais. — *rómano tschirkûlo* (= oiseau tsigane), tsigane, Liebich.

Remarque. — Feu A. Cazes, de Bagnères-de-Bigorre, m'a écrit autrefois que le mot *ouéil de bouéou* que j'ai donné dans le Ier vol. de la *Faune*, p. 228, comme désignant *la bergeronnette*, s'applique en réalité à un tout autre oiseau.

koeiwachterken wipsteertje, beefsteertje,, peerdevoetje schaapherder, dial. flam. (A. de C.).

« Il convient de couvrer *(faire les semailles)* quand la bergère est sur les guérets. » M.-et-L.

« Une seconde plus tard, elle descendait, plus légère qu'une bergeronnette... » MONTCLERC, *Maman Bouche d'or*, 1906.

« Tu as la langue plus legiere Que la queue d'une bergiere. » DAMERVAL, 1507. — « Madame, légère comme une bergeronnette. » *Gazette grivoise du 29 avril* 1882. — « *bacouette* = fille svelte et légère. » Char.-Inf., JÔNAIN. — « *Estringat coumo un galapastré* = habillé de court comme une bergeronnette. » Alais, HAON.

« On appelle *Hoche-Culs* les habitants de Mirecourt parce que les oiseaux ainsi appelés sont fréquents sur les bords du Madon qui passe dans cette ville. » A. FOURNIER, *Vallées vosgiennes*, 1903, p. 47.

« Interprétation du chant du hoche-queue : *chichibibino!* » Mende (Lozère), LAMBERT, *Ch. p. du L.*, I, 197.

« *Bergeronnette* = petite année, année courte. » Argot, G. MACÉ, *Mes lundis en prison*, 1889, p. 251. [Le mot est un diminutif de *berge* = année, en même temps qu'un jeu de mots].

« On ne doit pas faire de mal à la bergeronnette, c'est une bête du bon Dieu. » Ineuil (Cher), r. p.; Guernesey. r. p. — « Celui qui tue une b., verra mourir le plus beau mouton de son troupeau. » Languedoc, MISTR., I, 269.

« Cet oiseau venant sautiller devant une maison, présage une mort prochaine dans la famille. » Brulon (Sarthe), r. p.

On interpelle ainsi la bergeronnette : « Lavandière, ma jolie lavandière, Va me chercher un poisson dans la rivière; Quand tu arriveras Tu auras des pois:

Si tu n'y vas pas, Je t'assommerai avec un fusil de bois. » C.-du-N., SÉBILLOT (dans *Rev. de ling.*, 1881, p. 12).

Le hoche-queue se moqua un jour des yeux ords et puants du faisan ; le faisan lui répondit : *tu peux parler, toi, qui as la queue paralytique!* Voir *Dialogue des Créatures*, 1482, 65e dialogue. [Au lieu de *paralytique* il faut lire *épileptique*. C'est une erreur ou une confusion de l'auteur].

[Pourquoi la Bergeronnette s'appelle aussi *hoche-queue*, en néerlandais :

*kwikstee**rtje* ou *wipsteertje*. — Les oiseaux avaient déclaré la guerre aux quadrupèdes. Quand les deux armées furent en présence, la bergeronnette regardant autour d'elle, constata la disproportion entre la taille de ses compagnons de combat, et celle, bien plus grande, de ses ennemis. La peur la saisit et sa queue se mit à trembler, se mouvant de bas en haut. Quoique les oiseaux fussent vainqueurs, la bergeronnette pense encore souvent à cette terrible bataille, surtout quand elle descend dans l'herbe ou les sentiers des prairies (P. DE MONT et A. DE COCK, *Vlaamsche Vertelsels*, p. 58), A. DE C.].

HÉRALDIQUE. Voir RENESSE, I, 488.

Motacilla flava (LINNÉ)

moûnt, m., *piti mâvi*, m., wall., DEFR. — *cujé*, m., Gard. — *vërdërula*, f., H.-Sav. — *rëssignolè*, m., Thénésol (Sav.), r. p. (Le vrai rossignol n'existe pas à Thénésol).

Motacilla alba (Linné)

bergeronnette cendrée, fr., Constantinus, 1573. — *nonnette*, f., fr., Duez, 1664. — *damëta*, f., Annecy. — *colapa*, f., Savoie, Gesner, 1604.
monaca, *monacella*, dial. ital.

Oriolus galbula (Linné). — LE LORIOT

(Voy. *Faune pop.*, t. II, p. 230).

galbula, *chlorion*, *vireo*, latin de Pline. — *galgalus*, *oriolus*, *aurelia*, *icter*, *hicter*, *icterus*, *ictura*, *iactera*, *ictrix*, *plumalis avis* (lisez *plumbalis?*) *plumbasis*, *pitacus*, l. du m. â., Dief. — *galgulus*, *colius*, anc. nomencl., Turner, 1544.
glauge, Montpellier, au xvie s., *Biblioth. de l'éc. des Chartes*, 1894, p. 239.
oriol, *aouriol*, *oouruol*, *aouriola*, f., *oriole*, f., *oriël*, *orial*, *ëriël*, *oriuel*, *aouyol*, *loriol*, *lorioou*, *laouriol*, *loouriol*, *loriël*, *lorieu*, *oriô*, *uriô*, *orieù*, *orion*, *aouriéou*, *oriaou*, *lorioou*, *lourioou*, *lariou*, *lorieù*, *laria*, m., *loliô*, *luliô*, *loyô*, *alouyou*, *aouyou*, en divers dial. et pat. anc. et mod.
[Sur les noms dérivés *d'aureolus*, voir A. Thomas, dans la *Romania*, 1909, p. 620].
aloriô, m., *alouziô*, m., *ëlougnô*, m., *louàyô*, m., *lurizuri*, m., Yonne, Rabé.
ourioun, m., Vaucluse. — *aoughiol*, langued. — *aourignol*, gascon. — *griéou*, Marseille. — *aouriok*, Landes. — *lorium*, m., franç., *Thes. theut. ling.*, 1573. — *lorion*, fr., Duchesne, 1544; Oise. — *pic aouriol*, *ogriol*, Aveyr. — *pi-laourioun*, Dauphiné. — *compère-loriot*, Nord, P.-de-C., Somme, Yonne, H.-Marn.

Allier. — *grand-père-loriot*, P.-de-C. — *piarre-loriaô, pirou-gloriou, pire-glorieu, pirô-gloriô, fir-loriô*, Rhône, Loire. — *pigloriô*, Isère. — *pilouriou*, Allier. — *piloriò*, Ardèche. — *glorieu*, Lorraine, Anjou. — *gloriò, gloriou, gloria, doêriou*, Lorraine. *filoriô, filoziò*, Le Havre. — *turlôrioou*, Charente. — *tourluziô*, Eure-et-L. — *tiralô*, Cambrai. — *bilorot*, m., Orléanais, Salerne, 1787, p. 187. — *biralhoou*, T.-et-G. — *colôbriô*, Namur. — *rocopirô*, May. — *brêdibrêdo*, m., Allier. — *garde-vieux*, Berry. — *curobuou, délargobuou*, Aveyr. — *gardo lou biou*, Creuse. (On dit qu'il chante ces paroles). — *viro lous bioous*, H.-Vienne. — *lirou*, m., *chantelirou*, Poitou. — *miron*, m., Yonne. — *rougiron*, m., *rougëron*, m., Vosges, Somme. — *rëssëtô*, m., Vosges. — *farô*, m., *monte haut*, m., Meuse. — *merle jaune*, Allier, Yonne, Suisse. — *merle d'or*, Allier. — *orimièl*, m., *orumièl*, *mâvi d'or*, m., Belg. wall. — *grive dorée*, Allier. — *oropendola*, Pyr.-Or.

rigogolo, Corse, c. p. M. Ed. Edmont.

merlo galbè, galber, galbeder, gobulo, golo, crusuleu, compare-piero, barbapiero, répendol, dial ital. — *oropendola*, espagn.

Voir d'autres noms du loriot dans Gilliéron et Edmont, *Atlas ling. de la Fr.*, fasc. 33, carte 1612.

weduwaal, wielewaal, weêwale, piepeljouw, popeliereloe, wrongeldewei, wraegelawei, dial. flam., A. de C.

Toponomastique :

Les Oriots, Les Ourious, L'Oriolière, Les Loriots, noms de div. local.

La Lorioterie, loc. près Milon-la-Chap. (S.-et-O.).

ONOMASTIQUE :

D'Auriol, Auriol, Oriol, Oriolle, Montoriol, De Loriol, Loriol, Lorieul, Lauriol, Auriel, Deslorieux, Lorieux, Oriot, Loriot, Louriou, Lorion, Loriloux, noms de famille.

[Le Bottin de Paris, édition de 1909, contient les noms *Gloriau, Gloriaut, Glorieux, Gloriod, Gloriot, Lorilleux, Lorillot, Louriou.* — H. G.].

« Et li chevuel Plus sor *(jaune)* que penes d'oriuel. » FRIEDWAGNER, *Merauguis,* 1897, p. 5.

« Euriels cante dous et bas, Teus *(tel)* l'escoute et ne l'entent pas. » DU C., VII, 166.

« *Fày'ré l'aourioou* = faire le niais. » Provence, MISTR. — J'attais alore encore jeune verdlouziot. » pat. de l'Orléanais, *Dialogue de deux Guepains,* 1649, p. 3. [Je suppose que *verdlouziot* signifie *loriot* et *niais* ?].

Le chant du loriot est ainsi interprété : « gloria Deo! » *Journal des jeunes filles,* 1850, p. 314. — « Tu as des c... au cul! » Pierrefonds (Oise), r. p. — « *Plus de tabac!* dit la caille; *il y en a core au bureau!* dit le loriot. » Hercé (May.), DOTT. — « Tirou birou! » gascon, au XVIIe s., D'ASTROS, *Poes.* éd. Taill., I, 4. — « Biro l'ioou *(œuf)*, Biro l'ioou; sé l'abio lé birario! » Aude, JOURD.; H.-Gar., P. FAGOT. — » *Dj'a del bolie, Djihan* = j'ai de la bouillie, Jean. » Huy (Belg.), *Wallonia,* 1896, p. 118. — « Le loriot est censé s'adresser à un pâtre s'abritant de la pluie sous un chêne : *Dios, ocu! Mijoou! Escouto qué plaou!* » Aveyr., BESSOU, *Countes de la Tata,* 1902, p. 316. — « Tiro lou bigot, luro. » Limousin, *Lemouzi,* 1897, p. 268. — « Soun maduros los aoubiéy'ros *(baies de saule)?* Soun agros. » *Idem.* — « Oriou, oriou, Les cerises sont mûres chez nous Et puis chez toué? Elles ne font que véré *(verdir, blanchir)*. » Deux-S., Desaivre, Croy. — « Louriou, louriou, Cerises neuves en Poitou, Ici vertes comme choux. » Touraine. — « Elles rougiront A la saison. » Marne, r. p. — « Elles rougiront, elles rougiront; elles sont rèques *(âcres)*. » Somme, *Rev. d. tr. p.*, 1903, p. 135. — « Si n'sont point rouges, i rougirou, Pour mettre dins min gosiou. » Lacres (P.-de-C.), c. p. M. B. de Kerhervé. — « *Tinturoun maduroun, cérilho maduro, En mingiéri quaouquo* = teintée, mûre, cerise mûre, j'en mangerai quelqu'une.. » Pays d'Albret, Dardy, I, 328. — « Turo, luro, Jan Louriol, La figo maduro, roussignol. » Belesta (Ariège), Lambert, *ch. p.*, I, 183. — « *Y a des celihes el' Condroz? Si dje l'savô, j'irô, j'irô!* = Y a-t-il des cerises au Condroz? si je le savais, j'irais. » Fumal (Belg.), *Rev. d. tr. pop.*, 1903, p. 400. — « Gn'a-t-il co des cèréjes lòvô? » Belg. (là-aval), Pirs. — « Elles mûriront (ces cerises), elles mûriront. » P.-de-C., c. p. M. Ed. Edmont. — « Sont les cèlijes maoueures, lâriô? Nenni co, cré nom dé Dio! » Belg. wall, *Wallonia*, 1896, p. 118. — « Compère loriot. » français, J. Thierry, 1564. — « Compère loriot, y a des gringues *(cerises)* au bos; Ch'n'est poû pour ti, Ch'é pour min goziô. » Taintignies (Belg.), *Wallonia*, 1896, p. 116. — « Nicolas Tuyau, J'aurai la cerise Et toi le noyau. » Guillemain, *L'amant de retour*, comédie, 1780. — « Nicolas Tuyau Qui a perdu ses sabots. » M.-et-L., Verr. — « Moi loriot, Je mange la cerise Et laisse le noyau. » Aube, L. Morin. — « J'seu l'oriâ, j'ai l'grëmiâ. » bourguignon, Durandeau. — « Çà l'oriô Qé (qui a) l'noyau. » Idem. — « Mettez les viaux dehau, Fermez la hachette, Mettez les viaux dehau, Je les garderai du laup. » H.-Bretagne, Sébillot (dans *Revue de linguist.*, 1881, p. 12. — « *Claou los fedos, Délargo lous buoous!* = enferme les brebis, lâche les bœufs. » Aveyron, Duval. — « Lâche la vache, laisse le viau. » Saint-Martin-du-P. (Nièvre), r. p. — « Bonne femme mets ton viau dehô *(dehors)*. Je le garderai bien du loup, du loup. Froume le hec *(ferme la barrière)*. » Bréal-s.-M. (I.-et-V.), *Rev. d. tr. p.*, 1895, p. 666. — « Bitourino, As abiourat lous buous? » Aveyr., Bessou, *Countes de la Tata*, 1902, p. 316. — « M'as bis lous gouëous, hou? — Nou. — A haha. » Landes, Foix, 1902, p. 21.

Pour d'autres formulettes analogues relatives à cet oiseau, A. Perbosc (dans *la Tradition*, 1904, 196-198; 1905, 333 et la *Rev. du Traditionn.*, 1907, 314-316; *Wallonia*, 1896, p. 118; *Kryptadia*, V (1898), p. 323. A. de Cock et Is. Teirlinck, *Kinderspel*, VI, p. 43-47.

« *Chanter comme un loriot* = chanter gaiement. » Doubs, Jura, Aube.

Que hè de l'aurioü = il fait le loriot, se dit de quelqu'un qui appelle ou qui chante seul au milieu des champs (un sot, un benêt), Orthez (B.-P.). Les gens de Rébénac sont surnommés *lous aurioüs de Rébénac*, c. p. M. L. Batcave.

« Li chevoel Plus sors *(jaune, doré)* que penes d'orioel. » anc. fr., God.

Le loriot rien que par son regard guérit la jaunisse. Celui qui le possède est obligé de recouvrir sa cage de peur que le malade ne soit gratuitement guéri, rien qu'en le voyant. Voyez Fusi, *Mastigophore*, 1609, p. 127. — Une vertu à peu près semblable est attribuée à la calandre, oiseau qu'il est difficile d'identifier. Voy. Bartsch, *Provenz. Leseb.*, 1555, p. 163.

« *Leurieul* = tumeur de l'œil. » anc. fr., God. — « *Loriot* = même sens. » Manche, *Rev. de l'Avranchin*.

1886, p. 33. — « *Compère loriot* = même sens. » français. [C'est sans doute une corruption de *orgeolet, orgelet,* nom de cette tumeur qui vient de ce qu'elle ressemble à un petit grain d'orge].

« Dénicher le nid du loriot porte malheur; le loriot dit à l'enfant qui le déniche : *Tu déniges mon nid, tu seras pendu!* » I.-et-V., Sébillot (dans *Rev. de ling.*, 1881, p. 12).

Héraldique. — Voir Renesse, T. I, p. 468.

Cinclus aquaticus (Bechstein)

(Voy. *Faune pop.* t. II, p. 233)

religieuse, rat d'eau. Savoie. — *réligiouso,* f., H.-Loire. — *margousso,* f., Provence. — *poulèto d'ày'go, gariolo,* f., *agarole,* f., H. et B.-Pyr. — *plonzon,* m., Valais. — *merle d'eau, égassière,* Jura.

Pastor roseus (Temminck)

merle rose, martin rose, martin roselin, franç. — *aozelin,* Valais, Fat. — *éstournéou rougé é d'Espagno,* prov.

« Quand un galant voit qu'il a chance d'être agréé, il attache un merle rose au sabot de sa belle; si le dimanche suivant il trouve l'oiseau soigneusement installé dans une cage, c'est qu'il est accepté définitivement. » Montagnes du Queyras, Français de Nantes, *Fadaises,* 1826, I, 174.

Turdus musicus (Linné). — **LA GRIVE**

(Voy. *Faune pop.*, t. II, p. 236).

turdus, turdela, tecla, sturdus, l. du m. â., Goetz; Wrigth.

griva, f., *grivo*, f., Sud-Est et Sud de la France. — *gruva*, f., Isère. — *grive*, f., fr. anc. et mod. — *grève*, *grâève*, *grijève*, Normandie. — *gribo*, *gribe*, *griouo*, *griouë*, f., Sud-Ouest. — *gribo griso*, Loz. — *grivètte*, S.-Inf., Oise. — *gryvat*, m., fr. du XIVe s. en Anglet., *Romania*, 1903, p. 53. — *grîfe*, f., Nord. Aisne, Belg. wall., Lorr. — *grèfe*, f., Meuse. — *grièfe*, f., Vosges. — *griouss*, masc. sing., Mirande. (Gers, AB. — *griox*, m. pl., anc. fr.. ROQUEFORT, *Gloss. rom.*, suppl., p. 178. — *grise*, f., M.-et-L. — *gouèp'*, f., Le Havre, MAZE.

tourd, m., *tour*, m., *tourde*, m. ou f., *tourdre*, f., *tordre*, *tourtre*, m., anc. fr. — *tortt*, m., Pyr.-Or. — *tour*, m., Sud-Ouest de la Fr. — *tourdré*, m., Provence, Gard, Hérault, Drôme. — *touèrdré*, m., Var. — *tourdyé*, m., H.-Gar. — *tourdzé*, m., Aveyr. — *tourdré siblày'ré*, m., *tourdré*, *chicày'ré*, m., Provence. — *sibolè*, m., *suff*, m., Jons (Isère), FERR. — *grive chanteuse*, Jura. — *piaoula*, f., H.-Loire. — *tourd calandré*, m., fr., *Dict. des Arts*, 1732. — *calandre*, f., env. de Paris, BELON, 1555. — *chalandre*, f., fin du XIIe s., DELBOULLE, *Mat. p. l'hist. du fr.*, 1880, p. 135. — *écarlante*, f., Poitou. — *scarlante*, f., M.-et-L.

grive de vigne, *vendangeuse*, en div. endr. — *vendangette*, *vendagètte*, Suisse rom. — *pëca-vin*, m., Savoie. — *oiseau de norte*, fr., THIERRY, 1564. — *chanpêne*, f., *tchampin-ne*, f., *tyâpêne*, f., Belg. wall.

M. L. BATCAVE nous communique les notes suivantes sur la grive :

Le mot *tourd* est d'ancien français. *Grives* ou *tourds* dit le *Traité de la nature des viandes*, Arras, Baudoyn. 1590, p. 135.

En Béarn le *tourd de Yuransou* est réputé. Novembre

amène le *tourd espanhoü*, ou grive espagnole ou mauvis.

On chasse les *tourds* avec des *sedades*, bâton flexible aux deux bouts recourbés reliés par un fil de fer d'où pendent des crins de cheval, lacets formant nœuds. Les sedades sont accrochées à des haies, avec quelques grains de raisins et quand l'oiseau veut manger il se prend au nœud coulant, BATCAVE.

La *gariole* c'est la poule sauvage en Ossau et à Aspe, à Orthez c'est la poule d'eau, et au figuré une grande femme. Dans une tragédie populaire béarnaise, un des personages disait : « Ne fais pas tant de la *gariole*. » L. BATCAVE.

tordano, Corse. — *tordulu, griva, tordo, dordo, dorda, dordel, tordol, dort, tordo da ua, tordino, tordo reale, murtiddus, calandra, calandar*, dial. ital. — *zorzal, charla*, espagn., IRBY. — *drostel, droschl, dreschl, zippe*, dial. all. — *grey bird, thrush, throstle, throssel*, dial. angl.

TOPONOMASTIQUE :

La Grive, loc. de la Meuse. — *La Fosse la Grive*, lieu-dit de la Meurthe. — *La Grive, Grivel*, loc. de la Haute-Loire.

Le Paradis des GRIFFES (sic), ancien lieu-dit de Moda, Condroz (Belg.), BALAU, La seigneurie de Modave, 1895, p. 10. — *Grivegnée*, loc. de Belgique.

Voir pour plusieurs noms pyrénéens, BELLOC, *Noms de lieu pyrénéens*, 1907, p. 36.

ONOMASTIQUE :

Delagrive, Lagrive, De Grivelle, Dugrivel, Griveau,

Grivaux, *Grivel*, [*Grivelle*, *Grivier*, *Grivilier*, *Grivot*, Ed. Edmont]. *Grivart*, *Grivotle*, *Grivelet*, noms de famille.

De la grive qui fait entendre son chant, on dit :

ghërëtë, Mayenne, Dottin. « *guéréter* (se dit de la gr. qui siffle comme un conducteur de bœufs en train de cultiver les *guérets*). »
çhocâ, frioulan, Pirona.

De la grive qui fait entendre son sifflement d'alarme ou d'appel on dit :

trutilare, *truculare*, *trucilare*, *cucillare*, *faccillare*, *solitare*, *soccitare*, l. du m. â., Wackern. — *crutilare*, l. du m. â., *Germania*, 1888, p. 291. — *frindire*. *tintiare*, l. du m. â., Du C., I, 629.
chicà, provençal (*chiquer* en franç. de Provence ; *chiquerie* = cri de la grive, Samat, *Chasses de Prov.*, 1896, p. 5 et p. 12).
sipà, *cipà*, *zizzà*, *dordà*, dial. ital.

Le sifflement de la grive est ainsi interprété :

zip! Côme, Venise. — *sip!* Brescia.
« *La grivo fày l'amuso*, quand elle siffle d'une certaine façon pour prévenir les autres grives de la présence de l'épervier. » Provence, Mistr., II, p. 1165.
« Une plume grivollée = une plume grivelée, tachetée. » G. Paris, *Chans. du* xve *s.*, 1875, p. 21. — « *grivelé*, *grivollé* = de tacheté, varié de couleurs. » anc. fr., Thierry, 1564. — « Les *grivolez* esmerillons. » Guy de Tours, *Paradis d'amour*, 1598, éd. Blanch., p. 35. — « Les *grivelez*, mauvis. » xviie s., Courval Sonnet, Poés., éd. Blanch., III, 30. — « Œufs de

gerfault sont petis et *grivossez.* » Corbichon, *Propr. des choses,* 1525.

« *griveleure,* mélange de gris et de blanc. » Cotgr.

« *grivelée* = chirographum, obligation, ainsi appelée parce qu'elle est blanche et noire. » Duez, 1664.

« *grivelée* = profit illicite, rapine. » anc. fr., God. [Du mot grive, parce que celle-ci a l'habitude de piller çà et là les grains de raisins]. « *griveler* = dérober; *griveleur* = trompeur, pillard. » franç., Oudin, 1681. — « *grimeliner* = gagner peu dans un négoce, se contenter d'un petit profit. » Savary, 1759. — « *La grive* = la guerre. » argot de 1828. — « La *grive* = la troupe, la police » argot de 1646. — « *grivier* = soldat. » argot de 1829. — « *Pigna-griva,* m. = un avare. » Loire.

« Faute de grives on prend des moineaux. » Erny, *Théâtre en instance,* 1904, p. 132... ou des merles, Paris et Midi.

« Gardons-nous de la piqueure d'une vive, du becqueter d'une grive. » Draclin d'Amorny, *Carabinage,* 1616.

« Sans y penser, vieillesse arrive, Ne plus ne moins qu'à une grive. » D'Esternod, *L'espadon satyrique,* 1680.

« Saoul comme une grive de vigne. » loc. connue. — « Saoul comme une grive polonaise. » *La Gaudriole,* 1891, p. 519. [C.-à-d. doublement saoul; d'abord comme une grive et ensuite comme un polonais]. — « Nostre ivroigne plus saoul que une grive partant d'une vigne... » Le Roux de L., *Cent nouvelles nouvelles,* I, 81.

« Beuvez donc et badinez bien; C'en est fait et vous voilà grise; La grive sera bientôt prise Et la bécasse pareillement Sera prise en un moment. » *Embarras de la foire de Beaucaire,* 1713, p. 4.

« Besti coumé uno grivo. » Provence, Mistr. — *C'est une tourte* = c'est un niais. » Locut. connue.

« *Tourdré* = au figuré *lourdaut, benêt.* » Prov., Achard, 1785. — « *Testo dé cézéro* = tête de draine, tête légère, tête de linotte. » Cévenol, D'Hombres. [En haut Tréguier *drask* femme étourdie, Ernault, *Gloss. moy. bret.*, 196, E. E.].

« *Badà 's tourdÿés* attendre que quelque chose arrive. » Toulous., Visner.

« Le gros cidre lui fait clignoter les yeux comme à une grive qui regarde le soleil. » Fret, *Pélerine percheronne*, 1840.

« Les grives et les tourtes esmeutissent sur les arbres et leur esmeutissement tantost apre se change bien en guy. » J. Dant, *Le mépris des cheveux*, 1621, p. 25. — « La grive fiente sa *mort.* » Guy de la Brosse, 1628, p. 111.

Interprétation du chant de la grive : « Pierrot, prends ta brouette, prends ton truble (ta bêche), pour faire une planche de porreaux. » Bocage normand, Lecœur. — « A droite noiraud, à droite rougeaud, tire la charrette de l'ornière. » Traduct. du breton, *Rev. celt.*, V, 192. — « Pierre, as-tu le cul cru, cru, cru? » I.-et-V., *Rev. d. tr. p.*, 1895, p. 666. — (Voir d'autres formulettes dans *Rev. de linguist.*, 1881, p. 13).

« Le touret parle sept langues. » G. d'Avenel, *Mariantine*, roman.

« Faire comme les grives, vivre de l'air. » Duez, 1678.

« Qu'a minyat carn de gribe Ne pot pa ni mouri ni bibe. » Landes, Foix, 1902, p. 53.

« Prendre une grive au piège le matin avant midi, présage une mauvaise nouvelle; l'après-midi bonne nouvelle. » Fougerolles (May.), r. p.

« Un chasseur était sur le point de tirer sur une grive.

ce que voyant une fourmi le piqua au talon. L'attention du chasseur fut détournée et l'oiseau s'échappa. La grive dit à la fourmi : quand tu tomberas à l'eau j'irai à ton secours; et, en effet, quand cet insecte est tombé dans l'eau, l'oiseau lui tend une longue paille. » Ineuil (Cher), r. p. [C'est la fable de La Fontaine : « La colombe et la fourmi » (II, 12) avec interversion de ses deux parties, E. R.].

En Bigorre le conte est renversé :

La grive ayant vu une fourmi se noyer lui tendit une paille et la sauva.

La fourmi eut aussitôt occasion de montrer sa reconnaissance : Un chasseur qui avait aperçu la grive allait tirer sur elle quand la fourmi le piqua au talon, le fit se retourner et donna à la grive le temps de fuir.

Moralité : Un bienfait n'est jamais perdu.

Avec quelques variantes, cette fable est de tous les pays, c. p. M. P. Tarissan, Argelès (H.-Pyr.).

« *Plumer la grive* = se dit des batteurs en grange qui font un repas à trois heures du matin; *plumer la grande grive* = se dit du repas donné aux domestiques de ferme la veille de Noël. » Rémilly (Pays messin), r. p.

Turdus pilaris (Linné). — LA LITORNE

pilaris, pellona, trichada, junifagus (on attendrait *juniperifagus*), l. du m. â., Dief, p. 434 et..... (1876), col. 371.

clacla, m., *kiakia*, m., *tyatya*, m., Nord de la France. (C'est une onomatopée). — *tchatcha*, m., Suisse, Provence. — *chacha*, m., Provence, Limousin. — *couchacha*, m., Prov. — *fiafia*, m., Lim., Bigorre. —

chaca, f., Hér. — *chaco*, f., *jaco*, f., Aveyr. — *tchacotchaco*, f., *trido d'Espagno*, f., Mirande (Gers), Abeillé, — *kiakiasse*, f., *cacasse*, f., Anjou. — *piapiasse*, f., *grive à pattes noires*, Savoie. — *claque*, f., fr. dial., *Dict. des Arts*, 1732; Normand., Magné de Mar., 1788. — *jobiasse*, f., Loire. — *litorne*, f., fr., Belon, 1555. — *litorno*, f., *griou pradèro*, f., H.-Pyr., c. p. feu A. Cazes. — *lutrone*, f., picard. (sur ce mot voyez D. Behrens dans *Festgabe f. Foerster*, 1902, 245-246). — *tourd-licorne*, m., fr., *Dict. des Arts*, 1732.

gribo nègro, f., Loz. — *grive charbonière*, Jura. — *grive velue*, fr., Constantinus, 1573. — *pato nègro*, Gard. — *pied-noir*, Suisse. — *coua nèy'ra*, f., H.-Loire. —*jôtrû*, f., Sarthe.

grivotte, *môviotte*, *môvî*, f., H.-Marne. *grive de genièvre*, f., franç. — *grivo dzunubrèy'ro*, Corrèze. — *grivo gavoto*, *grivo dé mountagno*; *cèro gavoto*, *cèro mountanièro*, *tourdré mountanié*, m., Provence.

merlo-ciach, *ciac-ciac ciaciara*, *ginepron*, *zenevron*, dial. ital. — *krammetsvogel*, *kranewitter*, *wacholderdrossel*, *schacker*, *blauschacker*, dial. allem.

Turdus iliacus (Linné). — LE MAUVIS

maviscus, *mavistus*, *malvitius*, *tylas*, *illas*, l. du m. â., Du C.; Dief., Wright. — *mauvix*, l. du m. â., Renzi, III, 318.

malvis, m., *maulvy*, m., *mauvice*, m., *mauvis*, m., *mavis*, m., *mauveys*, m., *mauves*, m., *maugis*, m., anc. fr. — *mövî*, f., Yonne, Nièvre, Cher. — *amövî*, m., S.-et-L. *maouviar*, *môviar*, Normandie. — *maovire*, f., *maogrive*, f., Mayenne. *môviètte*, f., Suisse. — *mouviotte*, Loiret.

grivette, Savoie, GESNER, 1604. — *petite grive, grive champenoise, rosette*, f., fr. dial., MAGNÉ DE MAR., 1788. — *grive rouge*, Suisse, Maine. — *grivette rougeastre*, f., DUEZ, 1664. — *roussètte*, f., Ardennes. — *grive des Ardennes, ardennaise*, en div. endr. — *rouge-aile*, f., H.-Marne. — *alo-arrouyo*, f., *tour dé mountagno*, m., *tour bouscassé*, m., H.-Pyr. — *touret*, m., anc. f., BELON, 1555. — *touratt*, m., *tour éspagnoou*, B.-Pyr. — *tourà*, m., Char.-Inf., Deux-S. — *kiné*, m., *kinò*, m., Provence. — *gamégno*, f., cévenol, SAUT., 1785. (Au fig. = fille dévergondée). — *chapêne française, roge chapéne*, wallon. — *tchimelin*, m., La-Chaux-de-F. (Suisse), FAT.

milhuyt, bret. moy., *milfid, milvid*, bret. mod., *milhuid*, vannetais. [E. E.].

malviggio, malvizzo, malvizzola, turdu russu, dial. ital. — *malbis*, asturien. — *Koperwiekje* (aile de cuivre), holl.

ONOMASTIQUE :

De Mauvissière, nom de famille. On a publié en 1731 les *Mémoires de Michel de Castelnau, seigneur de Mauvissière*. [*Malvy*, H. G.].

De Mauvise, famille actuelle d'Indre-et-L.

Maviez, nom de famille. Un *Maviez* a publié en 1836, un *Traité de la peinture en bâtiments*.

« Souvent maulviz preinent faux cons. » LESPLEIGNEY, 1537, édit. Dorveaux, p. 88. — « Les faucons ont engendré les mauvis. » XVIIIe s., LEROUX, *Dict. comique*. — « Respondez-moi, dame au cler vis Qui avez de voler le nom, Lequel vault mieux ou deux mauvis Pour chanter ou avoir faucon ? » EUST. DES-

CHAMPS, VIII, 115. [Les phrases ci-dessus ont pour origine de vilains jeux de mots].

« Fame est le jor comme mauvis, Fame est la nuit chauve-souris. » JUBINAL, *Jongleurs*, 1867, p. 80.

Turdus viscivorus (LINNÉ). — **LA DRAINE**

turdela major, turdella, turtela, l. du m. â., GOETZ; STEINM.

tourdelle, fr., DUEZ, 1678. — *trido*, f., languedoc., gascon, limousin, angoumois. — *térido*, f., langued. — *tride*, f., B.-Pyr., Gers, Landes, Gironde, Berry. — *tridatt*, m., *tridou*, m., B.-Pyr. — *trite*, f., Landes. — *tri-à*, m., Loire. — *tria*, f., anc. prov., RAYN., s. v° *noiseta*. — *tri-o*, f., Aveyr. Corr. — *troye*, f., *traye*, f., *treie*, f., anc. fr. — *trâ*, f., *tra*, f., *trê*, f., *trè*, f., Saintonge, Anjou, Orléanais, Berry, Maine, H.-Bret., Guernesey. — *trasle*, f., fr., BELON, 1555. — *traine*, f., fr., DU PINET, 1660, p. 282; franc-comt., L'abbé BESANÇON, 1786. — *trin-no*, f., Les Fourgs (Doubs), Tissot (Et non pas *train-note* comme je l'ai imprimé, par erreur, dans le tome II, p. 239. — *trin-ne*, Doubs. — *draine*, f., franç., MAGNÉ DE MAR. 1788; etc., etc. — *drin-ne*, f., Loiret. — *drine*, f., *dërne*, f., *drin*, m., Yonne.

sisalle, f., Savoie, CONSTANTINUS, 1573. — *siserre*, f., Lyon, BELON, 1555, p. 325. — *crëzéne*, f., La-Chaux-de-F. (Suisse), FAT. — *crëzënire*, f., Savoie, FEN. — *cézèro*, f., *cèy'ro*, f., *cèro grosso*, f., *drày'no*, f., *couloumbasso*, f., Provence. — *cinche*, f., *chinche*, f., fr., comt., BULLET, 1754, II, 295. — *tchi-tche*, f., Clerval (Doubs), r. p. — *griouo briskèro* (= gr. de gui), H.-Pyr., c. p. feu A. CAZES. — *grive de brou* (= gr. de gui), H.-Marne. — *grive de gui, grosse*

grive, en div. endr. — *vèrkête*, f., *creur*, Jura, OGÉRIEN. — *vëghëta*, f., Jons (Isère), FERR. — *henistresse*, *hén'zâle*, wallon. (De *hënistrè* = gui et de *hèn'sâ* = gui). — *prounça*, f., H.-Loire. — *atriè*, m., Albi. — *grive panachée*, *grive gorge de pigeon*, Fougerolles (May.), r. p.

rëdasse, f., Genève, HUMB. (Au fig. = femme maigre et sèche). — *jocasse*, f., fr., dial., ROUX, 1796.

grivea, *grivas*, *tordela*, *tordena*, *dresch*, *dress*, *dresson*, *durdassa*, *viscera*, *viscarda*, *viscado*, *tordo colombino*, dial. ital. — *thrysce*, anglo-saxon. — *mistle-thrush*, *screech-thrush*, dial. angl.

« *Tèsto dé cézèro* = tête légère, niais. » Provence, MISTR.

« La cèro grosso a des cérétouns à Pasco, Grosso o noun*, A d'ioous o dé cérétouns. » Provence, MISTR., I, 518. — « En déspiè dé mars é fébrié Bastis l'agasso é pound la trié. » Midi de la France, MISTR. — « Uno trido bién ibérnado A méd mar *(à la mi-mars)* a fa sa couado. » Lot, *Armana quercynol*, 1895, p. 5.

« Quond lo trid' ou lou mérlé conto Douçour de temps morquo. » Aveyr., DUVAL. — « Quand lou printemps arrivo Lou mérlé canto émaï la grivo. » Provence, MISTR.

« *Quond lo trido conto per Nouostro-Damo* (2 février), *Tont dé fréch y o d'obont coumo dorrié* = quand la gr. chante le 2 févr., autant de froid il y a en deçà qu'en delà. » Aveyr., DUVAL. — « S'aousés la trido cantà, Cerco l'oustaou pér t'abrigà Emé dé bos *(du bois)* pér té caoufà. » MISTR. — « Quand aousés la grivo cantà s'as un marrit *(mauvais)* mestié, Lou foou pas quità. » MISTR.

* C'est-à-dire toute espèce de grive.

» Interprétation du chant de la *trido : bouhèy', bèn tou hèn!* = bouvier, vends ton foin! » Gascogne, Perbosc (dans *La Tradition*, 1905, p. 333).

« La traie dit à la chambrière de prendre garde aux poules : « *ferai rôtir!* fera rôtir! » Touraine.

Celui qui refuse quelque chose dit : *ço qué diguè la trido Iéou té préstaraï la brido* = je te dis comme la draine, je te prêterai la bride (mais non le cheval). » Provence, Perbosc (dans *Revue du Tradition.*, 1907, p. 314).

Turdus merula (Linné). — LE MERLE

(Voy. *Faune pop.*, t. II, p. 245).

merula, merulus, lat. du moy.-âge. — *plara*, l. du m. â., Wright.

merle, franç. anc. et mod. (Autrefois le mot était tantôt masculin, tantôt féminin). — *mèrlé*, m., *marlà*, m., *marle*, m., *miarle*, m., *muarle*, m., *mouèrle*, m., *mèrlon*, m., *mèrlou*, m., *marlou*, m., *mouarlou*, m., *mèrlhou*, m., *mêrlô*, m., *marlö*, m., *mèrlò*, m., *mèrli*, m., *mêl*, m., *mêel*, m., *mièl*, m., *mélhé*, m., *mélou*, m., *mày'lou*, m., *malou*, m., *mèrla*, f., *mèrlo*, f., *mièrle*, f., *mêl*, m., *mèle*, f., *miéle*, f., *miâle*, f., *mouéle*, f., *mile*, f., en divers patois. — *merlier*, m., anc. fr. du Nord-Est, God. — *merlaie*, f., fr. du xive s., Cocheris, *Dern. Amours d'Ovide*, 1861, p. 43. — *mèrne*, m., Bouillon (Luxemb. belge), c. p. M. Ed. Edmont.

mèrlasse, f., Lyon, Puitsp. — *mèrlassi*, f., *mêrlachi*, f., lyonnais, Puitsp.

mëlotte, f., *mëlëtte*, f., *moulotte*, f., *ém'lotte*, f., *m'lotte*, f., *m'laôte*, f., Meurthe et Vosges, Adam.

mirlate, f., Aubréville, (Meuse), c. p. M. Ed. Edmont.

noire merle, f., anc. fr., GACHET, *Gloss. du* XVe *s.;* A. D'AVEROULT, *Fleurs des exemples*, 1649, II, 268.
nor miél, m., Val d'Orbey (Alsace), LAHM.
nouarmèle, f., Vrély (Somme) et Isbergues (P.-de-C), c. p. M. ED. EDMONT.
nouarmère, f., Ramecourt, Pierremont (P.-de-C.), c. p. M. ED. EDMONT.
norméle, f., P.-de-C., LA NEUVILLE, *Chasse*, 1880, p. 108.
orméle, f., *ourmèle* f., Somme, c. p. M. ED. EDMONT.
èrmère, f., Méharicourt (Somme), r. p.
èrmèle, f., *ërmèle*, f., Somme, c. p. M. ED. EDMONT.
nouârate, f., Val Terby (Suisse), *Arch. suisses d. tr. p.*, 1905, p. 31.
nouare, f., Torcy (P.-de-C.), c. p. M. ED. EDMONT.
môvi, m., namurois, PIRS. — Grupont; Dolhain, Beaufays (Belg.), c. p. M. ED. EDMONT.
mâvi, m., Malmédy (Prusse wall.), ZEL.
mavé, m., Waremme, (Belg.), c. p. M. ED. EDMONT. — (Suisse), *Arch. suisses d. tr. p.*, 1905, p. 31.
mouviar, m., Bohain (Aisne), r. p. — Saint-Pol (P.-de-C.), c. p. M. ED. EDMONT.
môviar, m., Tourcoing, WATTEEUW. — Aublain (Belg.), c. p. M. ED. EDMONT.
monviar, m., Glageon (Nord), c. p. M. ED. EDMONT.
avouca, m., Var, J.-B. JAUBERT.
moualch, bret. moy.; *moualc'h*, mod., *moelch*, Trég., *mouialh, maualh*, Vannes; mot fém., le mâle est appelé spécialement *par moualc'h, moualc'h beg melen* (au bec jaune, Léon, MILIN ms.), *tad moelc'h* (haut Trég.). Cf. ERNAULT, *Gloss. moy. bret.*, 427, 682; PEDERSEN, *Vergl. Gram.*, I, 73; II, 33; V. HENRY, *Lexiq.*, 206; WALDE, *Lat. Etym. Wœrterb.?* 480. [E. E.].

djône bètchŷ (= jaune bec), m., Gedinne (Belg.), c. p. M. Ed. Edmont.

Voir d'autres noms du merle dans Gilliéron et Edmont. *Atlas ling. de la Fr.*, fasc. 19, carte 843.

La femelle est appelée :

mèrlà, f., *mèrlo*, f., *mèrlho*, f., *mèrlasso*, f., *mèrlasse*, f., *marlasse*, f., *mèrlacho*, f., *marlache*, f., *marlosse*, f., *mèrlèsse*, f., *mèrlouèsse*, f., *marlërèsse*, f., *mélasse*, f., *mêleuze*, f., *marluche*, f., *mèrlato*, *marlètte*, *marlöde*, *mère mèrlèsse*, *merlate*, *mellate*, en div. pat.

moüalc'hès, *mamm voüalc'h*, bret., P. Grég. ; *mam mouïalh*, *mam vouialh*, vann., L'A. ; *parez mouale'h*, Léon (Milin ms. [E. E.].

Le jeune merle est appelé :

mèrlatt, m., *mélatt*, m., *mèrlato*, f., *mèrlotou*, m., *mèrlatou*, m., *mêrlö*, m., *mérlitoun*, m., *marlokia*, m., *marlateû*, m., *marluchon*, en divers patois.

Toponomastique :

Le Merle, *Les Merles*, *Le Merlet*, *Les Merlets*, *Les Merlots*, *Le Merlou*, *Le Merlaut*, *La Merlière**, *La Merlerie*, *La Merlaudière*, *La Merlauderie*, *La Marlatière*, *La Merletterie*, *La Merlasserie*, *Le Merlerault*, *La Merline*, *Les Merlonges*, *La Merlogne*, *Le Bois au Merle*, *Le Rocher des Merles*, *Le Roc-Merlet*, *Le Puech de Marlou*, *Le Puech-Merle*, *Le Puget-Merle*, *Le Puy des Merlets*, *Le Pied de Merle*, *Le Puy-Merlier*, *Le Mont-Merle*, *La Pierre au Mesle*, *Le Château-Merle*, *La Vaumerle*, *La Combe*

* *Mèrlo* = marne ; *merlèro* = marnière, en Gascogne. Une *merlèro* (ou *merlièro*) doit donc plutôt désigner, tout au moins en Gascogne, avec *marnière*. — Note de M. A. Perbosc.

du Merlet, La Font du Merle, La Font-Marlie, Le Cros du Merle, L'Etang au Merle, Cante-Merle, Chante-Merle, Chantemelle, Chantemerlière, Chantemeslière, La Ville ès Merles, Villemerle, Villemesle, noms de nombreuses local.

A St-Brieuc, il y a une « rue des Merles », qui, dit-on, a subi le même sort que le latin *lacrima*, de *dacruma*, sans que la phonétique sabine y soit pour rien. [E. E.].

Grate-Merle, Hérault, THOMAS.

La Saigne-Merle, La Marlèche, La Merliquié, Cantal, AMÉ.

L'Ormeau-Meslier. Mayenne, MAÎTRE.

Le Bon Merle, Le Merle Blanc, Merlaudon, Indre, HUBERT.

Le Merlier, ruisseau, Pas-de-Calais, ED. EDMONT.

Le Merlier, en 1503, *Le Clou au Marle*, en 1485, *Les Merlées, Les Merlineries*, Nièvre, SOULTR.

ENSEIGNE :

Au Merle Blanc, enseigne d'un ancien bal, à Montpellier, DUVAL-JOUVE, *Rues de Montp.*, 1877, p. 219.

ONOMASTIQUE :

Champ de Merle, Aumerle, Delmarle, Dumerle, Le Merle, Le Mesle, Le Melle, Merle, Lemielle, Mielle, Merlet, Merlé, Merley, Merlette, Marlot, Merlou, Merlot, Merlat, Merleau, Merlatou, De la Merlière, Desmerliers, Merlier, Merlieux, noms de famille.

Merle, Merlet, Merlou, Merlanes, A. PERBOSC.

« On appelle *marlassière* un piège à prendre les merles. » Allier.

Merlade, nichée de merles. — Famille de gens au teint noir, L. BATCAVE.

Du merle qui siffle on dit :

cincimare, zinzilare, cincitare, zinzitare, zinziare, tinnitare, frindire, frendere, fringultire, sclingire, l. du m. â., WACKERNAGEL.
fiouter, fr.-comtois, BEAUQUIER, *Les mois*, p. 42.

Du merle qui fait entendre certain gloussement on dit :

balbutire, lat. de Pline. « Merula canit æstate, hieme balbutit. (H. N., 10, 29, 42).
archaner, (= ricaner), Berry, JAUBERT.
On interprète le chant du merle par diverses formulettes qu'il est censé débiter. On en trouvera quelques-unes dans *La Tradition*, 1904, p. 200; 1905, p. 384; *La Revue du Traditionnisme*, 1907, p. 335; *La Revue des Tradit. pop.*, 1907, p. 401; 1908, p. 36; *La Revue de Linguist.*, 1881, p. 14; *La Revue celtique,* V, 192; BESSOU, *Countes de la Tata*, 1902, p. 317 et p. 335.
« Much' té bien, j' cache après ti! Si j't'attrape, tant pire pour ti! » Saint-Pol (P.-de-C.), c. p. M. ED. EDMONT.
(On dit que les oiseleurs apprennent ce chant au merle).
« Les trois derniers jours de mars appartenaient à une méchante fée ; elle en emprunta trois autres à avril, puis se frotta les mains en disant : avec les trois que j'ai et les trois que me prête avril, je gèlerai la merle sur son nid. » Vosges, *Folkl. d. Vosges*, p. 107. — Cf. MÉLUSINE, X, 94; DARDY, II, 58; DUFFARD, p. 279.
« Janvier frileux gèle la merlesse sur les œufs. » Anjou.
« Février, févriot, si tu gèles, t'engeleros mes kiots. »

Somme, Jouanc. — « Fébrariot, si tu gèles, gèle point mes piots. » Idem, Idem.

« *Quand le merle chante en février Il faut remonter les brousses sur le grenier*, c.-à-d. il faut ménager le chauffage, l'hiver durera encore assez longtemps. » Fr.-Comté, Beauquier, *Les mois*, p. 161. — « Quand les miâles fioutant *(sifflent)* avant la Notre-Dame (2 février) Ils se recaichant *(se taisent)* Six semaines de temps. » Fr.-Comté, Beauq., *Mois*, p. 42.

« A la Chandeleû Le mêle est dans l'œuf. » Normand. — « Févri, févreû, Lou mêle sur les œufs. » H.-Bret. — « En février Bon mêle doit nicher. » H.-Bret. — « Pâques haut, Pâques bas Il y a toujours des marlotias. » Poitou, Anjou, Orléanais. — « Pas dé Pascado, Senso merlado. » Gasc. — Per lous Rampans (les Rameaux), Lous merleys et las tridos s'en van (sortent du nid). Limousin. — « Pas de mois de févri Sans marle dans le nid, Sans feuille au gruizali. » Saône-et-L.

« Estuflo aoux merlés los trios vendraoun = *siffle les merles, les grives viendront aussi.* » Corrèze.

« En doux péroulis l'om atrivo lous merlés. » Corrèze.

« *Aoutant qu'én y a taous tours coum taous mellous* = autant il y en a pour les grives que pour les merles. Egalité de procédés. » B.-Pyr. (Même prov. dans les Landes).

« *Blound ou blanc coume la coude dou mélou*, ironique. » B.-Pyr., Larroque, *Arr.*, 1897. — « Blanc comme la casaque d'un merle. » Deux-Sèvres, Souché, *Prov.* — « *Qu'ère darrè lou plèix quoand lou boun Diou balhabe la coulou aous merlous* = elle était derrière la haie quand le bon Dieu donnait la couleur aux merles, se dit d'une femme très brune. » B.-Pyr., Lespy. — « *Briller comme un merle dans un laurier* = être terne, sans éclat. » Poitou, SAINT-MARC.

« Je veux lui donner un merle blanc s'il en vient à bout. » CHALLES, *Journ. d'un voy. aux Indes*, 1721, II, 324.

« Tu n'as pas plus de force qu'un merle plumé. » XVIe s., NOEL DU FAIL.

« *Plumat coum u merlou* = dénué de tout. » Au sens de « qui tout perdu. » B.-Pyr., LESPY. — *Engluer quelqu'un comme un merle* = le tromper, le séduire. » *La Gaudriole du 13 août* 1893. — « Prendre les merles au *trébuchet* = tromper les gens. » DUVAL, *Fagotin*, vaudeville, 1802.

« *Les merles ont été dénichés par de plus habiles dénicheurs*, au figuré. » LE GRAND, *Les panniers*, 1724, p. 30.

Le merle passe pour être plus défiant que la grive. « Il prend (au piège) le mauvis et la grive et le merle plus fin. » GAUCHET, *Plais. d. ch.*, 1583, éd. Blanch. p. 120. — « Il est défiant comme un merle. » BALZAC, *Le paysan*, roman. — « Un fûté merle. » Ménage, 1750. — « La rusée merlesse ! » D**, *La précaut. inut.*, comédie, 1692. — « C'est un fin merle ! » DE B***, *Arlequin défens. du beau sexe*, comédie, 1694. — « Je suis fin comme un merle blanc. » IDEM. — « La princesse est plus fine qu'un merle. » *Le prince travesti*, comédie, 1724. — « U fi merlou ; une fine merle, une fine merlate. » B.-Pyr., LESPY. C'est-à-dire : un matois.

« *Aquél mérlé* = cet imbécile. » Limousin, BOMBAL, *Le Conte de Champalibau*, 1893, p. 58.

« *Ce biau marle qui sublet si finement haut!* au figuré, en parlant d'une femme. » XVIIe s., CYRANO DE BERGERAC, éd. Jacob, p. 263. — « Je suis bien malheureuse d'avoir pris de l'attachement pour un aussi vilain petit merle. » *Le dédain affecté*, comédie, 1724. — « *C'est un vilain merle* = c'est un vilain monsieur. » RICARD, *Le tapageur*, 1841, II, 180 — « *Sale merle!* = injure. » *Paris la nuit*, journal, 1891, p. 301. — « Voilà un beau merle, pour le regretter. » VARIN, *Le père de l'enfant*, comédie, 1837.

« *C'est un beau merle à voir* = on ne le trouve jamais chez lui, on ne sait où le chercher. » Lyon, *L'Intermédiaire*, VI, 399.

« Va donc voir si les merles ont des plumes de paon sous la queue, au lieu de m'embêter. » VERNEUIL, *Vie d'un bohême*, s. d. (vers 1900).

« *Vigoret comme un merle* = leste comme un m. » Lyon, *Journ. de Guignol illustré*, 21 août 1887.

« *As aoudit cantà lou mellou?* = as-tu entendu chanter le m.? as-tu compris la vérité que je viens de te dire? » B.-Pyr.

« Failli merle! » juron des Côtes-du-Nord *.

« Je veux bien ne jamais trouver de nid de merles si... » Mlle DUHAMEL, *L'agnès*, divertiss., 1763.

« *Un nid de merle* = un secret. » May. DOTT. — « *Nid de merle* = chapeau rond. » argot, BRUANT, 1901.

« *Merle* = pièce d'un franc. » argot, J. DORNAY, *Moulin aux Corbeaux*, 1891.

« Aou Rioule la hami qu'y pioule. La melle qu'y chioule = *à Orriule, la faim gémit, le merle siffle; c'est un village pauvre.* » B.-Pyr. LARROQUE, 1897. — M. L. BATCAVE remarque : A compléter ainsi : « més au Rioun qu'y droum » ; « mais à Orion, elle dort. » Orriule et Orion sont deux petites communes du canton de Sauveterre : si la faim piaule dans l'un, l'autre la calme.

* M. J. FELLER remarque sur ce juron : *Fayi, fayé* = affaibli, fourbu.

« Tu luy veux persuader, comme à un merle, qu'il se mette à la broche et se tourne tout seul au feu pour se désentrailler et engresser le pain d'autruy. » FUSI, *Mastigophore*, 1609, p. 323.

Proverbes bretons, *Mélusine*, XI, 253. [E. E.].

« Prenez le foie d'un pigeon et le cerveau d'un merle, les mettez en poudre et les donnez à manger à la personne que vous désirez devenir amoureuse de vous. » XVIIe s., J. COUSIN, *Secrets mag.*, 1868, p. 4.

« Le mari qui soupçonne la fidélité de sa femme n'a qu'à prendre l'aile gauche d'un merle qu'il place sur le sein gauche de sa femme quand elle dort. Alors elle raconte, en dormant, à son mari, tout ce qu'elle a fait. » Ineuil (Cher), r. p.

« Voir un m. traverser le chemin devant vous porte bonheur. » Creuse, r. p. — « La personne qui voit, le matin à jeun, un m. traverser devant elle, chantera bien toute l'année. » Creuse, r. p. — « Entendre le matin, de très bonne heure, le m. présage une bonne nouvelle. » Mayenne, r. p.

« Au moyen-âge on croyait que suspendre les plumes de l'aile droite d'un merle à un fil rouge empêchait de dormir. Son cœur, placé sous la tête d'une personne endormie, lui faisait dire, lorsqu'on l'interrogeait, tout ce qu'elle avait fait pendant la journée. Enfin, le diable se montrait aussi quelquefois sous la figure d'un merle. » A. DE CHESNEL, *Dict. des Sup.* [ED. EDMONT].

« *Merlet* = entremetteur de mariages ; *merletter* = s'entremettre pour les mariages. » M.-et-L., VERR *.

« Le merle est noir parce qu'il porte le deuil de ses frè-

* M. J. FELLER pense que c'est là l'origine du mot d'argot *marlou* « souteneur, *marlou* pouvant être un diminutif de *marle*.

daines; c'est le chat-huant qui a porté le jugement. » Corrèze, Gorse, p. 26.

« Dans les préjugés et les croyances supertitieuses du moyen-âge, cet oiseau jouissait d'un grand nombre de vertus. Ainsi, en suspendant les plumes de son aile à un fil rouge, on ne pouvait dormir dans la maison où ce maléfice avait été disposé. Son cœur, placé sous la tête d'une personne endormie, lui faisait dire, lorsqu'on l'interrogeait, tout ce qu'elle avait fait pendant la journée. Enfin, le diable se montrait sous la figure d'un merle. » A. de Chesnel, *Dict. des Sup.*, col. 676. [Ed. Edm.].

Dans un conte il est question d'un merle d'argent qui fait rajeunir les vieillards. Voir Lavenot, *Contes de Vannes*, 1895, p. 39.

Dans un conte bien connu un mari et sa femme se disputent. L'un dit qu'il a vu un *merle* et l'autre assure que c'était une *merlesse*. Voir sur ce conte : Noel du Fail, éd. Assézat, II, 258; *Biblioth. de l'école des Chartes*, 1877, p. 615, en note. Du Moulinet, *Faceecieux devis*, s. d. (vers 1615), pp. 14-16 et pp. 175-177. — [Le conte est courant en Béarn, L. Batcave].

« *Trottot merlot* = espèce de jeu enfantin. » anc. fr., God.

« Compère, qu'as-tu vu? — J'ai bien vu z'un merle blanc Qui sans brosse se lavait les dents. — Compère, vous mentez. » fragment de la Chanson des mensonges, Nièvre, r. p.

Devinettes : « Neî comme fer, fer n'est pas; jaune comme or, or n'est pas. » Sébillot, Devin. de la H.-Bretagne, p. 7.

Turdus torquatus (Linné). — **LE MERLE A COLLIER**

(Voy. *Faune pop.*, t. II, p. 252).

merle au collier, merle de Savoye, fr., Belon, 1555. — *coularé*, m., *colaré*, m., Sav., B.-Alpes. — *colarin*, m., *griva colaréta*, f., Savoie. — *pigo marsésco*, f., — *cot-baylado*, (f.), H.-Pyr. (Argelès), c. p. M. Tarissan. — *griouo garaoulado*, f., H.-Pyr. — *pigue de mars*, H.-P., B.-P. — *pigo marèno*, Gers. — *mèrlé loumbar*, Avign. — *mèrlé d'Aoubergno*, L.-et-G. — *papachardo*, f., Gard. — *mèrlé cravatà*, m., *chastré*, m., Provence. (Le *châtre* a été rendu célèbre par un amusant roman de J. Méry). — *chaltré*, m., env. de Castres, Mistr.

Turdus saxatilis (Linné). — **LE MERLE DE ROCHE**

(Voy. *Faune pop.*, t. II, p. 252).

merle rocher, fr., Constantinus, 1573. — *mèrlé roukiè*, *trido roukièro, cuou-roussé barna*, Provence. — *grossa couéta roucha*, Hér. — *merle roux*, H.-Saône. — *pâti*, m., Annecy.

Turdus cyaneus (Linné). — **LE MERLE BLEU**

(Voy. *Faune pop.* t. II, p. 252).

merle bleu, fr., Fontaine, 1612. — *mèrlé blu*, m., Provence, H.-Pyr. — *azurìn*, Nice. — *passo soulitari*, f., provenç., Jaubert, 1859.

Accentor alpinus (Bechstein)

(Voy. *Faune pop.*, t. II, p. 253).

alpìn, aoupìn, Provence. — *pico-pèy'ro*, m., H.-Pyr. —

râzache, f., Valais, FAT. — *terrasse*, f., *carcasse*, f., Savoie, DESSAIX. II, 168.

Accentor modularis (BECHSTEIN). — **LE TRAINE-BUISSON**

(Voy. *Faune pop.*, t. II, p. 253).

sepivaga, anc. nomencl., BRACK, *Vocab. rerum*, 1478. — *curruca sepiaria*, *prunella*, *passer rubi*, anc. nomencl., NEMN.

parrètt, *parrète*, f., *passe-ségues*, m., B.-Pyr. — *pèss'-lètte*, f., Guernesey. — *passe bussognère*, May., Sarthe. — *gris mogné*, m., Cambrai. — *noir mouchon*, Hainaut belge. — *petit mouchet*, fr., *Hortulus pueror.*, 1606.

chi d'avàn (= bruant des osiers), prov. — *râshignoû d'hîviêr*, *grète-hovêy'es* (= gratte-balayures), *houvèy'*, wallon. — *rôlante favète*, Liège. — *fauvette d'hiver*, Champagne, Fr.-Comté. — *mourày' d'ibèrn*, f. (= fauvette d'hiver), Landes. — *folkèto*, f., Dord.

grisette, Calv. — *morette*, Namur. — *bunètte*, *beûnètte*, normand. — *buzoche*, f., Yonne. — *rousselette*, Orne, Savoie.

traîne-beuches, H.-Marne. — *trèy'ne-bouchon*, Meuse. — *traouco-bouy'ssoun*, prov. — *traouco-ségo*, H.-P. — *perci-vëna* (= perce-haie), Isère. — *musse-en-haie*, *mousse en haie*, Lorraine. — *mussotà*, m., Aube. — *saouto-boro*, m., prov. — *forogoulho*, m., *faouré*, m., Limousin.

tirit, *verdasse*, f., *pique-rave d'hiver*, Savoie, DESS., II, 169.

passera salvatica, *passera sepajola*, *zicco d'iverno*, *moreta*, *grixôn*, dial. ital.

bietjestekker, *kapellevogel*, *kobbebyter*, *kobbespinder*, *mottestekker, ons-lieve Vrauw-vogelken,* dial. de la West-Flandre, De Bo, *Idiot.*

Saxicola œnanthe (Bechstein). — **LE TRAQUET MOTTEUX**

(Voy. *Faune pop.*, t. II, p. 255).

motacilla œnanthe, nomencl. de Linné. — *cul-blanc, blanc culet,* fr., Belon, 1555. — *cul blanc de terre, motteux,* fr., Magné de M., 1788. — *tourne-motte,* Jura, Meuse, Yonne. — *saute-motte,* S.-Inf., Yonne, Jura. — *kilho-mouto,* langued. — *ki-o-mouto, ki-à,* m., *ki-ày'ré,* m., prov. — *toque-motte, taque-motte, cache-motte,* H.-Marne. — *émoteû,* Orne. — *mël'la,* m., Meurthe. — *motteux, mottelier, marionèlle, boul'tò,* m., Yonne, Rabé.

clapèy'ré, m., prov. — *roucadèlo,* f., *roucày'rol* m., *roucàyrouolo,* f., langued. — *founténtéga,* f., Nice. — *mùrier,* m,, Lorraine, *Journ. d. Chass.*, 1846, p. 248. — *tchodje-pîre* (= chauche-pierre), H.-Saône.

branle-queue, Yonne, H.-Marne. — *bèrdjërotte,* f., Doubs. (Cet oiseau suit les troupeaux de moutons, voltigeant de motte en motte). — *semetro,* m., Lorraine, Belon, 1555. — *sonbria,* m., Yonne. — *ortolan,* Calv. — *grassètt,* m., Char.-Inf.

« Pas maï avança qu'un cuou blan sus une moutto. » Drôme, Almoric, *Nounanto-noù,* 1897, p. 60. — Coumay'ré, sias quillado coumo un cuo blan su d'uno motto. » Toulon, La Sinse, *La vie provençalé,* 1874, p. 155.

Saxicola rubetra (Bechstein). — **LE TRAQUET TARIER**

(Voy. *Faune pop.*, t. II, p. 256).

toda, todus, todellus, todonus, l. du m. â., Du C., VI, 599. [De *todere* = trembler, dit Du C.].

terraneola, l. du m. â., Hervieux, *Fabul. lat.*, t. II. « Avis quam dicunt *terraneolam* rustici, In terra nidum quia componit scilicet... »

todier, m., Suisse, Bonnet, *Contempl. natur.*, 12e part., ch. 28. — *vitrec*, fr., Belon, 1555. — *vitra*, m., Allier, Yonne, Poitou. — *vicra*, m., dauphin. — *vicre*, m., Jura. — *vitra*, m., H.-Vienne, Berry, Yonne. — *vistrac, bistrac*, Poitou. — *bistratrà*, m., Provence. — *vistrà*, m., Charente. — *vistr*, m., *ouistro*, f., Creuse. — *ouich'trac*, m., wallon. — *ouistra*, m., Yonne. — *tric-trac*, Aube, Belg. wall. — *triplace*, f., *tirplace*, f., Loir-et-Cher. — *foutrac*, m., C.-d'Or. *crëk*, m., Landes. — *trac*, m., B.-P., Yonne. — *traquet*, m., fr., Belon, 1555. — *trakeû*, m., *tac-tac*, Yonne. — *takè*, m., Genève. — *takëriô*, m., Nièvre. — *trâ*, f., *trê*, f., M.-et-L. — *tatà*, m., Vaucluse. — *ouatîtî*, m., Vosges. *touquet, roussette*, fr. dial., *Dict. de Tr.*, 1752. — *trik-béréke*, m., Meurthe.

tok-mèrchâ, m., *tak-mèrchô*, m., Lorraine. — *cok-mèch'lò*, Doubs. — *marichô*, Char.-Inf. — *petit maréchal*, Normandie. — *maréchal-préta*, m., *afouratte*, f., *traîne-bouchon*, Yonne, Rabé. — *tok-bò*, Meurthe. — *cachè*, m., Loire. — *machâ*, m., *machè*, m., *machò*, m., *massjò*, m., *majò*, m., *ouichâ*, m., *ouichok*, m., *chiktchak*, m., *béche-fiér*, m., wallon, Defr. — *pétar*, B.-Alpes. — *pëtouyè*, m., H.-Pyr. — *raghinade*, f., Laveissière (Cant.), r. p. — *landreau*, m., fr., L. Mellema, *Dict. franç. flam.*, 1596. — *chomet*, m., Normandie, *Dict. de Tr.*, 1752. (Il se perche volontiers sur la pointe des chaumes). — *cherchepesseau*, fr.-comt. — *cou rouy'*, m., Landes. — *cuou roussé barnà*, prov., Honn. — *roukèto*, f., Lot. — *alukétt*, m., Gers, H.-P. — *lukétt, chukétt, carrasklétt*, H.-P. — *chuche*, f., île de Noirmoutier. — *gratopolhè*, m., Aveyr. — *pique-raves*, Genève. — *percevenne*, Lyon, Constantinus, 1573. — *réy'-naoubi*, m., *rénaoubi*, m., Provence, Hér. — *goudalho*, f., Gers. — *goudal*, m., H.-Gar. — *moineau des prés, martlò*, m., *mat'lò*, m., H.-M., Dagu. — *fouténtéga marsénca*, Nice. — *douménicàn*, prov. — *tocho-l'azé*, m., Ardèche. — *fich'lé*, m., dép. du Nord. — *piava-prat*, m., H.-Loire, Moussier. — *eroular*, m., en certains endr. — *thyon*, m., *groulard*, m., *tarier*, m., anc. fr., Belon, 1855. — *taralhon*, m., H.-Sav. — *tarràyolo*, f., Marseille — *terrasson*, m., Savoie, Dess., II, 168.

pistrak, m., breton du haut-Léon; *pitrak, pitrak*, Milin, ms. (E. E.).

frust'asino, fricialase, frocasini, punta de canna, salimpunta, dial. ital.

jütack, hütack, hütick, Frise. — *utick, haytïck, tick, chack, chat, chater, check, chaker, chakart, chakie, shaker, tacker*, dial. angl.

pover, poverken, poverjan, roodbaard roobardeken, dial. flam., A. de C.

Interprétation de son cri :

vistr! tarr! tarr! Creuse, r. p.
traque! traque! Maine-et-Loire, Verr.

Saxicola rubicola (Bechstein). — LE TRAQUET PATRE

(Voy. *Faune pop.*, t. II, p. 259).

pratincola rubicola, nomencl. de Linné.
lukéto, f., H.-Pyr. — *charbonnier*, Savoie, Maine-et-L. — *pied noir*, *tête noire*, *vine*, f., Jura, Ogér. — *pé touya*, m., Landes. — *traquet-pâtre*, *ramona*, m., *maréchal*, *màyéchò*, m., *pàyotte*, f., Yonne, Rabé. — *ahumèh*, m., Mirande (Gers), Abeilhé. — *porcher*, *pâtre*, H.-Marne. — *pélo-pouor*, m., Aveyr.
zwartkeeltje, (= gorge noire), néerl.

Remarque. — On confond fréquemment les diverses espèces de *Saxicola* sous les mêmes noms.

Sylvia rubecula (Latham). — LE ROUGE-GORGE

(Voy. *Faune pop.*, t. II, p. 259).

rubisca, *rubecula*, *rubigula*, *rubellia*, *rubeus pectusculus*, *rupia*, *erithacus*, l. du m. â. — *salthaga*, l. du m. â., Mone, *Quell. d. teutsch. Lit.*, 1830, p. 314. — *tudus*, *tudeculus*, l. du m. â., Du C., VI, 693.
rubeline, f., fr., Belon, 1555. — *rublénc*, f., *rughéy'*, f., Sarthe. — *roubal*, m., *roubaou*, m., Gard. — *robaille*, f., fr. du XVIe s., Du Guez, p. 212. — *rubienne*, f., fr., *Kalandrier des berg.*, 1504; G. Bouchet, Serées. — *ripe*, f., Vendée. — *richou*, m., *riéouchètt*, m., Gers, Ab. — *russe*, f., Char.-Inf., Vend., M.-et-L. — *rësse*, *rëche*, Yonne. — *rutse*, f., Allier. — *ruiche*, f., *rinche*, f., Berry. — *rinso*, f., H.-Vienne. — *roussètte*, E.-et-L. — *ròy'*, m., Gard.
fouroule, f., *magnon-fouroule*, f., *moniau-fouroule*, m., Saint-Pol (P.-de-C.), c. p. M. Ed. Edmont.

roupie, f., fr., Thierry, 1564, M.-et-L., VERR. — *roupill*, m., *roupik*, m., Gir. — *pità ròy'tch*, m., Pyr.-Or. — *patî rôjò*, m., Isère. — *pétrö rözò*, *pëtrò rothò*, m., Suisse, Sav. — *pitré jaouné*, m., Provence. — *pitrë-rouè*, m., Loire. — *rouge-gorge*, masc. ou fém., fr. anc. et mod. — *rouge gorgette*, fr. du XVIe s. — *rodje gouodje*, Meurthe. — *rouge gourthe*, Ain. — *rouge-gô*, m., Pissy-P. (S.-Inf.). — *gorge rouge*, f., fr. anc. et mod. — *gorge rougeotte*, *gorgeotte*, *rouge*, *rouge gosier*, H.-Marne. — *rodje-face*, *rodje-golé*, m., wallon. — *rouche bouche*, *roudje bouochotte*, fr.-comtois. — *rouge bourse*, f., Savoie. CONSTANTINUS, 1573. — *rouge-pouche*, f., Normand. — *fale rouge* (= gorge rouge), f., Calvados. — *gavà rougé*, m., *gavagi rougé*, m., Provence. — *gave rouge*, f., S.-Inf. — *gabè rouy'*, m., Landes. — *gaouè rougé*, m., Gers. — *jabot rouge*, *bavette rouge*, *panse rouge*, *passe rouge*, *cou rouge*, *bonhomme misère*, Yonne. — *rouge bavron*, Quarouble (Nord), c. p. M. L.-B. RIOMET. — *mon roth* (avec *th* angl., = poitrine rouge), *man rolh*, f., H.-Sav., CONST. — *ventre rouge*, Jura. — *barborouss*, m., Aude. — *gol arrouy'*, m., *cott arrouy'*, m., *golits*, m., *goliss*, m., B.-P. * — *couélé rous*, Var. — *paparoou*, m., *pamparoou*, m., *porpà roudz*, Limousin. — *paparouss*, m., Hér. — *popò routch* (= cou rouge), Loz. — *papò roussètt*, *papó roussèl*, *pipà roussèl*, Aveyr. — *fafà rouss*, langued.

marie-bèrè, f., S.-Inf. — *berée*, f., fr. dial., GESNER, 1604. — *brée*, f., Eure, Calv.

magnon, f., anc. fr. du N.-E., SCHELER, GILLON, 1884, p. 88; P.-de-C. — *magnon-fouroule*, f., *magnò-fou-*

* *Gôlis* à Orthez est le rouge-gorge d'hiver. Cf. *Faune*, II, 202, pour les Landes. — L. BATCAVE.

roul, m. — *jeanne paôre*, f., Loire. — *jouane*, f., Guernesey.

chourro, f., Gers.* — *chourre*, f., H.-P. — *loûdine*, f., wallon. — *boué*, m., Gard. — *janvier*, S.-et-L. — *bëni*, m., Vendée. — *rèy' pétitt*, m., H.-P., c. p. feu A. CAZES. — *prusse*, f., Char. — *pitrày'*, m., *arrépik*, m., Gir. — *arpitt*, m., Gers.

jean bëza, m., *jean mëza*, m., Le Hâvre. — *bisse*, f., *bëzou*, m., Sarthe. — *berce*, f., fr. dial., MONET, 1635. — *bëdû*, f., M.-et-L. — *bidrouy'*, f., Sarthe. — *boulou*, m., I.-et-V. — *béron*, m., Nièvre. — *gorgètte*, f., Poit. — *égorgètte*, Berry. — *gadille*, f., fr. du XVIe s. dans RONSARD; M.-et-L. — *gaghiy'*, f., M.-et-L. — *gadrille*, f., fr. dial., COTGR., 1750; M.-et-L. — *gadrî*, f., Sarthe. — *marie-godri*, f., dép. du Nord. — *gadroû*, f., Touraine.

péskitt, m., Landes. — *boute-feu*, m., La-Chaux-de-F. (Suisse), FAT. — *vache*, *vachètte*, M.-et-L., VERR. — *suno-pouo*, Limagne (P.-de-D.), POMM. — *flavele*, f., fr. dial., *Dict. de Trév.*, 1752. — *fouarèze*, f., Boulogne-s.-Mer, HAIGN.

pettu rossu, Corse, c. p. M. ED. EDMONT.

boulo, *bourlou*, (cf. *Revue Morbihanaise*, III, 337, 338), *rutasse*, *érutasse*, *routasse*, *daudrette*, *daudette*, *gorge-rouge*, haut breton, SÉBILLOT, *Trad. et superst.* II, 208, 209. [E. E.].

richodenn, bret. moy. et mod., *rujoden*, LE GON, *rujot*, *ruz-jot*, en cornouaillais, ROUSSEL MS.; *richodell*, *richodellik*, haut Tréguier; *borh-ruz*, *boc'h-ruzik*, *bohicq-ruz*, en vann. *boruïcq*, bas Léon et basse Cornou. *bourouik*; à Sarzeau, *jabot-ru*, *jabouru*;

* *Chourre*, du Gers, = Roitelet d'après Cénac-Montaut. — L. BATCAVE.

tréc. *jabodiq-ru, koviq-ru, Alan kov-ru, Alaniq kov-ru, evniq kov-ru,* à Gurunhuel, *bruched-ru,* cf. ERNAULT, *Gloss. moy. bret.*, 72, 575; à Ouessant *ckigruz* (= menton rouge), D. MALGORN, *Annales de Bret.*, XXV, 207, 387, 416. La forme « *bochreis*, Morbihan, Taslé », citée *Faune pop.*, t. II, p. 259, doit être erronée, J. MOAL, *Supplément*, Landerneau 1890, donne en cornou, *broc'h-ruik;* je crois que c'est à tort qu'il attribue (après TROUDE) *rujodenn* au dial. de Vannes. Le dic. fr. bret. de LE GON à *bourvik*, qui me semble douteux. [E. E.].

pettirosso, pettiere, pettaro, picial, picchieri, pitarel, picciett, barbaross, magonet, bet, betuz, sbeset, dial. ital. — *petirojo,* esp. — *roode jan, roodborstje, roodbaard, pover, povertiet, poverjun, pichepover,* dial. flam. et holl. (A. DE C.).

rudduc, anglo-sax. — *robin-redbreast, bob robin, robin ruck, robin, robinet,* dial. angl.

« Curieuse comme un rouge gorge. » G. SAND, *La petite fadette.* (Cet oiseau vient tourner autour de vous, quand vous êtes dans le bois, il semble regarder ce que vous faites).

« *Arissat coum u golis* = hérissé, transi de froid comme un r. g. » B.-Pyr., LARROQUE, *Arr.* — « *Arroumérat coum u golitz* (= pelotonné c. un r. g.), B.-Pyr., LESPY. — « Fàyré coumo lou rigaou Crégné l'ou fré ni lou caou. » Prov., AVRIL.

« *Jarret de golitz* = jarret de r. g., jarret de quelqu'un qui est sans force et veut faire le vigoureux. » B.-Pyr., LESPY. Cf. ci-dessous à l'article *Troglodyte.*

« L'arpit e lou rouchinoun Qu'an cadun la soue cansoun. » Estang (Gers), *Alm. de la Gasc.*, 1901.

« On dit qu'il chante continuellement : *Jésus! Jésus!* En

effet, il a été compatissant pour *Jésus* au moment de la Passion. » Ile-et-V., *Rev. d. tr. p.*, 1908, p. 36.

« On dit que le r. g., en hiver, vient se poser sur le *contrehu*, (moitié inférieure de la porte) et parle à la ménagère : *ma cousine, ma cousine!*; et que pendant l'été il se perche sur un arbre et dit : *je voudrais bien savoir de quel bord nous sommes parents!* » Baguer-Morvan (I.-et-V.), *Soc. d'archéol. d'Avranches*, 1883, p. 259.

« Les seigneurs de Sourches, au Maine, sont obligez d'apporter au seigneur de Montafray tous les ans, à la feste de l'Angevine, un petit oyseau nommé *rubienne* dans un chariot tiré à quatre chevaux. » Usage du moy.-âge, Ménage, 1750, II, 431.

« Cheire de merle en bisse et de bisse en rin. » Char.-Inf., Jônain.

« Es coumé lou rigou Noun crén ni fré ni caou. » Provence, Mistr.

« T'étais bien bête de te déranger pour la recommandation d'un rouge-gorge de cet acabit-là. » D'Avenay, *Ménage de titi*, comédie, 1836.

Symbolique. — « On signifie l'homme esseulé par la rubeline qui se plaist à la solitude. » God., VII, 528.

Sylvia phœnicurus (Latham). — **LE ROSSIGNOL DE MURAILLE**

(Voy. *Faune pop.* t. II, p. 265).

rubicilla, rubecilla, ruticilla, phœnicurus, lat. du m. â., Dief.

rossignol de muraille, fr., Belon, 1555; etc., etc. — *rossignol de mur*, fr., Constantinus 1573; Champagne. — *rossignol de cheminée*, Belgique. — *rossi-*

gnol baghè, m., Bernay (Eure). — *rossignol baillet*, fr. dial., BULLIARD, 1813. — *rossignol de creû, rossignol creûsar, creûsô*, m., Orne, L.-et-Ch. — *rossignol de potê* (= r. de pertuis), wallon. — *rossignol tremblant*, Loire-Inf.

maçon, m., Deux-Sèvres. — *mujé*, m., Aisne, c. p. M. L.-B. RIOMET. — *caraboukié*, m., *fournéy'roun*, m., Provence. — *fournélou*, m., Drôme. — *méch'lò*, m., Cubry (Doubs), r. p. — *tanbonié*, m., Deux-Sèvres. — *prétrô*, m., *pétrô*, m., Normand. — *carchoné*, m., dép. du Nord. — *escarlande*, f., May. — *cu rouge, rouge queue*, en div. endr. — *oiseau de mort*, Belg., *wallonia*, 1908, p. 60. (Il est considéré comme un oiseau de mauvaise augure).

estik-baï (= rossignol tacheté de blanc au front), breton de Plouaret, r. p.

hadan-vor, bret., P. GRÉG. [E. E.].

éausticq bailh, van. *esticq bailh*, GRÉG., etc., cf. ERNAULT, *Gloss, moy. br.* 18. E. E.].

cuda di focu, spazza-camino, furnareu, dial. ital. — *fire brand, fire tail, brand tail*, dial. angl. — *bliksteert, machtegaalbliksteert, roosteert*, dial. flam. (A. DE C.).

Sylvia tithys (SERPOLI), — **LE ROUGE QUEUE**

ruticilla, nomencl. de Willughby. — *motacilla*, nomencl. de LINNÉ.

rouge-queue, masc. et fém., fr. anc. et mod. — *cu rouge, cu rouy'*, m., *cuou roussé*, m., *cu roussè*, m., *cu rouss'lè*, m., *coude rouye*, f., *queue rouge, coû rouge*, f., *couo roudjo*, f., *coa rossa*, f., *cua rodze*, f., *coué rousso*, f., *cuyo rousso*, f., *co rousso*, f., *cuèto roudzo*, f., en divers patois. (Ces noms sont aussi souvent donnés au rossignol de muraille), *cuou roussé d'ivèr, cuou rous pinatié,* Provence. — *mazërëlô,* m., Valois, Fat. — *massërèta,* f., Valois, Lav.

« En style de travailleur de terre « manger un cul-rousset, » c'est casser une croûte et boire un coup, en reprenant haleine. Le cul rousset est un oiseau qui se mange fort vite par la raison qu'il est fort petit; ainsi « manger un cul-rousset, » c'est interrompre le travail pour un peu de temps, le temps qu'il faudrait pour manger un oiselet. » Gironde, Sclafer, *Le paysan riche,* 1873, p. 153.

Sylvia suecica (Latham). — **LA GORGE BLEUE**

cuou roussé blu, m., *griso-bluyo,* f., *barbo-bluyo,* f., *papà blu,* m., Provence. — *chieû,* m., *blan golé,* m., wallon, Defr. — *biëdjërò,* m., Plancher (H.-Saô.), Poul.

Sylvia luscinia (Latham). — **LE ROSSIGNOL**

(Voy. *Faune pop.*, t. II, p. 268).

luscinia, luscinius, luscinus, luscina, lustinia, roscinia, roscina, lucinia, lucina, lucinta, lucinula, rocinolus, philomela, philomera, philomena, l. du m. â., Goetz; Du C.; Dief; etc., etc.

raskignol, m., *raskignoul,* m., *roskignou,* m., Belgique wall.

lossinhol, losseignol, louseignol, lousingnol, losinol, loursegnol, lurcignol, rosegniol, locengnol, roussigneul, rosseignol, russinole, f., *russenole,* f., *roisignor, roisoignor,* anc. français.

rossinhol, m., *rossinhola*, f., *roncinol*, m., anc. provençal.

rossignolette, femelle du rossignol, dans une fable de Du Fréni (*Mercure*, janvier 1717, p. 215). — L. Batcave.

russ'gnola, f., *roussignol*, *rassignol*, *ransignol*, *rinsignol*, *rissignol*, *rouèssignol*, *rossignol*, *arsigneul*, *rouchinol*, *rouchinô*, *rouchignol*, *roussignor*, *rouchignoun*, *rossignon*, *rouss'lhon*, m.. *roussignou*, *réssignaou*, *rossignou*, *rossignô*, *rassignô*, *lorsignò*, *orsignò*, *orsignou*, *ronsignô*, *ransignou*, *roussigno*, f., *rochignô*, *rouchinou*, *roussignéy'*, en divers patois. — *rassignol*, M.-et-L. — *louchoou*, *loucholo*, f., gascon. — *signô*, m., Palaiseau (S.-et-O.), r. p. — *rossignolet*, anc. fr., Champagne, Lorraine, Fr.-Comté, Dauph. — *rèy'ssignolé*, *ransignoulè*. *rinsignolè*, *roussignèlô*, *rossignolou*, *rosségnotl*, en div. patois.

amirolè, m., Deux-Sèvres, Vendée. — *clinpère fûleû*, m., Yonne, Rabé.

Voir d'autres noms du rossignol dans Gilliéront et Edmont, *Atl. ling. de la Fr.*, fasc. 25, carte 1168.

eaustic, *eustic*, bret. moy.; *eostik*, hors de Léon *estik*, bret. mod., Ernault, *Gloss. mod. br.* 200. La forme *costic*, citée d'après Souvestre, *Faune pop.*, II, 269. est certainement une faute pour *eostic* (cf. *Gloss.* 201, v. *eaur*). [E. E.].

hadan, bret. P. Grég., cf. Ernault, *Gloss.* 18. [E. E.).

nachtegaal, *nachtergaal*, *achtergaal*, dial. flam. (A. de C.).

Toponomastique :

Le Rossignol, *La Rossignole*, *Le Rossignolet*, *La Rossignolerie*, *La Rossignolière*, *La Fontaine du Rossignol*, *L'Etang du Rossignol*, *Le Bois du Rossignol*.

La Combe-Rossignol, La Butte-Rossignol, Le Mas-Rossignol, Le Chemin du Rossignol, noms de diverses localités.

Le Luisigneul, Le Lusigneul, local. de l'Eure, BLOSSEVILLE. — *Le Loussignol,* fief du P.-de-C. [ED. EDM.].

Le Lorchenot, Au Rochenot, lieux-dits à Saint-Léger (Luxemb.), KURTH, *Gloss. top. de Saint-L.*, 1887, p. 33.

Le Lucignol, vieille charte du pays de Verdun.

La Rue Rossignol, nom d'une rue à Bar-le-Duc, LIÉNARD.

ENSEIGNE :

Au Rossignol, anc. ens. d'une auberge à Etampes, MARQUIS, *Rues d'Et.*, 1881, p. 119.

ONOMASTIQUE :

Rossignol, Roussignol, Rossegnol, Rossilhol, Roussigneul, Rossigneux, Lossignol, Lorcegnol, Lorsignol, Rossignon, noms de famille.

Du rossignol qui chante, on dit :

garrire, l. du m. à., DIEF. — *roussignoler, lousegnoler, gringoter, gringuenoter, gringueloter,* anc. fr.

« *Tu roussignoles de si bonne grâce* = tu parles si bien qu'on ne peut que te croire. » *Rec. de pièces parues en 1649.* — « Le cabotin qui fait sa tête à la Gaîté ne rossignole pas comme ça. » A. RICARD, *Petite sœur,* 1839, I, 217. — « *Rossignolis* = chant agréable comme celui d'un r. » *Fluste de Robin,* 1619, p. 3.

Le verbe *rossignoler* au XIIe siècle : « Quant ele et ot canter l'oselet ki deseur l'ente *lousegnole*... » RENAUT, *lai d'Ignaure,* J. F. — « *Rossignoler,* chanter. » OUDIN. — « *Rossignolesque,* qui imite le chant du rossignol. » COTGRAVE.

On trouve au XIIIe s. *le rossignol trie.* M. A. THOMAS (*Romania*, 1906, p. 415), croit qu'il faut peut-être lire *le r. crie*, je pense qu'il faut comprendre *le r. trille, fait des trilles.*

« *Rossignol,* = haut-bois; *rossignolante* = flûte. » Argot de 1836, SAINEAN, 1907, p. 110. — Les orgues avaient autrefois le jeu du rossignol qui imitait la voix de cet oiseau (Trévoux). — L. BATCAVE.

« *Rossignol,* m. = sifflet du capitaine de navire. » LA LANDELLE, *Epaulettes d'amiral*, 1857, p. 30. — « Donner quatre coups (de sifflet) et une *rossignolade* = finir les coups de sifflet en roucoulant. » Terme de marine, LA LANDELLE, *Epaulettes d'amiral,* 1857, p. 57.

« *Rossignol de terre* » = cruche munie d'un sifflet que les enfants emplissent d'eau, pnur imiter le chant du rossignol. OUDIN.

« *Rossignol du bâtiment* = ouvrier peintre en bâtiment, parce qu'il aime à chanter. » ROGUENANT, *Le Grand soir*, s. d. (vers 1890), p. 36.

« Aou cinq d'abriéou Lou roussignoou canto, Mort ou viéou. » Provence, MISTR.

« Je suis de ces rossignols qui ne puis apprendre que le ramage de mes amours. » DU SOUHAIT, *Amours de Poliphile*, 1605, f^et 17, r^o.

« Vous ressemblez au rossignol enfermé qui se peine pour le contentement d'autruy et qui oblige les escoutans à le louer. » DU SOUHAIT, *Amours de Poliphile,* 1605, f^et 35, v^o.

« Comme le rossignol qui ne chante que sur ses œufs. » J.-P. CAMUS, *Devoirs paroissiaux*, 1642, II, 60.

« Le rossignol donne tresve à son harmonie et veut bien perdre le contentement qu'il en reçoit, pour caresser ses petits et se contenter en sa semblance. » DU SOU-

HAIT, *Le pacifique*, 1604, p. 52. — « Quand le rossignol a des petits, il ne chante plus. » XVIe s., AGRIPPA D'AUBIGNÉ, éd. Réanne, I, 450.

« Quand le rossignol chante, les autres oiseaux se taisent. » Entendu à Paris. Le proverbe est joli, mais est-il bien exact? * — « Le rossignol et la fauvette ne mêlent jamais leur voix. » Normandie, GIRON, *Braconnette*, 1890, p. 272.

« Comme le rossignol il n'a que des sons et des plumes. » RESTIF DE LA BRET., *Monsieur Nicolas*, 1797. — « Ce sont vrays rossignols, ils n'ont que la voix et c'est tout. » BINET, *Œuvres spirit.*, 1620, p. 213. — « Il est comme le rossignol, gros de plume, non de chair. » J. CAMUS, *Rabat-joye*, 1634, I, 73. — « Un jour le loup conseilla au renard affamé de manger un rossignol. Il le fit, mais ne fut pas rassasié et dit : *ce n'est que plumes et paroles!* » Voir HERVIEUX, *Fabul. lat.*, 1884, II, p. 751. — Cf. LA FONTAINE, *Le Milan et le Rossignol* : « Aussi bien que manger en qui n'a que le son? » [E. E.].

« Quand le rossignol a jouy de ses amours, il suble *(siffle)*. » Le Chevalier DE LA TOUR, éd. Jannet, ch. 115, p. 224.

* « Une des raisons pourquoi le chant du rossignol est plus remarqué... c'est comme dit très bien M. Barrington, parce que chantant la nuit,... et chantant tout seul, sa voix... n'est offusquée par aucune autre voix; » Lorsqu'ils sont en captivité, ajoute-t-il, « le chant des autres oiseaux, le son des instruments... les excitent... Ce ne sont point des auditeurs muets; ils... font tous leurs efforts pour éclipser leurs rivaux, pour couvrir toutes les autres voix et même tous les autres bruits...; on en a vu un... qui... faisoit entendre un gazouillement de colère, toutes les fois qu'un serin qui étoit près de lui se disposoit à chanter, et il étoit venu à bout par ses menaces de lui imposer silence. » Buffon. — Lamartine fait une observation (ou une fiction) contraire sur le « barde ailé de sa solitude » : « Et si la source qui repousse L'humble caillou qui l'arrêtait, Elève une voix sous la mousse, La tienne se trouble et se tait! » [E. E.].

« Le rossignol entend bien mais il ne voit pas. » Guernesey, r. p. — « Quand la femelle couve, le rossignol chante quarante jours. On dit qu'il ne sait pas ce qu'elle couve et que, quand les petits sont éclos, il s'écrie : *ah! que j'étais bête!* » H.-Bret., SÉBILLOT, (dans *Rev. de ling.*, 1881, p. 18).

« Si on ne nourrit pas les rossignols avec des contes, on peut nourrir les femmes avec des promesses. » *Le Figaro* du 26 décembre 1861.

« *J'entends, ce m'est avis, La notte du rossignolet en mon cœur* = je suis en joie. » J. D'ABUNDANCE. *Farce de la cornette*, 1545.

« La musique chante le rossignol et la notte perd le mot. » LE BON, 1557.

« *Le rossignol aux genoils* = instrument de torture qu'on met aux genoux. » texte de 1569, *Romania*, 1905, p. 616.

« *Rossignol à crocheter* = crochet de fer dont on se sert pour ouvrir les serrures dont on n'a pas la clef. » XVIIe s., AGRIPPA D'AUBIGNÉ. — « Un rossignol de serrurier. » *Coq à l'asne sur le mariage d'un partisan*, 1620, p. 5. — « On vient d'arrêter un malheureux sur lequel on a trouvé des rossignols. » *Ecole de l'homme*, 1752, II, 105.

« *Rossignol* = petit morceau de bois taillé en coin, dont on se sert pour remplir l'excès d'une mortaise trop longue et serrer le tenon qui s'y rapporte. » MORISOT, 1814.

« *Rossignol* = objet chez un marchand qui ne se vend pas ou se vend difficilement. » H. DE BALZAC, *Un grand homme de Province à Paris*, 1839, I. 52. — « *Un vieux rossignol* = même sens. » *Suppl. illustré du Journal* du 5 avril 1893, p. 9.

« Le mot *rossignol* comme le mot *moineau* a un sens

phallique. » Saint-Pol (P.-de-C.), c. p. M. ED. EDMONT. De même aussi dans le Midi, concurrement avec le canard. .

« *Mettre le rossignol en cage* = séduire une fille. » LARIVEY, *Comédies facétieuses*, 1901. p. 43. — Cf. *Kryptadia* II, 310; VIII, 281. [E. E.].

« *Aller attendre le rossignol* = aller à un rendez-vous amoureux. » Brice, *Revue du traditionn.*, 1907, p. 44.

« Curieux comme un rossignol. » *Les Cinq centimes illustrés*, 1857, p. 6. [Se dit ordinairement du rouge-gorge]. — « Ils sont curieux et même badauds; ils admirent tout et sont dupes de tout. » BUFFON. [E. E.].

« Rebelle, inobedient comme le rossignol. » *Cy est le compost des bergers*, 1496.

« *Agantà* ou *cargà* ou *préné lou roussignoou* = l'enivrer », Provence.

« S'y entendre comme un rossignol à crier de la moutarde. » XVIIe s., BÉROALDE DE VERV., *Moy. de parv.*, éd. Roy, I, 163.

« Il chante comme un rossignol qui étrangle les chevaux. » Vosges, HAILLANT, *Proverbes*, 1902.

« Rossignol du soir, Espoir. » Saint-Martin-du-P. (Nièvre), r. p.

« Entendre le rossignol pour la première fois, étant à jeun, annonce qu'on se coupera à la moisson. » Deux-Sèvres, SOUCHÉ.

« Le rossignol ne dort que deux heures par nuit. Celui qui mange le cœur de cet oiseau ne dort pas. » I.-et-V., *Rev. d. tr. p.*, 1895, p. 666. — « Celui qui mange un cœur de r. ne peut dormir que deux heures par nuit. » I.-et-V., *Rev. d. tr. p.*, 1903, p. 316. — « Si une personne mange son cœur, elle chante aussi bien que lui. » I.-et-V., *Rev. de ling.*, 1881, p. 19.

« Le chant du rossignol, la nuit, présage la fin prochaine d'un homme. » Bretagne, Sidari, *Un amour de sous-lieutenant,* 1864, p. 10.

« Le rossignol aime la musique agréable et déteste la musique discordante. Si quelqu'un lioit un chat au pied d'un arbre et lui attachoit une corde de laquelle tenant le bout en quelque lieu à l'escart il le peut faire crier, les rossignols comme indignez et faschez viendroient voleter autour du dit chat pour le faire taire. De laquelle ruse se servent les oyseleurs pour piper et prendre cet oyseau. » Dinet, *Hieroglyphiques*, 1614, p. 429.

« Le rossignolet Qui au joli bois chante Toute la nuit sous une épine blanche, Qui par son joli chant dit toujours : J'aime la nuit comme le jour. » fragment d'une chans. popul., *Annuaire des Côtes du Nord*, 1844, p. 60. — Cf. *Barzaz Breiz*, 464. [E. E.].

« Quand li rossignol s'escrie Que mai se vait definant. » *Hist. litt. de la Fr.*, XXIII (1856), 633. — Le rossignol intervient dans une foule de chansons d'amour du moyen-âge, que nous n'avons pas jugé à propos de citer. — J. F.

« Post Quasimodo florist la rosette, Fert Philomena en sa Chansonnette Non est clericus qui n'a Chambre nette. » *Motz dorés de Cathon*, 1530.

« Quand lé rossignol canto lé maïti Te soubéndras dé toun païri. » Lauragais (H.-Gar.), P. Fagot.

Le rossignol messager : « Dieus, com dous roissignolet, — et com courtois mesaigier ! — cant il prant de moi congiet, — il s'an vait ou ma dame est, — et li dit tantost ceu k'est — ke j'ai dedens mon cueret. » *Sottes chansons* dans Bartsch, *la lang. et la litt. franç.*, 1887, col. 517. — J. F.

« Li roxingnol, la matinée, Chante si cler par la ramée Que toute riens se muert d'amer. »

« Entre mai et avril Tout oiseau fait son nid, Hormis caille et perdrix Et le rossignol gentil. » Franche-Comté, BEAUQUIER, *Le mois en Fr.-C.*, 1900, p. 56.

« *Tirer au rossignol*, a le même sens que tirer au papegay. » Doc. du Nord-Est en 1420, LA FONS-MELICOCQ, *Une cité picard.*, 1841, p. 6.

« Le rossignol ne marche jamais sur terre. DU SOUHAIT, *Amours de Poliphile*, 1605, f[et] 8, r°.

Un autour découvrit un jour les petits du rossignol dans leur nid. Le rossignol le supplia de les épargner. « *Je veux bien*, répondit l'*oiseau de proie, mais à condition que tu vas chanter.* » Le rossignol, malgré sa douloureuse émotion, se mit à chanter. *Tu as mal chanté*, dit l'autre, et il commença à vouloir dévorer un petit. A ce moment un chasseur prit l'autour dans ses filets. Voir de nombreuses variantes de ce conte dans L. HERVIEUX, *Les Fabulistes latins*, passim. — Cf. G. RAYNAUD, *Poëme moralisé*, 1885, p. 41; *Théâtre des animaux*, 1644, p. 51.

En créant le rossignol Dieu l'avait revêtu de fort belles plumes et lui avait ordonné de chanter tout le temps. Mais il ne chanta que la nuit et à la pointe du jour. pour le punir Dieu lui retira ses belles plumes et lui défendit de chanter ce qui fit qu'il s'endormait la nuit. Une fois la vigne s'entortilla pendant son sommei autour de lui et faillit le faire périr. Depuis ce temps le rossignol chante la nuit pour ne pas s'endormir et ne pas se laisser entortiller. » Corrèze, GORSE, p. 23.

Le rossignol inspirateur, on connaît la phrase du joueur de galoubet Valmajour dans le *Numa Rumestan* de

Daudet : « ça m'ést vénu dé nuit en entendant çanter le rossignoou... » — J. F.

« Le rossignol qui n'avait qu'un œil, fut un jour invité à la noce ; il en emprunta un à l'orvet, mais ne voulut jamais le lui rendre. — « C'est bien, je me vengerai pendant ton sommeil. » — « Je ne dormirai pas » répondit le rossignol. — Cependant un jour il s'endormit la nuit dans une vigne et les vrilles d'un jeune cep s'enroulèrent autour de son cou ; il se réveilla, se dégagea avec peine, se croyant pris par l'orvet. Depuis il ne dort plus et pour se tenir en éveil, il chante : *La vigne pousse, pousse, pousse. Je ne dors ni nuit ni jour.* » Nièvre, A. Millien (dans *Rev. d. tr. p.*, I, 177). Cf. E. Rolland, *Flore pop.*, I, II. — « On appelle *gripo-roussignoou* la vrille de la vigne. » Provence, Mistr.

« L'orvet et le rossignol n'avaient l'un et l'autre qu'un seul œil. Ils étaient bons amis et lorsque celui-ci se mettait à chanter, l'autre ouvrait la bouche d'admiration. Un jour, le rossignol étant invité à un festin de baptême et ne voulant y aller qu'avec deux yeux, se fit prêter l'œil unique de l'orvet. — Au retour il ne se soucia plus de le rendre, trouvant que cela était fort agréable d'avoir bonne vue. Alors l'orvet se mit à crier après lui : « Si jamais je te prends, toi, ta femme, tes petits ou tes œufs, tu t'en repentiras. » Le rossignol répondit : « Tant haut m'entendras que jamais tu ne m'auras. » C'est depuis ce temps que l'orvet se tient caché au pied de l'arbre, dans l'intention de le surprendre et que le rossignol fait son nid à la plus haute cime des branches. Mais lorsqu'il chante c'est pour consoler son ami qui n'y voit plus. » Berry, Joubert.

« Autrefois l'orvet avait deux yeux et sifflait comme les

autres serpents. Une fois il dit au rossignol : *Tu chantes toute la nuit et cela m'empêche de dormir; si tu continues, je mangerai tes petits.* Alors le rossignol vexé, creva les yeux à l'orvet, et c'est depuis ce temps que ce dernier n'a plus d'yeux et qu'il ne siffle plus, à cause de son chagrin. » Luzy, Nièvre, r. p.

« On dit qu'il y a toujours un orvet sous le nid du rossignol et qu'il en mange les œufs. » Sologne, *Mém. de l'acad. celt.*, t. V (1808), p. 102.

« Le rossignol dort sur l'espine pour éviter les embuscades du serpent. » J.-P. CAMUS, *Homélies quadrag.*, 1615, p. 127.

Sur le conte du rossignol et de l'orvet, voyez R. KÖHLER, *Kleinere Schriften zur Märchenforsch.*, 1898, I, 72-76.

« Le rossignol chante la nuit parce que son grand-père fut jadis étranglé par une vrille de viorne ou de houblon, qui avait poussé pendant son sommeil, sans qu'il s'en aperçût. Il chante pour se tenir éveillé afin qu'un pareil accident ne lui arrive point. » Poitou, L. DESAIVRE, *Croy.*, 1881.

« Le r. chante : *On ne me prendra plus, on ne me prendra plus.* » Cubry (Doubs), r. p.

« Le r. chante : Jamaï pus al més dé maï N'ou'n m'éndourmiraï, Que lou tantaravèl *(houblon)* m'o trahi. A la cambo dé l'avit *(au pied de la vigne)*; Jamaï pus m'éndourmiraï sus la cambéto *(la jambette)* Dé la soukéto *(petit pied de vigne)*, Qué lou tantaravèl m'arraparié *(me saisirait)*; Quicho, quicho li lou pié *(presse-lui le pied)*. » Gard, c. p. M. P. FESQUET. — Cf. *Revue du Traditionn.*, 1908, p. 7.

Pour l'interprétation du chant du rossignol, en Flandre, voir : A. DE COCK et Is. TEIRLINCK, *Kinderspel*, VI, 33.

« Le sifflement du rossignol ressemble à celui d'un charretier faisant boire son cheval. » I.-et-V., *Rev. d. tr. p.*, 1895, p. 666.

Interprétation du chant du rossignol. — « J'ai une paille dans le cul, Tire, tire, tire, supe, supe, supe. » Echiré (Deux-Sèvres), L. DESAIVRE, *Croy.*, 1881. — « Les bàcelles *(filles)* sont chaudes, chaudes, chaudes, Les valets *(garçons)* core plus, plus, plus, Brodi ! brodi ! brodi ! » Huy (Belg.), *Rev. d. tr. p.*, 1902, p. 374. — « Sue, sue, la bourrique ! » Berry, LAISNEL DE LA SALLE, t. I. — « Tant sues, sues, sues, Que t'es foutu, tu, tu ! *c'est ce que dit le r. au paysan.* » Touraine. — « Le bon Dieu m'a donné une femme, Je l'ai tant, tant, tant battue Que s'il m'en donne une autre, je ne la battrai plus, plus Qu'un petit... » R. CHAMBERS *, *The book of days*, 1864, I, 516. — « Je l'ai tant battue, tu, tu, tu !, Je n'la battrai pus, pus ! pus ! pus ! Rien qu'un petit peu. » Loire-Inf., *Rev. d. tr. p.*, 1906, p. 261.

« Une petite bonne femme Passant par Paris, ri, ri, ri Qu'avait le pal *(poil)* si gris, si gris, si gris, Appela son petit chien, chut, chut, chut. Le petit chien ne voulut pas veni, ni, ni, ni. La petite bonne femme le frappa si dru, si dru, si dru Que le chien en mourit, ri, ri. » Baguer-Morvan (Ille-et-V.), *Soc. d'archéol. d'Avranches*, 1885, p. 15. — « J'ai trouvé dans mon chemine *(sic)* une bonne femme qui avait les cheveux gris. Je pris mes petis cisiaux ; il en restit si court, si court. » Bréal-sous-M. (I.-et-V.), *Rev. d. tr. p.*, 1895, p. 666.

* CHAMBERS donne cette chansonnette populaire, avec la mélodie, d'après CH. NODIER. Je ne sais de quel ouvrage de NODIER, il l'a extraite.

Li loursignos en la vert bruelle
Sus la branche, desous la tuelle
Toute nuit chante à haute halainne
Et menace la gent vilainne
Et leur escrie : « *fuy! fuy! fuy!*
A celle grant menace fuy. »
Et puis apres : « *ocy! ocy!*
Les mesdisans qui vont par cy,
Qui fine amour on debatue. »
Puis me rescrie : « *tue! tue!* »
Si doucement qu'apres son chant
Alay par mi le bois cerchant,
Mais si tost que vers lui entray
Il me rescrie : « *tray! tray! tray!*,
Que plus avant ne me menace. »
J'oi teil paou de sa menace
Que je cheï em bois envers.

E. Langlois, *Manuscrits de Rome*, 1889, p. 225.

Sur les poëmes du moyen-âge où l'on fait crier *ocy! ocy!* au rossignol, voyez R. Kœhler (dans *Zeiitsch. für roman. Philol.*, VIII (p. 884), 120-122 ; 1900, p. 363) ; *Hist. littér. de la Fr.*, XXIII, 592, XXIX, 497 ; Jean Le Fèvre, *Rech. des antiqu. de Caen*, 1588 ; Thurau, *Das Refrain in der fr. Chanson*, 1901, 73-85.

« *Le rossignol dit à sa femelle :* « Madouli ! Madouli ! La nostro Madouli A quicou de poulit, poulit, poulit ! Madouli ! Madouli ! M'as enbaboujit, enbaboujit ! N'aimi pas capus, capus, capus, capus ! M'as panat lou cur, cur, cur ! T'aimi pas que tu, tu, tu, pla segur ! Madouli, Madouli, Madouli, Jut ! jut ! jut ! Madouli ! Jut ! jut ! jut ! Qu'ai ausit un bruts !..... Lou bruts qu'ai ausit..... Ni ploures pas ni Madouli, Madouli ! Acoi l'aio del riu, riu, riu, riu, que rajo abal al Rajet..... Et fa reclic, reclic, reclic, reclic ! Rapataclic ! » Aveyron, Besson, *Countes de la Tata Manou*, 1902, p. 319.

Voyez d'autres formulettes du même genre, relatives au rossignol, dans *Rev. de linguist.*, 1881, p. 18; *Kryptàdia*, t. V (1898), p. 324; *Revue celtique*, V; 1913; A. Perbosc (dans *La Tradition*, 1904, pp. 274-277 et 1908, p. 7).

Sur un conte du rossignol dans Marie de France, voy. R. Kœhler, *Vergleich. Anmerk.* (dans Warnke, *Lais der Marie de France*, ouvrage qui constitue le tome III de la *Bibliotheca normannica*, p. XC-XCVI).

Sur le rossignol qui se pose sur le rameau vert quand il fait l'amour et sur le rameau sec quand il a fini cet acte, voy. G. Colletet, *Le compte du rossignol*. 1547, réimprimé dans *Rec. des poésies françoises*, t. VIII (1858), p. 49-73.

Symbolique. « Une image représentant un rossignol avec ses petits sur un arbre, est accompagnée de ces mots : *nos parens sont nos meilleurs maîtres.* » La Feuille, *Devises*, 1693.

Sylvia atricapilla (Scopoli); Sylvia hortensis (Latham); Sylvia curruca (Latham); Sylvia cinerea (Bechstein). — LA FAUVETTE

curruca, currucula, curriculus, ficedula, diomedia?, chirogrillus?, acredula, accedula, l. du m. â., Dief.

faulvette, faulverelle, farferote, anc. fr. — *fava*, f., *favë*, f., *fòve*, f., *fövö*, m., *föviö*, m., *farvotte*, f., *fèvrotte*, f., *faouvrètte*, f., *fövrètte*, f., *feuvré*, m., *fèrfelotte*, f., *faouvèto*, f., *faoubèto*, f., *faouèto*, f., *favèto*, f., *fouvètta*, f., *favètte*, f., *fòbite*, f., *föviole*, en div. pat. — *favounètte*, f., Yonne. — *fäbite*, f., Liège. — *favète*, f., Verviers.

mouskétt, m., *muskétt*, m., *mouskitt*, m., *moulsèrlo*, f., *moucharlo*, f., *mouchèrlò*, f., *muscorèlo*, f., *misca-*

rolo, f., *moscodèlo*, f., *bouskétt*, m., *buskétt*, m., *buskèto*, f., *bouscaro*, f., *bouscarido*, f., *bouscarlo*, f., *biskèrlo*, f., *biscarèlo*, f., *biscày'rol*, f., *bouscatido*, f., *bouscatièy'ro*, f., en div. pat. du Midi. — *bott'sórda*, f., *bëtt'sarda*, f., *boussarda*, f., *bussordè*, f., *boucharde*, f., *buchorde*, f., *bocharla*, f., *bochèrla*, f., *pochèrla*, f., *pouchèrla*, f., *cochièrla*, f., en div. pat. du Rhône, de la Loire, de la Saône-et-L., de l'Isère. — *picharlo*, f., Ambert (P.-de-D.). — *bouch'-kaëla*, f., Fontan, (Alpes-M.), c. p. ED. EDMONT. — *buchingre*, f., Replonges (Ain), c. p. M. ED. EDM.

moucheri, m., fr. dial, FORTIN, *Ruses p. les ois.*, 1688. — *moucherolle*, f., anc. fr., GOD. — *mouch'rôle*, f., C.-d'Or. — *mouchèlo*, f., Drôme. — *moucheton*, m., anc. fr., *Testament de monseigneur Desbarres*, s. l. n. d. (vers 1500). [Lon prent a la glu *mouchetons*]. — *bosquillon*, m., anc. fr., GOD., s. v° *achauper*. — *bartày'rol*, *bartariolo*, f., langued. — *gardo-gorso* (= garde-broussailles), m., Corrèze. — *saute-buisson*, *buissonnière*, en div. endr. — *boussounotte*, f., Yonne.

vamà, m., Limagne, (P.-de-D.), POMM. — *gamà*, m., Saint-Ybard (Corr.), LA ROCHE. — *vamoun*, m., Chamalières (H.-Loire), c. p. M. ED. EDMONT. — *gamounà*, m., Charente, Dord. — *banbounà*, m., Montluçon (All.), DUP. — *gamounutt*, m., Dord. — *gamado*, f., limous., LABORDE. (D'où *fà la gamado* = faire l'école buissonnière). — *gamade*, f., fr. dial., LITTRÉ! — *cach*, m., Embrun, MISTR. — *rakiotte*, f., Nièvre.

éstrépèro, f., Carbonne (H.-Gar.), c. p. M. ED. EDMONT. — *trapeù*, m., *étrape*, f., *trépiy'*, f., Yonne. — *trépille*, f., fr. dial., FORTIN, *Ruses p. l. ois.*, 1688. — *étèrpe*, f., Nouan (L.-et-Ch.), c. p. M. ED. EDMONT.

béco-figo, m., Provence. — *pèle-highe*, m., *mourè* (= mûrier, c-à-d. qui mange les mûres), m., B.-Pyr.
crêle, Laffon (Yonne), Joss. — *matchéyèsse*, f., Val d'Orbey (Als.), LAHM. — *amargasso*, f., Rivel (Aude), c. p. M. ED. EDMONT. — *ragache*, f., Le Hâvre, MAZE. — *rangache-fôvètte*, f., Yport (S.-Inf.), c. p. M. ED. EDMONT. — *cascass*, m., Axat (Aude), c. p. M. ED. EDMONT. — *caïfe*, Vaudioux (Jura), THÉV. — *tàyo*, f., *lày'*, f., H.-Pyr., B.-Pyr. — *raouna*, f., limous., *Lemouzi*, 1898, p. 133.
mousquitè (parce qu'elle mange les mouches, H.-Pyr., L. BATCAVE).
buscarôl, *papafigo*, *spuntascebi*, dial. ital. — *gratsch*. Luxemb. all., GANGL.
Voir d'autres noms de la fauvette dans GILLIÉRON et EDMONT, *Atlas ling. de la Fr.*, fasc. 12, carte 545.

TOPONOMASTIQUE :

La Fauvette, loc. du Gard et de l'Aisne, GERMER-DURAND; MATTON.
Chante-Fauvette, loc. de la Dordogne, DE GOURGUES,
La Bouscarle, local. du Var, *Soc. des sciences du Var*, 1865, p. 28.
Rue de la Fauvette, rue à Tours; rue à Epernay.

ONOMASTIQUE :

Jeanne la Fauvette, nom ou surnom d'une femme au xve s., TUETEY, *Journal de Nicolas de Baye*, 1888, II, 325.
De Fauvette, *Fauvette*, *Bouscarle*, (Provence), noms de famille.
« *Petite fauvette*, se dit amicalement d'une petite fille

plus frêle et plus délicate que ne le comporte son âge. Saint-Pol (P.-de-C.), c. p. M. ED. EDMONT. »

« *Mouchèrla* = fauvette; au fig. *personne chétive.* » Voiron (Isère), BLANCHET.

« Boûscarido, Courto vido. » Proverbe langued., MISTR., au supplém.

Fauvette = bonne amie. « Le souper fut suffisant pour lui et pour *sa jolie fauvette.* » RESTIF DE LA BRET., *Les provinciales*, 1790, p. 3259. — « Il y a peu de prestes qui n'ait *la petite fauvette.* » FUSI, *Le franc archer de l'église*, 1619, p. 514. — « *Dénicheur de fauvettes* = homme adroit qui cherche les bonnes fortunes. » FURETIÈRE, 1708.

« Comme il étoit naturellement un grand chercheur de fauvettes à dénicher, il la regarda avec attention. » LE NOBLE, *Promenades*, 1705, II, 363.

« *Courir fauvette* = perdre son temps et sa peine; *plumer la fauvette sur quelqu'un* = lui extorquer de l'argent. » anc. fr., GOD. — « *Plumer la fauvette sur le manant* = l'exploiter. » *Rec. des caquets de l'accouchée*, 1624, p. 19.

« Hallebardons avec de grands lambeaux de latins, *effarouchant les fauvettes.* » XVIIe s., BÉROALDE DE VERV., *Le moy. de parv.*, I, 8. Cf. la locution *faire peur aux moineaux*, ci-dessus, p. .

« Il y a un nid de fauvette, Je sais bien où, qui ne l'a prins. » E. PICOT, *Rec. de soties*, 1902, I, 88.

« Quoi! aller nicher mon honneur comme un nid de fauvettes dans le premier buisson venu. » *La Revue pour tous* du 17 mars 1867.

« *Curuca* = cil qui est cous et nourist aultrui enfant. » lat. du moy.-â., GACHET, *Gloss. lat. du XVe s.* — *Curucare* = 1° acoupir, être cocu; 2° faire cocu. » lat. du m. â., DU C. [De l'habitude que le coucou a de déposer ses œufs dans le nid de la *curruca* = fauvette]. — [En Béarn, *curruca* exprime aussi le chant du coq, L. BATCAVE].

Sylvia atricapilla (SCOPOLI). — LA FAUVETTE A TÊTE NOIRE ou FAUVETTE NOIRE

atricapillus, atricapilla, l. du m. â., GOETZ; DIEF.

capinèra, f., *cannègré*, m., *canégré*, m., *tête noire*, f., *neûre tièsse*, f., *testo rousso*, f., en div. pat. [La tête du mâle est noire, celle de la femelle est rousse]. — *roussèta*, f., *roussètte*, f., en div. pat. — *fauvette à toupet noir*, Somme. — *favète â neûr*, f. (litt' « fauvette au noir »), Verviers. — *fauvette royale*, Genève. *buskèto cupuçado*, f., Aveyr. — *mouin-nla*, f., fribourg., FAT. — *charbonnier*, Fr.-Comté, Yonne. — *tsobrouyà* (= noirci), m., Jura. — *caskètte*, f., *mouranlore*, f., *mouralòye*, f., B.-Pyr., *Arman. dou biarnés*, 1805. — *cok'zante*, f., wallon., DEFR. — *roudigno*, f., *kicho*, f., Gard.

« La busqueto capussado de pel las bartos, qu'engruno tout d'un ale sa loungo parriboulado à l'iranhé sa bésino : *Fialo, cuculho; éngulho ta gulho; Fénis lèou dé téyzé, crobi! Ta tindélino dé fial fi Qué iéou li sérày daban tu pér éngulhà lou moushil blu.* » Aveyr., BESSOU, *Countes de la Tata*, 1902, p. 315.

« *Fauvette à tête noire* = gendarme. » argot, L. RIGAUD, 1878.

zwarthapje, néerl.

Sylvia hortensis (LATHAM)

mouratcho, f., H.-Pyr. — *mourache*, B.-Pyr.; dérive de *mourè* « noir », L. BATCAVE. — *favètte*, f., Belg.

wall. — *grisètte*, f., P.-de-C., H.-Marne. — *picarava*, m., Savoie, Isère. — *kinaré*, m., Jons (Isère), FERR. — *fauvette bretonne*, franç., *L'Eleveur*, II (1886), p. 19.

Sylvia cinerea (LATHAM). — **LA GRISETTE**

fauvette grise, f., *grisette*, f., franç. — *cagacho*, f., H.-Pyr., Gers. — *mouracho*, f., Gers. — *buzètte*, *buzoche*, *pique-mouche*, Yonne. — *bŏzò*, m., Amange (Jura), c. p. M. ED. EDMONT. — *buotte*, f., Berry, JAUB. — *blanke tièsse*, wallon. — *barbe blanche*, *barbe*, *barbètte*, f., Indre, Cher, Allier, S.-et-L. — *barbo blànco*, f., L.-et-G., c. p. M. ED. EDMONT. — *barbudo*, f., Tarn, c. p. M. ED. EDMONT.

Sylvia curruca (LATHAM). — **LA BABILLARDE**

motacilla curruca, nomencl. de LINNÉ. — *curruca garrula*, nomencl. de BRISSON.

cigalou, m., Nice, SUTTERL., p. 474. — *gâchette*, f., La Hague (Manche), FLEURY. — *gaz'lhètte*, f., Deux-S., BEAUCH. — *zizé des épines*, m., Valais FAT. — *babiolo*, f., *tèrlili*, m. *tirliri*, m., Beaucaire, P. BONNET, *Trata doou roussignoou*, 1844, p. 60. — *fauvette babillarde*, franç. — *baviyouare*, f., Saint-Pol (P.-de-C.), c. p. M. ED. EDMONT.

ciarlettoa, f., gênois, CAS.

hagefrutte, *hagemake*, *hagehodde*, dial. flam. (DE BO, *Idiot.*).

Sylvia orphea (TEMMINCK)

rossignol mascaratt, m., Pyr.-Or. — *làj'pigalhade*, f., H.-Pyr. — *gorge*, f., *gorgètte*, f., Guyenne, Angoumois, Poitou, Berry, Savoie. — *égorgètte*, f., Deux-Sèvres, Yonne. — *gorja*, m., Indre, c. p. M. Ed. Edmont. — *gorgerètte*, f., *gorgelètte*, f., Char., c. p. M. Ed. Edm. — *gorge blanche*, f.. *trin.*, m., Yonne, Rabé. — *goîtrêse*, f., fr. dial., Constantinus, 1573. — *sérèto*, f., Provence, Mistr.

fauvette des foins, *fënasse*, f., *fouanasse*, f., *fouanassa*, m., *fonèssò*, m., Nièvre, Yonne. — *fenerotet*, m., fr. dial. (Sur ce mot voyez : *Romania*, 1905, p. 460).

couloumbado, f., *couloumbaoudo*, f., *couloumbalo*, f., *couloumado*, f., provençal.

Sylvia passerina (Latham)

boscarlo passérièro, f., *passérino*, f., Provence. — *passërine*, f., H.-Pyr. — *fauvette plombée*, f., fr., Constantinus, 1573. — *castagnolo*, m., *monte au ciel*, Provence, Jaubert, 1859.

cèlega paluana, Venise. — *reed-sparrow*, angl. dial.

Sylvia melanocephala (Latham)

pacacaou, m., Nice, Risso.

Sylvia provincialis (Temminck)

làyine, f., H.-Pyr. — *tchaourétié*, m., Digne, Honn. (On voit souvent cet oiseau piquer les insectes sur les choux). — *pito-caoulé*, m., *bouscarlo boundassièro*, f., *coué dé sartàn*, f., *lagagnoué*, f., Provence.

pica-rava, m., H.-Savoie.

Sylvia hypolais (Bechstein). — LE CONTREFAISANT

contrefaisant, *contrëfëjan*, m., *côtrufêsan*, Verviers, dép. du Nord, Norguet. (Il contrefait le chant des oiseaux du voisinage). — *mokeû*, m., *machò*, m., *fâzon*, m., wallon, DEFR. — *jôy'lè*, m., liégeois, FOR. — *hargnar*, m., Valenciennes, HÉC. (Il est grincheux à l'égard des autres oiseaux). — *rossignol bâtard*, fr., D'ORBIGNY — *babillarde, jardinière*, Savoie. — *paron*, m., anc. fr., GOD.

aliezanger, *allezingerke wulfeiter*, *revenzanger*, dial. flam. (DE BO, *Idiot.*).

mocking-bird, Northumberland, HESL.

Sylvia palustris (BECHSTEIN)

sylvia salicaria, nomencl. de...

verdon, m., anc. fr., GOD. — *vèrdèto, jaounèlo, saouzérino, bouscarlo dé canié, chournéyo*, f., *roussignoou*, m., *cigaloun*, m., *cigaroun*, m., Provence. — *salicari*, m., H.-Pyr.

Sylvia cetti (DEGLAUD)

rënëvié, m., Montagnole, (Savoie), BAILLY, *Mœurs des oiseaux de Savoie*, 1847.

Sylvia locustella (LATHAM)

longue haleine, f., Beaupréau (M.-et-L.), MILLET, — *palhasson*, m., *coperouche*, m., Char.-Inf., *Soc. des amis d. sciences de Rouen*, 1872, p. 84.

éskiyéto, f., provençal, HONNORAT.

Sylvia arundinacea (LATHAM). — L'EFFARVATTE

escalo-sagno, f., *réso-sagno*, f., prov., HONN. (Cet oiseau est constamment perché sur la cime de *la sagno* = *Typha*, esp. de roseau). — *sarvatte*, f., Gaye (Marne), HEUILLARD. — *taral*, m., franc-comtois, PARMENTIER.

— *caratyì*, m., H.-Marne, A. DAGUIN. — *daouradoun*, m., Provence, MISTR.

Sylvia turdoides (MEYER). — **LA ROUSSEROLLE**

halcedo vocalis, halcyon minor, anc. nomencl., THIERRY, 1564.

tire-arrache, m., Berry, Orléannais, Maine, Meuse. — *tira-gara*, m., *laouzèta dé palu*, f., Hérault. — *chicracra*, m., *grande tire-crache*, f., Yonne. — *caracara*, m., H.-Marne. — *cracra*, m., Somme, Nord, Meuse. — *kicra*, m, S.-et-L. — *kincara*, m., C.-d'Or. — *tyìntyaro*, f., Layrac (L.-et-G.), c. p. M. ED. EDMONT. — *kìncorloto*, f., Lozère. — *grégréchaґé*, m., Nîmes, HONN. — *carakin*, m., L.-et-Ch. — *caracouin*, m., *grand caracouin*, m., *caracri*, m., *circara*, m., *caracô*, m., Jura. — *tarachô*, m., H.-Sav. — *racaca*, m., *gueulard*, m., Aube. — *racasse*, f., *pèsse des marais*, f., M.-et-L.

halecyon, m., anc. fr., *Descr. philosoph. des oyseaux*, 1571, f[et] 16, r°. (On avait cru au moy.-â. que la rousserolle était l'alcyon des anciens). — *halcyon vocal, rossignol de rivière, rousserole*, f., fr., BELON, 1555. — *roucherole*, f., fr., CONSTANTINUS, 1573. — *rougerole*, f., *roussette*, f., fr., DUEZ, 1664. — *rousselotte*, fr., *Hortulus pueror.*, 1606; Maine-et-L. — *roussëla*, f., Ain. — *roussërine*, f., H.-Pyr. — *rözètte*, f., Le Hâvre. — *roussotte*, f., *môvi*, m., *racanètte*, f., *bouterole*, f., *fauvette des rus*, Yonne, RABÉ. — *mèrlé d'ày'go*, m., *roussignoou dé palùn, bouscarlo dé grosso*, Provence. — *roussignéou ày'gàyé*, Nice. — *rossignolè d'éga*, Isère. — *ransignolè*, m., *colibri*, m., Savoie, DESSAY, II, 170. — *parse rousselotte*. f., M.-et-L.

rossignolone, usserin, usignuolo di padule, cannerone, passera cannera, celega palugana, re di rossignoli, dial. ital.

rohrsperling, allem. — *scotch nightingale,* angl. dial.

« On croit que la rousserolle dit : *tire! tire! arrache! arrache!* Les haleurs qui tirent péniblement les radeaux sur les rivières prennent ces cris pour eux et maudissent l'oiseau. » Doubs, r. p.

« La r. dit : *cra! cra! tiro! tiro! làysso m'anà!* (laisse-moi aller). » Gard, B. Bonnet, *Une vie d'enfant,* 1874, p. 90. — « Elle dit : *cara! cara! crî!* » Jons (Isère), Ferrand. — « *tira-bara!* » Limousin. — Toro! tret! fuis! huy! tret! » Angleterre, Charleton, 1666, p. 105.

Sylvia fitis (Bechstein). — LE POUILLOT

motacilla trochilus, nomencl. de Linné. — *sylvia trochilus,* nomencl. de Latham.

lu-itt, m., H.-P., B.-P. — *chou-itt,* m., Aveyr. — *tutu-i,* m., Gard. — *tu-i,* m., Ain, Isère. — *tutu,* m., Yonne. — *fifi,* m. *mouskèlo,* f., Provence. — *pipi,* m., Valais, Fat. — *pu-i,* m., *touvi,* m., *maréchal,* m., Savoie, Bailly, *Mœurs des oiseaux de Savoie,* 1847. — *petit-louis* m., fr.-comtois. — *missiloui,* m., Vaucluse. — *kiribi,* m., *kiribibi,* m., H.-Marne. — *tsiziou,* m., Aveyr. — *vetto vettevette,* Morbihan, E. Souvestre, *Le Finistère en 1836,* p. 160. — *thian-thiéra,* m., Savoie, Dessaix, II, 171. — *brëtyoule,* f., Moulins (Allier).

bioulonayré, m., Lozère. — *chanteur,* m., Yonne. — *poul,* m., Maine, Belon, 1555. — *pou,* m., Char.-Inf. — *pouliot,* m., *œil de bœuf,* m., fr. dial., Fortin, *Ruses p. l. ois.,* 1688. — *pouyeû,* m., *pòyò,* m., *pàyotte*, f., *pouss'lotte*, f., *bœuf*, m., *bondiyotte*, f., *sôtré*, m., *traîne-bëchas*, m., *traîne-buisson*, *compteur d'écus*, *rët'lè*, m., *rot'lè*, m., Yonne, Rabé. — *pouyò*, m., *pouyè*, m., *épouyè*, m., Orne. — *petit bœuf*, Meuse. — *bouscardo verdo*, f., Beaucaire.

luì, *fici-fici*, *vetti-vetto*, *parpajen*, *riiddu*, dial. ital. — *green wren*, angl. — *loopertje*, holland.

Sylvia rufa (Latham)

fauvette d'Espagne, *fauvette espagnole*, Somme, P.-de-C., Nord, Hainaut belge. — *améloun*, m., *laourèto*, f., *mouské rous*, m., Provence. — *morèle*, f., Char.-Inf.

Troglodytes europaeus (Vieillot). — LE ROITELET TROGLODYTE

regulus, latin. (Voy. sur ce mot O. Keller (dans *Arch. f. lat. Lexicogr.*, 1887, p. 139-140). — *fucila*, l. du m. â. Goetz. — *regaliolus*, *regariolus*, *pitriscus*, *petriscus*, *pistricus*, *petristus*, *biteriscus*, *bitriscus*, *britiscus*, *vitriscus*, *puristus*, *pitricus*, *petritus*, *pitrisculus*, *purisculus*, *parisculus*, *puristulus*, *paristulus*, *parstulus*, *pitisculus*, *petriculus*, *biturus*, *bitorius*, *pintorus*, *rupido*, *sepivaga*, *troglodytes*, l. du m. â., Dief; Wright; Steinmeyer, etc., etc. — *magus avium*, l. du m. â., W. Stokes, *Cormac's gloss.*, 1868, p. 60. — *trochilus*, *senator*, *regalliotus*, anc. nomencl., Bruyerinus, *De re cib.*, 1560, p. 816. — *motacilla troglodytes*, nomencl. de...

troglodyte, m., fr., Dariot, *Prépar. des médicam.*, 1589, p. 161; J.-J. Wecker, *Secr. de nat.*, 1663, p. 179. (Ce nom d'origine savante est généralement adopté aujourd'hui, en français, parce que le mot *roitelet* tout seul prête à l'amphibologie, servant à désigner parfois le *Regulus cristatus*. Voir ci-dessous, p.

orchil, m., fr. du XVIe s., REMY BELLEAU, *Œuvres*, éd. Gaiv., II, 257. (De *orchilos*, variante de *trochilos*, nom grec de cet oiseau, selon ARISTOTE).

roy, m., fr., GESNER, 1604. — *rè*, m., Manche. — *roy des oiseaux*, fr., THIERRY, 1564. — *roi de ferdure*, *roi de fërdie*, *fërduziô*, m., Yonne. — *reitel*, m., *roytel*, m., *roytellet*, anc. fr. — *roytolat*, Savoie, GESNER, 1604. — *rèy' pètitt*, m., *ré pétitt*, m., *réy' pététi*, m., *pichott réy'*, m., *réy' pichoun*, m., *réy' pitchou*, m., *réy' chichou*, m., *réy' tsichou*, m., *réyott*, m., *riô*, m., *ròya*, m., *rôy'tê*, m., *rôtê*, m., *rikeû*, m., *rôtya*, m., *petit rôtya*, m., *ri-atou*, m., *réyétou*, m., *réyatou*, m., *rày'tèy'*, m., *rày'kiô*, m., *râkiotte*, f., *rièt-teula*, f., *rouat'lò*, m., *rot'lò*, m., *rout'lè*, m., *rotèlè*, m., *rotiké*, m., *riclè*, m., *rit'lô*, m., *rut'lò*, m., *rout'lou*, m., *éruit'lè*, m., *rouatiyon*, m.. *rotiyon*, m., en divers patois. — *râtè*, m., Vosges. — *ratellet*, m., anc. fr., *Cy est le compost des bergers*, 1496. (Sur ce mot voyez D. BEHRENS dans *Zeitsch. f. rom. Philol.*, 1902, p. 664). — *rat'lè*, m., H.-Vienne. — *râtëla*, m., Yonne. — *ratëlë*, m., *ratillon*, m., H.-Sav. — *ratiyou*, m., Loiret. — *rètëlo*, f., Jura. — *râtëla*, f., H.-Savoie. — *ratèy'roou*, m., Provence. — *rati-roou*, H.-Loire. — *rétërô*, m., Valais. — *rouadò*, m., Montbéliard. — *redoyell*, Savoie, GESNER, 1604. — *réy'dolè*, m., *rédolè*, m., Savoie. — *rày'dèlè*, m., Ain. — *rouad'lé*, m., *rouad'lò*, m., C.-d'Or, Jura. — *aroui-aroit'lô*, m., Verquigneul (P.-de-C.), c. p. M. ED. EDMONT. — *réy'né*, m., Gard. — *réy'notou*, m., Corrèze.

réy'ré bélétt (= arrière-grand-père, bisaïeul*), *rèy' dê bélé*, m., *rédëbëlë*, m., *réy'bélé*, m., *rè bèli*, m., Limousin. — *réy'dé-bêlétt*, m., Lot. — *rédé birâ*, m., Charente.

reibeineix, m., Châteauponsat (Haute-Vienne), doc. de 1631, Daubin, *Not. 1. Châteaup*, 1842, p. 16. — *réy' béy' néy'*, m., *ré binéy'*, Limousin. — *rè blô*, m., Calvados.

rikiki, m., Le Hâvre, Maze. — Yonne, Rabé. (Le troglodyte a un grand nombre de petits; on dit d'une famille nombreuse : *c'est la famille Riquiqui*).

ricouti, m., Allier. — *récoukýik*, m., *récoutchik*, m., *arrécoutýik*, m., *arrécoutchik*, m., *réy'couchik*, m., *réy'couchitt*, m., *récoutsètt*, m., *racoutchètt*, m., *récouchètt*, m., *réy' courchétt*, m., *arricouchèt*, m., *arrécoutýou*, m., *arrécoukýou*, m., *rècouchou*, m., en div. patois, du Lot, du Tarn-et-G., des H.-Pyr., du Gers, des Landes, de la Gironde.

rèy' pëtarè, *rè pëtarè*, m., Rhône, Loire. — *roi pétarè*, Allier. — *rè p'tërè*, *rè p'teû*, *p'teû*, m., S.-et-L. — *ra p'tolè*, m., env. de Genève. — *rè p'toul*, m., *rièttoul*, m., Creuse. — *vaco pétouso*, *vaco pétouo*, *pétouso*, *pétoué*, f., *pétouoìn*, m., Provence. — *pitrou*, m., Drôme. — *pitarréy'*, m., Geu (H.-P.), c. p. M. M. Camélat.

riboué, m., E.-et-L., c. p. M. Ed. Edmont. — *rebette*, f., Normandie, Constantinus, 1573; Manche. — *rébè*, m., Orne. — *rébëtin*, m., Bernay (Eure). — *rabëtin*, Eure, Rob. (Au fig. enfant joli et espiègle, femme éveillée). — *répepin*, m., Basse-Normandie, Ménage, 1750, s. v°, *pépin*. — *rapëtô*, m., *rapôtô*, m., *rapoutâ*, m., *grapëtô*, m., Nièvre. (Au fig. enfant

(*) Ceci rappelle le grec *presbus*, = vieillard (Aristote) [E. E.].

chétif). — *rapuchô*, m., S.-et-L. — *rapatin*, m., *rëpati*, m., *ripatè*, m., Savoie, Isère. — *roi de jattes*, m., Semons (Isère), r. p. — *ravissè*, m., Loire. — *potobillou*, m., Cantal.

Voir d'autres noms gallo-romans du *roitelet* dans GILLIÉRON et EDMONT, *Atlas ling. de la Fr.*, fasc. 34, carte 1697.

reix paous, m., anc. languedoc., SAUV., 1785. — *poû*, m., *p'ti pouë*, m., Mayenne. — *dýty' de poû* (= crotte de porc), f., env. de Belfort. — *roi de guille, ra de guille, rouè d'ghëy', rô d'ghîyè*, m., Franche-Comté, Bourgogne, H.-Marne. [*Roi de guille* signifie roi de crotte, roi de merde]. — *pè d'bou* (= pet de bœuf), m., Savoie, Isère, Rhône. — *pëy' dë bu* (= poil de bœuf), m., Savoie.

mëssò, m., *muss'rò*, m., *mëss'rò*, m., Meuse, Marne. — *mussò*, m., Marne, Maine-et-Loire. — *petit moussehaye*, fr., DUEZ, 1678. — *mussę à haye*, Belg. w. — *mistoulino*, f., Provence. — *mistërëta*, f., *mëssò*, m., *crîvo-siza* (= crève-haies), m., H.-Sav. *ròndo-sièy'ro*, f., Espalion (AV.), c. p. M. ED. EDMONT. — *rodo-bartassou*, m., langued. — *rozze-boss* (= ronge-buisson), m., *borse-ronze-buisson*, m., Suisse. — *passe-partout, écouteux, boulerатte*, f., *dôdé*, m., *vitratra*, m., Yonne, RABÉ. — *petit bœuf*, Yonne, H.-Marne. — *pouyeû*, m., H.-Marne.

compte-fascines, Suisse, GESNER, 1604. — *conta-fascinas*, m., env. de Genève. — *fouroul*, m., P.-de-C. — *fénouyé*, m., Gard. — *fouòn'lò*, m., Doubs. — *foun'lò*, m., Meuse. — *liva-cava* (= qui lève la queue), m., H.-Savoie.

petit vec de bois, m., anc. fr., GOD. (*Le petit vec de jardin* serait *le pouillot*).

racanette, f., franç. dialect., BARBERET, *La Bohême du*

travail, 1889., p. 332. (*Racanette*, est donné comme surnom à une fille malingre). — *rànganèta*, f., Provence, MISTR. *crëcrë*, m., H.-Sav.

rugle, m., Landes. — *rëche*, f., *rëtchi*, m., *rëcha*, m., *rëchon*, m., Yonne, RABÉ. — *rezeto*, f., Savoie, GESNER, 1604. — *rëssèta*, f., Sav., c. p. M. ED. EDMONT. — *rèssëtò*, m., *rèssëta*, m., Vosges.

chourro, f., Gers. — *chourre*, f., gascon anc. et mod. — *marie-tchourre*, B.-Pyr. — *tchourro*, f., Gers, T.-et-G. — *tchourrèto*, f., H.-Pyr. — *chourrètte*, f., *marie-chourre*, f., *miéy'-habe*, B.-Pyr., *Arm. deu biarnés*, 1905.

berée, f., normand, au XVIIe s., HÉRON, *Muse norm.*, 1895, V. 19.

« On dit : *préndré ou trouver berée* = trouver la pie dans son nid, réussir à souhait. » — *béré*, m., *bérè*, m., *béri*, m., Mayenne, I.-et-V., Guernesey.

bërichon, m., *bérichon*, m., anc. fr., GESNER, 1604. — Anjou, Orléanais, Beauce, Maine, Normandie. — *bëruchon*, m., *béruchon*, m., Mayenne. — *bourichon*, m., M.-et-L., L.-et-Cher. — *bouérichon*, m., M.-et-L. — *burichon*, m., Maine, Orléanais. — *burichou*, m., Auzances (Creuse), c. p. M. ED. EDMONT. — *berichot*, m., anc. fr., BELON, 1555. — *barichò*, m., *béruchò*, m., I.-et-V. — *berichet*, fr. dial. MONET, 1635 ; May., Guernesey. — *bëruchè*, m., May., I.-et-V. — *bouriche*, m., May. — *bëriyon*, m., *bériyon*, m., Orne. — *bericoc*, m., fr., J. FONTAINE, 1612. (Faute d'impression pour *bericot* ?). — *birou*, m., Orne.

roi bri, m., Cher, Yonne. — *roubri*, m., Yonne, Nièvre. *louabri*, m., *rouabi*, m., Yonne. — *lobri*, m., Nièvre. — *rubi*, m., Loiret. — *roi de bri*, m., *roi de ghézi*, *roi de bézigue*, *rouabizi*, m., *rouapsi*, m., *roi de bourse*, *bousslò*, m., *bë*, m., *bëgron*, m., *ëcalon*, m., Yonne.

RABÉ. — *roi bëzi*, m., S.-et-M. — *ghéziya*, m., Turny (Yonne), Joss.

roi Bertaut, petit roi Bertaut, anc. fr., H.-Bret., Poitou. Saintonge, Berry. — *robertö*, m., Berry, Anjou. — *rabèrtö*, m., Anjou. — *rabrëtaou*, m., Vendée. — *réy' bartö*, m., *rèy' barnabè*, m., Loire, GRAS. — *rebetre*, m., Vernaud, GESNER, 1604. — *bèrtô*, m., *brëtö*, m., M.-et-L., Vendée, Loire-Inf. — *berton*, m., Gorges (L.-Inf.), c. p. M. ED. EDMONT. — *barnëbélhi*, m. *barnay'-tsarado*, m., P.-de-D., POMUS.

fabarèl, m., *fabarèlo*, f., H.-Gar. — *chôtagne*, f., Loire. — *nouy'zo*, f., Gard. — *nouzou*, m., *gros dé nouéy'* (= gros comme un noix), m., Dauphiné. — *méro bécasso*, f., provençal, JAUBERT, 1859.

poul, m., fr., *Hortulus puer.*, 1606. — *poulette au bon Dieu*, Normandie. — *oiseau du bon Dieu*, Orne. — *bœuf de Dieu*, fr., BELON, 1555.

farfonte, anc. fr., GESNER, 1604. (Il faut sans doute *farfante* = fanfaron).

estrangle-porc, fouti-fouti, franç. dialectal (languedocien ?), CHENEVIÈRE, *Carnet de chasse*, s. d., p. 233.

cinso-cadé, m., Var. — *cocòy'rou*, m., Ardèche.

guerchette, f., M.-et-L. — *petit janvier*, m., Nièvre.

roitelet gris, ratillon, culot, Jura, OGÉR.

loïtouch, breton de Guingamp, r. p.

canecchia, f., *muschetta*, f., Corse, c. p. M. ED. EDM.

re imperatorin, re di uccelli, re di macchia, reatin, reatel, re cacco, re cacchino, re cucala, rere, tretre, cracra, cercer, favita, castagnetta, roseto, reseto, rusetto, ruvettu, galinazza (= bécasse ; le troglodyte ressemble en très petit à la bécasse), *galinazzeta, galinazin, becazza, beccaccino, papà d'la pizzacra, poeder d'la pizacra, pîter, pîter dal frâdd pitaren, aucciduzzu-musca* (= oiseau-mouche), dial. ital. — *cucito, ratilla,* espagn., IRBI.

wrenna, anglo-saxon. — *wranny, jenny-wren, kitty-wren, puffy-wren, titty-wren, gilliver-wren, giller-wren, bobby-wren, crakil, tomtit,* dial. angl. — *schneekönig, nettelkönig, pfutschekönig, königl, königvögerl, ochsen-augen, tchürrn, hochsteert, müsevogel, nusse-vogelti,* dial. all. — *koninksken, keuninksken, keuntje,* dial. flam. (A. DE C.).

TOPONOMASTIQUE :

Chantebertault, pierre levée au sud de Saint-Laon (Vienne), *Congrès scient. à Bordeaux,* en 1861, IV, 394.

La Roche-Bertault, anc. local. de la Touraine.

Les Roches Baritault, anc. local. de l'Orléanais, *Soc. archéol. de l'Orléanais,* 1906, p. 333.

« Vif comme un bourichon. » blaisois, THIBAULT.

« Bal mes un répétit à la padèno Qu'uno aouco qué bolo à la séréno. » Ariège, *Alman. pat. de l'Ar.,* 1898.

« Lou réybébé n'a jamay manjà la buso. » Limousin. MISTR., II, 744.

« *L'ours* : aujourd'hui je n'ai pas mangé et bu à ma fantaisie, je ne suis pas gai. — *Le roitelet :* moi, je suis gai comme un pierrot et jamais je ne bois ni ne mange. — *L'ours :* on le voit bien à tes jambes ! » Savoie, CONSTANTIN, *Litt. or. de la Sav.,* p. 28.

« Les roitelets reviennent la veille des Rois dans leur nid et s'y divertissent. » HÉCART, *Préjugés de Valenciennes,* 1813.

« Je suis comme le petit roitelet qui échappa aux oiseleurs, à travers les mailles du filet, mais qu'on peut tuer cependant avec une poignée de sable, un rien. » Giron, *Braconnette*, 1890, p. 160.

« Celui qui le tue renouvelle à Notre-Seigneur le supplice de la croix. » Nièvre, *Etrennes nivernaises*, 1896, p. 27. — « Il met le feu à la maison de ceux qui détruisent son nid. » Belg. wall., *Rev. d. tr. p.*, 193, p. 702. — « Celui qui déniche ou tue les roitelets aura les doigts croches. » Maine, Anjou. — « Celui qui déniche les robertôs aura des bestiaux qui boîteront; sa maison brûlera dans l'année. » Anjou.

« Si l'on met la main sur la fiente du roitelet et si après on se pique avec des épines blanches, on aura des panaris. » H.-Bret., Sébillot, *Addit.*

« Un roitelet tué le jour des Rois (6 janv.) enfilé dans une verge de noisetier exposée au feu, tournera tout seul. » Dordogne, *Bull. de la Soc. d'anthropol.*, 1894, p. 297.

« S'il vient près d'une maison en criant *kiki! kiki!* c'est pour avertir qu'un malheur menace. » Nièvre, *Etrennes nivern.*, 1896, p. 27.

« S'il fait entendre son chant près d'une maison, c'est signe de bonheur. » Nièvre, *Etrennes nivern.*, 1896, p. 27; Mayenne, Dott.

« Le béruchet est le premier qui chante l'alleluia, le jour de Pâques; il doit ce privilège à ce qu'il ne travaille jamais le dimanche. » Côtes-du-Nord, *Revue des trad. pop.*, 1905, p. 159.

« Quedam avis dicitur sancti Martini in Hispania, parvula admodum reguli *. Hec graciles habet tibias ad modum junci et longas. Contigit quod, sole calente, circa festum sancti Martini, projecit se juxta arbo-

* Probablement le *Regulus cristatus*. L'*avis Sancti Martini* est évidemment le roitelet troglodyte.

rem ad solem, et erexit tibias suas, dicens : *eia! si celum jam caderet, ipsum sustinerem super tibias meas!* Et cecidit folium unum ab arbore juxta, et avis exterrita evolat, dicens : *o sancte Martine, cur non succurris avicule tue?* » Hervieux, *Fabulistes lat.*, IV (1896), p. 183.

« *Le rëy-pëtarè* essaye de briser les branches sur lesquelles il est perché et dit : *bigre! que c'est solide!* » P. Gras, *Evangiles des Quenouilles foréziennes*, 1865, p. 6.

« Même posé sur un gros tronc d'arbre, il faut que le troglodyte donne son petit coup de jarret pour voir s'il est solide. » Creuse, r. p. — « Je viens d'un pays où il fait si froid qu'on s'y chauffe avec des bûches grosses comme ma cuisse. » Deux-Sèvres, L. Desaivre, *Croy.*, 1881. — « Dans mon pays à moi Il y a du bois gros comme ma cuisse Fendue en six! Me portera-t-il? me portera-t-il? » Guernesey, r. p. — « Le troglodyte dit au rouge-gorge : Pour toi, gadrille, chaussée de broutille. Moi, le fils d'un roi, Chaussé de gros bois, Donnerais trique de gros bois, Trique grosse comme ma patte Fendue en quatre. » Touraine, *Rev. d. tr. p.*, 1907, p. 402.

Cf. *Rev. de linguist.*, 1881, p. 4 et p. 19; *Revue celt.*, V, 190; *Lemouzi*, 1898, p. 99; Dunlop-Liebrecht, *Prosadichtungen*, p. 503, Anmerk, 389, *a* et *b* et p. 306; Thomas Wright, *Latin Stories*, n° 65. De Cock-Teirlinck, *Kinderspel*, VI, 48.

« *Avoir l'air d'un roi peteret* = avoir l'air fier. » *La Maisonnette*, journal lyonnais, 1867, n° 4, p. 1.

Voir dans la *Rev. d. trad. pop.*, II, 30, une berceuse bretonne qui raconte comment on a pris le roitelet, comment on l'a engraissé, pesé comme si on avait eu affaire à un gros animal.

Sur l'usage féodal qui consiste à imposer la redevance d'un roitelet vivant, pris dans certaines conditions, à un jour déterminé, voyez : THIBAULT, p. 60; *Magasin pitor.*, 1876, p. 390; *Soc. archéol. de la Corrèze*, XIII (1891), p. 479; DAUBIN, *Not. sur Châteauponsat*, 1842, p. 16; JOURDANNE, *Folkl. de l'Aude*, 1900, p. 8; *Soc. des sciences du Var*, 1881, p. 75; MISTRAL, II, 561.

« *Le roitelet dit : Madure, madure, cériése; cabélhe, cabélhe, balhar, Qué sérèy galhar* = mûris, cerise; pousse ton épi, orge; je serai gros et gras. » Geu (H.-Pyr.) c. p. M. M. CAMÉLAT. — « Le roitelet dit : *quito mandilh! quito mandilh!* » Gascogne, PERBOSC (dans *La tradition*, 1904, p. 274). — *Chiou! chiou! régardo aquiou* (regarde là). » Lot, PERBOSC (dans *La tradition*, 1704, p. 273). — « *Aco s'clargis lis ioués* = cela éclaircit les yeux. » Provence, PERBOSC (dans *Revue du tradit.*, 1908, p. 8).

« Le rouge-gorge demande un jour au printemps au roi Bertaut où il avait passé l'hiver. Le roitelet répondit : *J'étais dans un grenier où j'avais du blé jusqu'aux genoux.* » Touraine.

« Par une froide journée d'hiver le roitelet, mourant de faim, se glissa dans un grenier rempli de blé. Il s'installa et vécut dans l'abondance ; chaque fois qu'il était arrivé à avaler un grain, il s'écriait : *Ah! je suis seul! ah! je suis séul! Le tas est-il grous (gros)!* La buse vint à passer au-dessus du toit qui l'entendit. « Roitelet, donne m'en un peu, je meurs de faim ! » « Je t'en passerai, mais seulement un grain à la fois, car j'en ai ma charge ! Je te le déposerai sur le bord du toit. » Mais le repas de la buse fut si prolongé et si maigre qu'elle mourut d'inanition. » Ineuil (Cher), r. p.

« Le roitelet a rapporté le feu du ciel sur la terre. A cette opération il a roussi son plumage. Il lui est resté l'empreinte sur deux plumes de la queue qui sont restées *aripoulées* (frisées). » Poitou, L. DESAIVRE, *Et. de mythol. loc.* — « Il lui en est resté deux taches de rousseur sur la queue. » Perche, VALLERANJE, *Cur. percher.*, p. 116. « L'eau et le feu manquaient sur la terre ; le rouge-gorge est allé chercher le feu, le roitelet a rapporté l'eau. » Guipel (I.-et-V.), *Rev. d. tr. pop.*, 1903, p. 250. — « En allant chercher le feu au ciel, le roitelet eut toutes ses plumes brûlées. Les autres oiseaux lui donnèrent chacun une de leurs plumes ; c'est pourquoi le roitelet a maintenant toutes sortes de plumes. Le chat-huant seul ne voulut pas lui en donner, et depuis ce temps les oiseaux l'ont en haine. » Saint-Trond (Belg.), *Wallonia*, 1894, p. 188 ; Nièvre, *Etrennes nivernaises*, 1896, p. 23.

« Le roitelet avait d'abord échappé aux grands froids d'hiver en couchant dans la paille de l'écurie, dans le four du boulanger, auprès de la vache ; auprès de la nouvelle mariée ; malheureusement ayant couché auprès d'une froide dévote qui venait d'épouser un vieux, il est mort. » Résumé d'une chanson de XANROF.

« Un cop lou loup gahèc *(prit)* uo chourro. Quand aquet petit aouzet se troubec diguéns la gulo dou loup : *souy' pétito, més souy' bounicoto* (bonne à manger), ça digouc. — *Caire !* (guères !), ça digouc lou loup, en tout daoubri uo bouco coumo uo sémaou. — Alabets, la chourro, quand besouc *(vit)* la porto daoubrido, s'escapec. » Simorre (Gers), *Alman. de Gasc.*, 1900, p. 24.

Voy. dans *Mélusine*, X, 258 un conte du Lavedan, recueilli par M. M. CAMÉLAT, intitulé *le loup et le tro-*

glodyte, dont M. A. PERBOSC a publié une variante dans *Revue du Traditionn.*, 1907, p. 334.

« Un jour, N.-S. convoqua les oiseaux au sommet d'une montagne et promit la couronne de roi des oiseaux à celui qui s'élèverait le plus haut dans les airs. L'aigle croyait bien arriver bon premier, mais le troglodyte s'était juché sur son aile, et arrivé au but, prit sa volée et arriva premier en chantant : *Chi! riou! chiou! chiou! c'est moi qui suis le roi!* Depuis cette époque le troglodyte est appelé *roitelet.* » Lot, c. p. M. A. PERBOSC. Cf. le conte flam., DE MONT et DE COCK, *Fl. Vertelsels*, p. 98 et 99.

« *Certains poètes font comme le roitelet qui, pour monter aux nues, se cache sous les ailes de l'aigle.* Se dit à propos des auteurs qui font faire leurs poésies par d'autres ». XVIIe s., CH. SOREL, *Hist. comique de Francion*, éd. Col., p. 186.

Sur le conte du roitelet qui devient roi parce qu'il s'est attaché à la queue de l'aigle voy. *Lemouzi*, 1895, p. 99.

Dans la Creuse et en Eure-et-Loir, c'est sur le dos d'une buse* que le roitelet est monté dans les airs.

« Lou reidebelet n'a jamais minjat la buse. » Bas-Limousin, J. ROUX. (Ne serait-ce pas le contraire) ?

« Bal may un réy-pitiou qu'une buse. » Lot, AYMA.

« On croit, dans quelques localités du Midi, qu'une plume de roitelet a la vertu de faire gagner à tous les jeux. » A. DE CHESNEL, *Dict. des Sup.* [ED. EDM.].

Marie chourre e Yan Pinsà
Que boulèn ha nouces doumà,
Mes n'habèn nat bouci de pà;
Tabey qu'at deboun lecha.

* Cf. la locution angevine : *Il est comme un raberto sur une cossarde* (buse), qui se dit à propos d'un homme petit marié avec une femme grande.

Marie Chourre et Jean Pinson
Voulaient faire noces demain,
Mais ils n'avaient pas le moindre morceau de pain,
Aussi dûrent-ils l'abandonner [ce projet].

Béarn, c. p. M. L. Batcave.

Symbolique. — « Un image représentant un roitelet porté sur un aigle, est accomgagnée de ces mots : *je ne suis pas accoutumé d'aller si haut.* » La Feuille, *Devises*, 1699.

Regulus cristatus (Aldrovande). — **LE ROITELET COURONNÉ**

tyrannus, anc. nomencl., Eher, 1556. — *motacilla regulus*, nomencl. de Linné.

soulcicle, m. ou f., *sourcicle*, f., *soulcie*, f., anc. fr. — *goché*, m., Frameries (Belg.). — *lagagnoua*, prov., Honn. — *petit-louis couronné*, fr.-comtois.

réy', m., Nice. — *empereur, oiseau-mouche, chaléron*, m., Jura, Ogérien. — *rôy'tê houplé*, m., *covreû*, m., wallon, Defr. — *petit bœuf*, S.-Inf. — *bioou*, m., H.-Vienne. — *œil de bœuf*, Char.-Inf.

juzioou, m., Orange, (Vaucluse), Mistr., II, 167 [c.-à-d. *le juif*, parce qu'il a une couronne jaune sur la tête. Au moy.-âge les juifs portaient un chapeau jaune]. — *bénéto*, f., *bénévi*, m., prov., Honn.; Jaubert, 1859. — *zizi*, m., Savoie, Provence. — *psipsi*, m., Aveyr. — *gnigni*, m., Var..

regol, regina, reatip, damina, repipin, rempinpin, frifri, sisì, chiuì, stelin, fiorarancino, zibibì, boenettin, dial. ital.

humming-bird, thumb-bird, miller's thumb, fire-crest, angl. dial.

Remarque. — On donne souvent les mêmes noms au roitelet troglodyte et au roitelet couronné.

Le bret. *troc'han, drouc'han, draouennik vihan,* etc., n'est point parent du grec τροχίλος, voir *Mém. Soc. ling.*, XI, 109. [E. E.].

Sur des proverbes bretons relatifs à ces oiseaux, voir *Mélusine,* XI, 357. [E. E.].

« Qu lugagnoua et rigaou tuara. A la fin de l'an s'én répéntira. » Provence, LA TOUR-KEYRÉ.

Parus (Genre) (LINNÉ). — LA MÉSANGE

(Voy. *Faune pop.*, t. II, p. 302).

parus, parrus, parux, parix, parieth, parrax, paruca, parula, petrix, meisa: mesenca, mesenga, merenca, masingna, masigna, maslingua, masilingua, cìcìda, cydida, cydula, capula, tapula, tipula, sigitula, l. du m. â., GOETZ; PAPIAS; DIEF; DU C.; STEINMEYER; WRIGHT; etc., etc.

bardioriolus, l. du m. â., WRIGHT, 1884. (Il faut sans doute lire *lardioriolus*). *parro,* f., *parre,* f., *parraghète,* f., *parrìngle,* f., *pèrrìncle,* f., *pèrlìntyë,* f., *parrìnkèlo,* f., *pérlìnkéte,* f., *pèrlinchièto,* f., en divers patois des Basses-Pyr., des Landes, de la Gironde, de la Dordogne, du Gers, du Lot-et-Gar.

muzange, f., Vendée. — *buzange,* f., Plouvara (C.-du-N.), c. p. M. ED. EDMONT. — *mèssange,* f., S.-Inf. — *mëssagne,* f., Laluque (Landes), r. p. — *mézërange,* f., Orne, E.-et-L., Vendée, c. p. M. ED. EDMONT. — *marenge,* f., fr., CONST., 1573. — *mérange, marange, mârange,* Yonne, Marne, Aube. — *malange,* f., *ëmalange, ëmalinge, ëm'linge, malinge, maringe, marouinge*, *marlouasse*, Yonne. — *mèrlouinche*, C.-d'Or. — *mélonche*, f., *malodje*, f., *mésonge*, f., Vosges. — *médiange*, f., Manche. — *éméange*, Yonne. — *mélange*, f., Touraine, Bourgogne, Fr.-Comté. — *mèrlange*, f., Loire-Inf., c. p. M. Ed. Edm. *médrange*, f., M.-et-L., Manche, Oise. — *modrange*, f., M.-et-L. — *mëdringe*, f., Guernesey. — *médrine*, f., I.-et-V. — *merdrange*, *ménange*, Vendée, c. p. M. Ed. Edm. — *mezengue*, *masenghe*, *mesonge*, anc. fr. — *mézéngo*, f., *mézìngo*, f., *bézènghé*, f., *béjénghé*, f., *obézéghé*, f., *mézéréngle*, f., en div. pat. du Langued. et du Cantal. — *météngo*, f., Gers. — *meze*, f., fr., Duchesne, 1544. — *mèy'ze*, f., *mèy'zre*, f., *muze*, f., *mëzotte*, f., *mëzatte*, f., *matsérèta*, f., en divers patois de la Franche-Conté et de la Suisse rom. — *mëzètte*, f., *mëzighe*, f., *mézigle*, f., *mëziy'*, f., *mëzole*, f., *mëz'rètte*, f., en div. pat. de Normand., H. Bret., Maine, Tour. — *mazrètche*, *mazéke*, *mazèche*, *mazoche*, *mézatche*, *mazage* en div. pat. de Lorraine et de Belg. w. — *mèzan*, m., Palaiseau (S.-et-O.), r. p. — *mesangue*, f., anc. fr., Constant., 1573; — Normandie, Maine, Aisne. — *mézanhe*, f., *mézangle*, f., Calv. — *mausangle*, f., anc. fr., *Thes. theut. ling.*, 1573. — *mesangle*, f., Rouen, *Coup d'œil pur.*, 1773, p. 14. — *mézandzo*, f., Drôme, Gard, H.-Vienne, Char. — *mézandzou*, m., Isère, c. p. M. Ed. Edmont. — *musenge*, f., fr., d'Anglet. au XIIIe s., Skeat. — *mëzandje*, f., *mézanche*, f., *mouézanche*, f., en Lorraine, Fr.-Comté, Champagne. — *mesange*, *mesenge*, *messange*, *mezange*, anc. fr. (Le mot est quelquefois masc.). — *mézangi*, m., Guernesey, c. p. M. Ed. Edm. — *mazange*, f., Champagne, Orléanais. — *mouzange*, f., Meuse. — *mélénghe*, f., B.-P. — *meillengue*, *meilhenguelo*, gascon au XVIIe s. —

mélhèngo, f., H.-Gar., T.-et-G., Aude, Ariège. — *mèlzénghé*, f., *mèlzéngo*, f., H.-G., T.-et-G. — *mourènglou*, f., Layrac (L.-et-G.), c. p. M. Ed. Edm. — *miroulèngo*, f., gascon, Mistr. — *marlhéngä*, f., Pyr.-Or., c. p. M. Ed. Edm. — *bèrlèngo*, f., Aude. — *muzénjo*, f., *bézéngoto*, f., limousin. — *mazinke*, *mazinghe*, *mazintche*, *mazindje*, *bézinke*, en div. pat. de la Belgique wall., du départ. du Nord, du Pas-de-Cal., de l'Aisne. — *brëlindze*, f., P.-de-D. — *mayenche*, f., *mayeuze*, f., Savoie, Gesner, 1604. — *màyantsa*, f., *majintsë*, f., *màyantsèta*, f., Suisse, c. p. M. Ed. Edm. — *ékzinpe*, f., *ékzinke*, f., Somme, Oise.

lardère, f., fr. Pomey, 1709, p. 651. — *lardene*, f., fr., Bodin, 1597, p. 529. — *larderelle*, anc. fr., God., VII, 766. — *lardié*, m., *lardièy'ro*, f., *lardày'ra*, f., *lardéy'ré*, m., *lardéra*, f., *lârdara*, f., *lardèro*, f., *lardère*, f., *larghièy'ro*, f., *lardéy'réto*, f., *larghiéy'réto*, f., *larderiche*, f., *lardri*, f., *lardèna*, f., *larduna*, f., *lardine*, f., *lardèno*, f., *lardènne*, f., *lardèla*, f., *lardanche*, f., *lardouinge*, f., *lardache*, f., *lardouche*, f., *lardiche*, f., *lardèze*, f., *ladri*, m., *ardriche*, f., *ardrêche*, f., *ardrole*, f., *ardréle*, f., *ardrille*, f., en divers patois de la Provence, du Gard, du Puy-de-D., de la Loire, du Rhône, du Dauphiné, de la Savoie, de la Franche-Comté, de l'Allier, de Saône-et-L. et de l'Yonne. — *lardouche*, f., anc. fr., Langlois, *Arts de rhétor.*, 1902, p. 112. — *ardëlitse*, f., Rhône, c. p. M. Ed. Edm. — *yèrdange*, f., S.-et-L., c. p. M. Ed. Edmont.

limeur de scie, H.-Marne [Ern. Renan, dans ses *Feuilles détachées* parle d'un oiseau de son pays (Tréguier) qui *se scie le cœur*, c'est probablement la mésange]. — *serrurier*, en div. endr. — *sarralhè*, m., *sarrayé*, m., *sarriyé*, m., Midi de la France. — *réguzou*, (= rémouleur), m., Jura. — *tchìncha*, f., Nice. — *tchìnìchiaro*, f., *chìncharro*, f., *ghìngarroun*, m., Provence. — *chìnchèrra*, f., Pyr.-Or. — *chich'bèna*, f., Le Biot (H.-Sav.), c. p. M. Ed. Edm. — *finfaro*, f., Vaucluse. — *pìmparrìn*, m., *pìmparrina*, f., Gard, Hér. — *pinparlan*, m., Rhône.

sissi, m., Vaucluse, c. p. M. Ed. Edm. — *chichiké*, m., Oulx (Piémont), c. p. M. Ed. Edm., — *sé-zilho*, f., *sìnzilho*, f., *sìndzilho*, f., *sànzilho*, f., *chénzilho*, f., *sénziyé*, f., *sénzé*, f., en divers patois de la Dordogne, de la Corrèze et de la H.-Vienne.

cendrille, f., français d'un grand nombre de départements. (Je passe sous silence les formes patoises). [Le fond du plumage de la mésange est cendré).

chandzatë, f., La Roche-Canillac (Corrèze), c. p. M. Ed. Edmont.

croque-abeille, *pique-abeille*, Berry, Bourbonnais. — *pap'abèlho*, m., H.-P. — *pique-mouche*, *pique-mouchè*, *pi-mouchet*, fr.-comt. — *pique-zinzin*, H.-Saô., c. p. M. Ed. Edm — *pih'aragno*, m., H.-P. — *pinsaragno*, f., Argelès (H.-P.), c. M. Tarissan. — *mich'-aragno*, m., Gers. — *pic de chenevis*, m., fr.-comt., L'abbé Besançon. 1786. — *birë-hëlhe*, f., Landes, c. p. M. Ed. Edm. (La mésange retourne les feuilles mortes pour trouver des insectes). — *moucherole*, f., *mouéssëriole*, f., Nièvre, Yonne. — *coupe-fleur*, Manche.

spèrlussoura, f., *béndaou*, m., Alpes-Marit. c. p. M. Ed. Edm. — *boudotte*, f., H.-Saô. — *bourouflë*, f., Eure. — *coudiflë*, f., Gironde, c. p. M. Ed. Edm. — *brëyoule*, f., *brëchioule*, f., Allier, c. p. M. Ed. Edm.

penduic (= tête noire); *pen glaou* (= tête de charbon), bret.; *penn gleu*, bret. de Vannes; *penglaouic*, id.

(et tête de linotte, homme de peu de sens), ERNAULT, *Gloss. moy.-bret.*, 474 [E. E.].

parrussa, perissea, parisseua, paruccia, paranzin, parussola, cincià, puticchia, dial. ital. — *herrero* (= forgeron), espagn.

meise, meeske, mäschen, moas, dial. all. — *titmouse, oxeye, bee-eater, bee-bird*, dial angl.

On trouvera d'autres noms gallo-romains de la mésange dans *l'Atlas linguistique* de GILLIÉRON et EDMONT, fasc. 19, carte 844.

TOPONOMASTIQUE :

La Mésange, Les Mésanges, Les Mésinges, Les Messanges, Les Massonges, Les Mésangeaux, Le Mésangeon, Le Mazinghien, La Musenguerre, La Muisengière, La Mésenguière, La Musengière, La Musengère, La Mésengère, La Mésangière, La Mésangerie, Les Mesangers, Le Masanger, noms de nombreuses localités. [Les mésanges passent à époque fixe en certaines localités en grand nombre. C'est là qu'on leur tendait des pièges. De là ces noms de localités].

Les Mezilles, doc. de 1518, *Messolières*, doc. de 1615, *Mesoulles, Message, Les Messinsards*, loc. de la Drôme, BRUN-DURAND.

Les Meszes doc. de 1255, *La Lardia* doc. de 1357, *La Roche-Lardeyra* doc. de 1534, *Lardeyrol* doc. de 1535, localités du Cantal, AMÉ.

Maringues, Marsange, Ardeyrolles, loc. du Puy-de-D., BOUILLET.

Lardeyria lat. de 1225, anc. loc. des Deux-Sèvres, LED.

Le Bois-Malinge, Loire-Inf., OUILG.

La Mellinge, anc. loc. de l'Anjou.

Merlange, loc. de S.-et-M., PASCAL, II, 454.

Masengevilla lat. du m. â, *Mezanguevville* aujourd'hui, Pays de Bray, LA MAIRIE, *Rech. sur le Bray*, 1852, I, 134.

Mézenguemare doc. de 1656, loc. de Seine-Inf., J. FÉLIX, *Comptes-rendus des échevins de Rouen*, 1890, II, 189.

Masengi, lat. du XIe s., *Mésanguy* aujourd'hui, loc. de l'Oise, ROUSSEL, *Arch. eccl. de l'Oise*, 1897, I. 247.

Les Lardereaux, local. de l'Yonne, QUANTIN.

ONOMASTIQUE :

Meize, nom de famille à Limoges en 1482. *Rev. d. soc. sav.*, 1859, p. 489.

Bernardus de Mesencheriis ou *de Mesenchis*, nom de famille dans le Narbonnais en 1348, *Gallia christiana*, VI, 197.

De Mazaugues, nom de famille en 1268, DU C., I, 747.

De Méranges, nom de famille, LEROUX, *Arch. de la H.-Vienne*, 1882, p. 211.

Du Mellenger, nom de famille, CAUVIN, *Suppl. à la topogr. du diocèse du Mans*, 1843, p. 133.

Mesot. *Mézerette*, *De Mésange*, *Mésange*, *Messange*. *Mesanguy*, *Mazinque*, *Mazingue*, *Bezinge*, *Besanger*, *Bazingette*, *Mésanger*, *Messenger*, *De la Mésangère*, *De Merange*, *Maringue*, *Marangé*, *Malingue*, *Mélingue*, *Malingié*, *Mélinge*, *Millanges*, *De Marlange*, *Merlange*, *Lalarderie*, *Lardière*, *Lardier*, *Larderet*, *Lardeyret*, *Larderiol*, *Lardreau*, *Lardellier*, *De Lardinière*, *Lardinois*, *Lardin*, *Lardi*, *Lardanchet* (Jura), noms de famille.

De Senzillon, nom de famille, GOUSTAT, *La Linde* (Périgord), 1884, p. 485.

Penglaou, *Le Penglaou*, nom de famille, Finistère, ERNAULT, *Gloss. moy.-bret.*, 474 [E. E.].

De la mésange qui chante on dit :

tinnipare, tinnitare, tinninare, timpanare, titubare, zinzilare, l. du m. â., WACKERNAGEL.

Le piège à prendre les mésanges est appelé :

masengvila, masengière, mésangère, anc. fr. — *masinguié,* m., dép. du Nord. — *malinjotte,* f., Aube. — *ardrolouère, ardrolière,* Berry. — *lardëy'rire,* Sav.

« Femme est masangue pour tencer. » anc. fr., P. HEYSE, *Romanische. Inedita,* 1856, p. 68. — « *Tchintcha* = 1° mésange; 2° individu qui gronde toujours. » Nice, SUTT. — « *Mazinque* = femme grêle, aigre et méchante. » Douai, ESCALLIER, *Rem.* — « *Ardrole* = enfant grêle et délicat. » Centre, JOUB. — « *Manger comme une éxinpe* = manger peu. » Somme, LEDIEU.

« Coquette et gaie comme une mésange. » A. D'ENNERY, *Le remords d'un ange,* 1887. « Cette femme est curieuse comme une mésange. » Entendu à Paris.

« Les enfants qui se suspendent par les pieds la tête en bas, *font la cendrillette,* comparaison empruntée aux habitudes de *la cendrille* ou mésange. » Deux-Sèvres, SOUCHÉ, *Croy.*

« La mésange est un oiseau de mauvais augure. » Brulon (Sarthe), r. p.

Parus major (LINNÉ). — LA MÉSANGE CHARBONNIÈRE

parra-major, l. du m. â. GOETZ. — *parus-major, fringillago,* l. du m. â., DIEF. [La mésange charbonnière a le même cri que le pinson appelé autrefois *fringilla*].

carboné, m., Pyr.-Or. — *parre carboère,* f., H.-Pyr. —

charbounire, Sav. — *testo négro*, Provence. — *tête noire*, en div. endr. — *gez téte né*, Saint-Maurice (Valais), FAT. *glet à bec*, *grosse lardère*, Genève, FAT. — *mézànjà*, m., Le Vigan (Gard), ROUG. — *lardièro-mounèghèto*, f., *sérafino*, f., Provence. — *nonnette*, f., fr., BELON, 1555. — *moyne*, *moyneton*, fr., CONST., 1573.

cinciallegra, *parrellone*, *trentacinche*, dial. ital. — *carbonero*, *cerrajero*, *carpintero*, *guerrero*, *quive-vive*, espagn. IRBY.

finkmeise, *spiegelmeise*, *mehlmeise*, *kohlmeise*, dial. all.

Parus ater (LINNÉ).

Cette mésange porte généralement les mêmes noms que la précédente.

Parus cœruleus (LINNÉ). — **LA MÉSANGE BLEUE**

parra modica, *parrula*, *parix minor*, l. du m. â., GOETZ; DIEF.

bluy', m., *varlé dé villo*, m., *pìmparrìn*, m., *ghìngarroun*, *gìngarroun*, Provence. — *mésange bleue*, fr., BELON, 1555. — *cendrille bleue*, *petite cendrille*, Char., Char.-Inf. — *lardère bleue*, Genève. — *biez'-rotte*, f., Doubs. — *parratt blu*, *parraghète blue*, B.-P., H.-P. — *merlénghino*, *mélhéngino*. gascon. — *mandanjotte*, H.-Marne, DAGUIN.

dame, f., *damètte*, f., *damotte*, f., *dèm'rotte*, f., *bénédictin*, m., Fr.- Comté, Bourg. — *mésange à tête folle*, *mouachën'- rotte*, *maréchal*, *bobin bleu*, *fouasse*, *chik'nène*, f., Yonne, RABÉ. — *pich'kin*, m., Clerval (Doubs). — *fils de Dieu*, Aisne, c. p. M. L. B. RIOMET. — *dieu*, m., *masage bleue*,

Luxemb., DEFR. — *sicile*, Aube. — *sucideù*, m., *sicideû*, m., Belg. wall. — *houtsitou*, m., *ouitatô*, m., Somme, JOUANC. — *huit-écus*, Sarthe. — *vëvëta*, f., *tyibéla*, f., *tsibéla*, f., Sav. et H.-Sav. — *rididine*, f., L.-et-Ch. — *rétété*, I.-et-V. — *tirlibibi*, m., H.-Marne. — *aléxandrou*, m., Aveyr.

fratin, *moninghetta*, *susuddu*, dial. ital. — *bläuerl*, Carinthie. — *non*, angl. TURNER, 1544.

Interprétation du chant de la mésange bleue :

Huit écus! huit écus! Quand les paysans l'entendent chanter ainsi, ils disent : voilà la mésange qui engage sa servante. » Loire-Inf., *Rev. d. tr. p.*, 1906, p. 260. — « *Sept écus!* » Touraine. — « *Tété pus! tété pus!* = je ne tette plus ! » Provence. — « *P'tit tigneux! p'tit tigneux!* Elle est censée parler ainsi aux enfants qui ne se laissent pas peigner volontiers. » P.-de-C., c. p. M. ED. EDMONT. — « Hosanna! fils de Dieu! » Condroz (Belg.), DEFRÉCHEUX. — « Foutus gueux! foutus gueux! » Belfort, VAUTH. ; Belg. wall., DEFR. — « *Suce ti deû! suce ti deû! ongue qui pâye L'autre qu'accreû!* = suce ton doigt, l'un paye, l'autre fait crédit. » Belg. wall., *Wallonia*, 1896, p. 118. — « *Sici deû! Paye tes dettes, si tu deû.* » Belg. wall., E. MONSEUR, *Folkl. w.* — « *Chie su l'feu! chie su l'feu!* (Il fait entendre ce cri quand l'hiver est fini et qu'on n'a plus besoin de feu). » Villeneuve-sur-Fère (Aisne), c. p. M. L.-B. RIOMET. — *Fara fré! fara fré!* = il fera (encore) froid. » Provence, E. BLAZE, *Chasseur aux fil.*, 1839, p. 344. — « *Djè m' fous du temps!* » Belg. wall., *Wallonia*, 1896, p. 118. — « *Kikiku! kikiku!* » Guernesey, r. p. — *Tins t'assis! tins t'assis!* = tiens-toi assis. Un jour un laboureur dit à son valet : il faudra obéir, quand je n'y serai pas, à cet oiseau qui est dans cet arbre et il s'en alla. L'oiseau était un ortolan répétant tout le temps : *bines tu? bines tu?* Impatienté de cette continuelle incitation au travail, le domestique lui jeta une pierre ce qui le fit s'enfuir. Il fut bientôt remplacé par une mésange qui chantait : *tins t'assis!* Au bout de quelque temps le maître revint et trouva son valet assis et inoccupé. « Que fais-tu là ? paresseux! Je fais ce que me dit l'oiseau, *je me tiens assis!* » Deux-Sèvres, SOUCHÉ, *Proverbes*, etc. — « *Kindzé! sédzé!* = quinze, seize (petits). » Aveyr., VAYSS.; Montauban, LARROQUE-RUELLE, *Rêveries*, 5e série, s. d., p. 4; Limousin, *Annuari lemouzi*, 1884, p. 24. — « *Que de p'tits! que de p'tits!* » Guernesey, r. p. — « *Hudi! hudi!* » Gironde, *Arman. bourdalés*, 1869. — « On raconte qu'un jour Jésus était caché, à l'abri de ses persécuteurs. La mésange qui voulait le perdre, chantait : *il est sous le bois! il est sous le bois!* — Le roitelet qui voulait le sauver, disait : *il est sous le sapin!* » Manche, *Soc. d'archéol. d'Avranches*, 1885, p. 76.

Voy. d'autres interprétations du chant de la mésange bleue dans : *Rev. de ling.*, 1881, p. 14-15; *Rev. d. trad. p.*, 1895, p. 666; PERBOSC (dans *La Tradition*, 1904, p. 231-232).

« Sarràyé, sarràyé, Fara fré, fara fré. » Provence, MISTRAL, II, 848. — « Charrabalàn! charrabalàn! » Provence. MISTR., I, 535.

A propos de la mésange qui a une quantité d'œufs, on récite la formulette : « Lo tortourèlo Qu'és pla bèlo, Né fo pas que dous Et yéou qué sou pichounèlo Né faou quinze ou sexe, quinze ou sexe ! » Aveyr., VAYSS. — « Pérlinchieto, Ta *(tant)* pétitéto, quinzé ou setzé;

Tourtérasso *(tourterelle)* Ta granasso (grandasse, grande), un ou dus. » Pays d'Albret, Dardy, I, 288. — « Tourtérélo Qué sés tant bélo, N'en fas un ou dous; Et iéou, paouro sénzilho, qué sui tant pétito, Vint, vint, vinto-cinq Per lou min. » Corrèze, Lemouzi, 1897, p. 268. — « Tourtourélo, Tu qu'és tant bélo, Ne fas ma un uou ou dous; Iéou paoubro sénzé, Né faou quinze, sédzé. » Limousin, *Annuari lem.*, 1884, p. 24. — « Tourtouréla, Qué ses tant béla, Né n'fas un ou dous; Et iéou, paoura sanzilha, Qué sui tant pétita, Vingt, vingt et cinq, Pour le min. » Limousin, Perbosc, dans *La Tradition*, 1904, p. 231. « Jou, pétito mélhénghèto, Né héou *(fais)* quintze ou setze Et tu, gros coucudas, Un ou duss, un ou duss ! *dit la mésanje* en s'adressant au Coucou. » Gascogne, Perbosc, dans La Tradition, 1904, p. 231. — « Tourtré, tourtrasso, Qu'és tant bélasso, Né fas qu'un o dous, Amaï n'y a un de fouirous *(et même il y en a un de foireux, mauvais)*, Et io, pouré *bézénghèto* Tant pichounèto, Né faou quinzé ou sétzé, Pla pichous, pla pichous *(bien petits)*, Amaï toutis soun pla bous *(mais tous sont bien bons)*. » Lot, Perbosc, dans *La Tradition*, 1904, p. 231.

Parus caudatus (Linné). — **LA MÉSANGE A LONGUE QUEUE**

parix caudatus, l. du m. â., Dief.

queue de péle, queue de poêle, queue de poêlon, queue de poêlette, I.-et-V., Orne, May., M.-et-L., Yonne, Eure-et-L., Char.-Inf. — *queue de padère*, Guyenne. — *coue-parche*, L.-et-Ch. — *kyeue longue*, I.-et-V. — *couo lounghèto, lardèy'rouné*, m., Provence. — *kyeue d'alëne*, May. – *manche d'alène*, f., S.-Inf. —

chevijètte, Manche. — *allumette, poussotte,* f., *vannètte,* f., *dame,* f., *demoiselle,* f., *titi borgnà,* m., *marlouasse barrée,* f., Yonne, Rabé.

parre-coéte, f., *coude-halhoù* (= queue-noix, elle ressemble à une noix emmanchée d'une longue queue), f., B.-Pyr., Lacontre, *Fables,* 1887, p. 35.

culherère, f., Arrens (H.-P.) c. p. M. Camélat.

ouélh dé bouéou, m., H.-Pyr., Gers.

monnier, m., f., Const., 1573. — *monî,* m., *moùn'rê,* m., *péle-mozé,* Belg. wall. — *lardara mouënièrë,* f., *petite meunière,* Savoie.

mésange à longue queue, fr., Belon, 1555. — *titi à longue queue,* m., S.-Inf. — *birofèl,* m., T.-et-G. — *broué-teû,* m., Calvad. — *bariyou,* m., Eur.-et-L., Orne. — *petit poué, bouligneû, petit bouligò,* m., Orne, Let. — *grand père,* Jura, Ogérieu.

occhio de bo, scuassen, cuett, manicujê, tupinet, pintin, dial. ital. — *mito,* esp., Irby. — *pfaunenstiel,* Carinthie. — *feather-poke, pokepudding, bottle tilt, canbottle,* dial. angl.

Parus cristatus (Linné).

capucètte, f., Savoie, Dessaix, II, 172.

capuchino, f., espagnol, Irby.

Parus pendulinus (Linné).

pigré, m., *piégré,* m., *piégro,* f., *canari saouvagé,* m., *débassày'ré,* * m., Provence. — *cubèrcëlè,* m., Dauphiné.

pendolier, bursarol, bursalin, taschet, fiaschet, carrubeddu, dial. ital.

* Son nid ressemble à un bas suspendu à un arbre.

Muscicapa (Genre) (Brisson). — **LE GOBE-MOUCHE**

culicilega, muscipeta, l. du m. â., Dief.
pique-mouche, r., Const., 1573. — Champagne, Fr.-Comté, Savoie, Suisse. — *tape à mouques,* dép. du Nord, Norguet. — *attrape-mouches,* fr., Liger, *jardinier fleur.,* 1718. II, 142. — *gobeur de mouches, bouvier,* fr., *Dict. des chasses,* 1769. — *hape-mohe, hapeû d' mohes, utiqne,* f., *plaque à pareûse,* wallon, Defr. — *mourè-mouskitè,* m., *mouskitè,* m., *béryérou,* m., *bergeron,* B.-P., Landes. — *béco-figo, tokélày',* m., *tocolày',* m., *aragno,* f., *mouskè-charlatàn,* m., *bouscarlo kinsouñièro,* Provence. — *bèque-figue, bèque-fi,* H.-Marne. — *pica rava,* m., *pique-rave,* H.-Sav., Genève.
alabate, gascon du xviie s., D'Astros. — *alebatte, vergeron,* fr. dial., *Dict. de Trév.,* 1752. — *olibak,* m., H.-P. — *bràndo l'alo,* m , *brànd'alo,* m., Gand, Vaucl. — *pend l'ale, grqssett,* Char.-Inf. — *batane,* f., Gironde. — *moucherole, rëche,* f., *tak-tak, beû, rapotô,* m., *colibri,* m., Yonne, Rabé. — *érêgne,* f., Normandie. — *chouy'chik,* Aveyr.
bati-ale, alett, aletta, aliuzza, papamusca, beccamosche, ciapamusch, attrapa-muschi, becafich, dial. ital.
miggesnapper, Frise. — *flycatcher, bee-eater, french robin, rafter, cobweb,* dial. angl.

Hirundo (Genre) (Linné). — **L'HIRONDELLE**

hirundo, irundo, erundo, harundo, hirundella, hirundina, procne, progna, progina, garrula, l. du m. â.
hyrunda, irunda, irundra, arounda, ronda, randola, irondella, arendola, arindola, arondeta, anc. prov.

— *irounde, aronde, arunde, arondelle, arondete, alondre, arondole, arondielle, alondrelle*, anc. fr. — *iroundo, aronde, oronde, éronde, alonde, alande, olande, élande, alante, oloûne, alondre, alandre, olandre, oléndro, aronte, arôte, liroundo, nirounde, dziroundo, djéronda, girounda, giroundo, virondo, biroundré, irounglo, houringle, arounglo, aourènglo, aourégle, arrollo, arroullèto, agrànlèto, aréndoula, arandola, aréndoura, ràndolo, rondole, rénolo, irondala, arondala, randale, ariondala, érondale, rondale, rondèl*, m., *érandèlo, éy'roùndèlo, iròndéyo, ourèndèla, arondelle, ouèrìndèlo, éondéla, haourànlèle, viroundèlo, virondèlę, biroundèlo, bidoundèlo, gìroundèla, giroundèlo, dziroundèlo, arondiéle, irondrèle, arondrèy', alondrette alonbrotte, àndourèto, àndoulèto, àndriourèto, dindoulèto, dindourèto, dindélèto, vindoulèta, hirougléte, hournigléte, aourounglète, aouràngléto, arrounglète, rounglète, bérìnglète, aourìnlèto, aourànlèto, aouràntine, agrànlèto, grounléte, agrànlèto, rànglèto, abrànlèto, abrounètè*, en divers patois. — *grìngoulèto*, f., *gìnjoulèto*, f., *vìndoulèto*, f., provenç., Mistr. — *gariolle*, f., Biarritz (B.-P.), Ducéré. (c. à d. petite poule). — *bête du bon Dieu*, f., Isbergues, (P.-de-C.), c. p. M. Ed. Edmont. — *aouzélou déy boun Diéou*, m., Corrèze, Gorse, p. 235. — *ôzéou*, m., *ôzèlo*, f., H.-Vienne, Précigou. — *poule de Dieu, poule au bon Dieu*, Civray (Vienne), Lal. — Char.-Inf., Noblet, *Hist. de Royan*, 1905, p. 47. — *Mouchon do bon Diè*, m., namurois, Pirsoul.

randolo, rondul, rondin, rinnina, lindaneja, dial. ital. — *golondrina*, esp. — *andarina*, asturien. — *swawe*, anglo-sax. — *schwalma*, Davos (Grisons). — *schwalm*, Carinthie. — *schmoilmösch*, f., Luxemb., Gangl. — *schwolsber*, f., Aix-la-Chap. — *svale*, danois.

On trouvera d'autres noms gallo-romans de l'hirondelle dans l'*Atlas linguistique* de GILLIÉRON et EDMONT, fasc. 15, carte 697.

TOPONOMASTIQUE :

L'Hirondelle, L'Hironde, L'Aronde, Les Arondeaux, L'Arondière, noms de diverses local.

L'Hirondelle, affluent de la Sensée (P.-de-C.).

La Lironde, affluent du Lez (Hérault).

La Girondelle, loc. du Gard.

Bauzy de l'Hirondelle, doc. de 1504, loc. de l'Aveyron, GAUJAL, *Etudes sur le Rouergue*, 1858, IV, 378.

La Guirandelle, doc. de 1668, *L'Ironde, La Rocha de l'Ironda*, doc. de 1510, *La Saigne d'Ironde, Le Puy de l'Hirondet*, loc. du Cantal, AMÉ.

Le Fort de Randouillet, à Besançon.

Le Moulin de l'Hirondelle, Le Puy de l'Hirondelle, anc. loc. de l'Oise.

Arondel, ancien moulin, à Angres (P.-de-C.).

La Hollande, loc. des Vosges, *Soc. polymath. des Vosges*, 1903, p. 98. (Le mot *olande* signifie *hirondelle* en patois vosgien).

La Rue de l'Hirondelle, nom d'une rue à Paris, en 1221, ainsi appelée d'après une enseigne, SAUVAL, I, 141. — Nom d'une anc. rue à Montpellier.

ONOMASTIQUE :

D'Arondelle, Lirondelle, L'Hérondelle, Hérondelle, Arondel, Rondel, Hérondé, Lhérondel, Arondeau,

Lhérondeau, Hirondart, Girondeau, Gairondel, Rondet [*Rondou* ?] *Lalondre, Lalondrelle, Holandre, Rondonneau,* noms de famille.

Cauda Harundini, anc. nom de famille latinisé, dans le Vendômois, MÉTAIS, *Cartul. de Vend.*, 1897, IV, 50.

De l'hirondelle faisant entendre son chant, on dit :

trissare, trinsare, crissare, trissitare, trutissare, triciss-sare, trisphare, strictinnire, finsare, fintinnire, fritinnire, frintinnire, fricunire, hirundinare, minurrire, minurrire, garrulare, zinzibulare, l. du m. â., WAKERNAGEL ; DU C. ; DIEF. ; etc., etc.

garrier, garruler, gazouiller, guesiller, anc. fr. — « Ne permets point en ta maison garruler l'arondelle = *ne souffre point les bavardages chez toi.* » GOD., IV, 238. — *trinsoter,* anc. fr., DE MAROLLES, *Livres d'Ovide,* 1660, II. 244. — *gazèlhà,* H.-Sav., CONST.

Le chant des hirondelles est appelé :

gazouil des hirondelles, fr., P. DU MOULIN, *Capucin,* 1641, p. 48. — *cossi de l'hirondelle,* m., franç., RONSARD. édit. elzév., VI, 350. — *babil de l'hirondelle,* fr., VALERIAU, 1615, p. 281.

« Discourir comme une arondelle. » *Le Courtisan grotesque,* 1620, p. 5.

Interprétation du chant de l'hirondelle. « *ziou! ziou!* » niçois, SÜTERLIN, p. 513. — « *Jéousé-Cris! Jéousé-Cris!* » Hérault, *Arman. mountpel.*, 1896, p. 87. — « Cri! cri! Jésus-Christ! » Provence, MISTRAL. — Iroundèlo, pastourèlo, Jésus-Christ! Gascogne, PERBOSC (dans *La Tradition,* 1904, p. 172). — « Ol est cuit, o n'est pas cuit; ol est cuit, o n'est pas cuit, mais prêt à cuirrrre. » Char.-Inf., JÔN. — « Quand dj'sus rallé, quand dj'sus rallé Les grandjes estintent pleines; Quand dj'sus r'vènu, quand dj'sus r'vènu On avout tout m'nieu, Tout beu, Tout tcheu. Biteкeu! bitckeu! Chi! chi! = *Qand je suis partie les granges étaient pleines; quand je suis revenu, on avait tout mangé, tout bu, tout chié.* » Bouvignies, *Wallonia*, 1896, p. 116. — « A noste païs y a pébré, Claouet dé giroflé, Apraci y a pas rrés! = En notre pays il y a poivre, clou de girofle; à présent il n'y a rien. » Gascogne, Perbosc (dans *La Tradition*, 1904. p. 171). — « Rosali! Rosali! Sé cal lébà mati, Lou païs és per sé déberti... Y a pas dé pébré? » Aveyr., Besson, *Countes de la Tata*, 1902, p. 318.

« Qu'éy' quitat lous péiys estranyès, Que suy rabiiiide. Qu'éy' émproutat, qu'éy' pagat, Que suy quiiiitis. » Soustons (Landes), Foix, 1902, p. 21.

Pour d'autres interprétations du chant de l'hirondelle, voyez A. Perbosc (dans *La Tradition*, 1904, 172-173 et dans la *Rev. du Traditionnisme*, 1907, 312-313).

La formulette suivante se débite, je ne sais à quel propos :

« Giroundèlo, passo bèllo, Digo m'ount as ivérnat? En Atèno, co d'Antouèno *(chez Antoine)*, Pérqué mé l'as démandat? » Arles, *Rev. d. l. romanes* 1873, p. 580.

« C'est le mauvais temps, Les hirondelles ont le bec devant = *elles rasent la terre.* » Nièvre, Chamb.

« Quand on l'accuseroit d'être plus babillard qu'une hirondelle, il faut qu'il parle. » La Bruyère. — « Les arondelles, emblemes des francs habeleurs et des faux amis. » *Depart apostat. de J. de Labadie*, 1670, p. 3. — « Je me complaing de *lingua dolosa* Que comparer puis au chant de l'arronde. » xive s., Eust. Deschamps, I, 264.

« Nil be qu'en sab no vol ges dir, E sil ditz, afola o tot, Quan en derrier ditz qualque mot Ab que li trenca la gola *E fa lais de l'irendola.* » anc. prov., LEVY. — « Ben comensatz e ben faits aparer De proeza quo la vulhatz tener *E queus gardetz del lays de la yrondre.* » anc. prov., LEVY.

« Ne mange cueur, ne loge aronde. » XVIe s., BAÏF, éd. Blanchem., 1880, I, 112.

« Je ne pris Toutes les choses de ce monde La plume d'une poure aronde. » XVe s,, DU MÉRIL, *Orig. lat. du théâtre mod.,* 1849, p. 340.

« Coués souta lu téoulé couma li aréndoula. » Nice, TOSELLI.

« *Avíroundà* = voler en tournoyant comme les hirondelles. » Loire, GRAS. — « *Fà la rondena* = tourner autour de quelqu'un, l'espionner. » Côme, MONTI.

« Leste comme une hirondelle. » Le Conteur, III (1835), p. 223.

« Son morel *(cheval)* queurt *(court)* que *(comme)* vole arondel. » DU C., III, 671.

« *Tu vas comme une queue d'éronde* = tu vas vite. » Vire (Calv.), *Bull. d. parl. norm.* 1901. p. 427.

« Qui peut connaître la trace de l'hirondelle dans les airs? de la couleuvre sur les pierres. Sur cet adage voyez : VOIGT, p. 71.

« *Hirondelle* = commis voyageur » LERMINA, 1897, p. 37.

« *Hirondelle* = ouvrier tailleur qui vient à Paris faire son apprentissage et retourne ensuite en son pays, ou bien qui arrive à la belle saison pour repartir au commencement de l'hiver. » L. RIGAUD.

« *Hirondelle d'hiver* = ramoneur. » LAMBERT THIBOUST, *La Petite Pologne,* drame, 1860. — « *Hirondelle d'hiver* = marchand de marrons. » L. RIGAUD.

« *Hirondelle de grève, hirondelle de potence* = *gendarme,* argot du XIXe siècle. — « *Hirondelle du Lac* = grande cocotte qui fréquente le Bois de Boulogne. » M. ROUX, *Plauchu*, 1869. — « *Hirondelle* = religieuse qui vient à Paris quêter pendant le carême et retourne dans son monastère à Pâques. » parisien. *Dict. de Trév.*, 1752. — « *Hirondelle de carême* = même sens. » INDERT, *Chronique scandaleuse*, 1783, p. 48. — « *Hirondelle de cimetière* = Croque-mort. » ED. BONNET, *Revanche d'Orgon*, s. d. (vers 1890). Hirondelle de pont = vagabond (Argot).

« Ce n'est pas un amour d'hirondelle que je ressens là.... c'est un feu éternel. » COGNIARD, *Bobêche*, vaudev., 1837, p. 3. — « *Enfant d'hirondelle* = bâtard. » Sologne, *La gaudriole*, 1891, p. 501. — « *Hirondelle de l'amour* = femme légère, fille des rues. » E. HEROS, *La noce à Génie*, 1885, p. 74. — « *Dindoulèto dé carrièro* = fille des rues. » Provence, MISTR. — « *Ràndolo*, f. = entremetteur, médiateur. » Gascogne, MISTR. — « *Dìndouloun*, m. = jeune homme. » Provence, MISTR. — « *Fày'ré dìndouloun* = croquer le marmot, attendre tandis que les autres mangent. » Provence, MISTR.

« *Arondelle* = espèce de vaisseau léger. » *Dict. de l'encyclop.*, 1751.

« *Pain d'hirondelle* = pain emporté aux champs et rapporté. » Saint-Aubert (Nord), r. p.

« Merriens entailliez à queue d'aronde. » fr. du XIVe s., EUST. DESCHAMPS, VIII, 197. — « *ouvrage à queue d'hironde* = terme de fortifications ; ouvrage construit sur la forme d'une queue d'hirondelle qui vole. » *Dict. de Trév.*, 1752. — *queue d'aronde* = terme de maçonnerie ; manière de tailler l'extrémité d'une dalle de pierre pour la joindre à une autre en faisant l'assemblage plus large à l'extrémité qu'au collet. » MORISOT, 1814. — « *queue d'éronde* = certain outil du menuisier. » MÉNAGE, 1750. — « *queue d'arondiéle* = bribes qu'on donne aux mendiants. » Valenciennes, HÉCART. — « *queue d'aronde* = habit de cérémonie, habit à queue de pie. » Belgique wall., Champagne. — « *queue d'aronde* = la nuque. » Somme, JOUANC. — « *Barbes en queues d'hirondes* = longues moustaches. » XVIIe s., BÉROALDE DE VERV., *Moy. de p.*, éd. Roy., I, 231. — « *Les hirondelles* = les moustaches. » argot, G. MACÉ, *Mes lundis en prison*, 1889. p. 250.

« *Avoir les élombrates (hirondelles)* = avoir des mouches, des papillotements dans les yeux. » Env. de Belfort, VAUTH.

« *Arondelle* = partie de la lance qui protège la main. » anc. fr., DU C., III, 671.

« A Sén-Yaousép L'arrounglétc qué muche lou bec. » Landes, FOIX, 1890, p. 31. — « Pér Sén-Josép L'irroundélo vaï et vè. » Limousin, *Annada limousina*, 1895. — « O lo Sén-José *(19 mars)* L'Ezèlo *(l'hirondelle)* vé *(vient)*, Lou coucu lo sé *(la suit)*. » H.-Vienne, PRÉCIGOU. — « En mars pour fêter Gabriel Revient la première hirondelle, Mais toutes, elles sont en chemin Le jour de Saint-Benjamin. » Normandie, LE HÉRICH., Sobr. de N., 1890. — « Quand l'hirondelle arrive L'hiver est fini. » I.-et-V., *Mélusine*, III. 179. — « Quand l'hirondelle fait son nid Ne cherchons plus d'abri. » Fr.-Comté, PERRON, *Prov.*, p. 21.

« L'h. arrive le jour de l'Annonciation (25 mars) et repart le jour de N.-D. de septembre (8 sept.). » Baugé (M.-et-L.), *Rev. d. tr. p.*, 1905, p. 362. — « A l'Exaltation *(14 sept,)* Les hirondelles s'en vont. » I.-et-V., *Mélusine*, III, 179. — « Si l'hirondelle voit la Saint-Michel, (29 sept.) Pas d'hiver avant Noël. » Fr.-Comté.

Beauq., *Les mois*, p. 179. — « A la Saint-Michel Partent les hirondelles. » *Suppl. ill. du Petit Parisien*, 1893, p. 330.

« Deux ou trois hirondelles ne font pas le printemps. » J.-P. Camus, *Devoirs paroissiens*, 1642, II, 57.

« Est-ce sûr, ce que vous dites ? Aussi sûr qu'on peut l'être de la constance de l'hirondelle à habiter son nid. » Audebrand, *Les Fleuranges*, 1883.

« Elles vont filer comme les hirondelles en automne. » Assollant, *La fête de Champdebrac*, 1883.

« Pandola qui trazia los huelhs a sos randolos e-ls y tornava, la maire loș fay revezer. » anc. prov., Bartsch, *Provenz. Leseb.*, 1855, p. 164 — « Quand si fil perdent la veue por auccune achoison, il aporte une herbe que on apele *celidoine*, qui les garist et lor rent la veue. » Bruneto Latini, *Liv. du tres.*, éd. Chab., p. 217. Voir Flore popul., I, 199. — « On se sert des *pierres d'hirondelles* pour ôter les ordures qui sont dans les yeux. » Pomet, *Hist. d. drogues*, 1694.

« *Pierres d'hirondelle* ou *pierres de Sassenage*, espèces de petites pierres. » *Régis de la Colombière, Produits utiles*, 1828, p. 196.

« Pour avoir la pierre qui sane ceux qui ont le gaunice, oigniez les arandeaux de safren en leur nid et les arundes aporteront la pierre dedenz le nid. » xive s., *Romania*, 1908, p. 367.

Sur la pierre trouvée dans la tête de l'hirondelle, servant à guérir l'épilepsie, voy. *Romania*, XXXII, 289-290 et XXXVI, 371.

En bien des endroits on croit que la fiente de l'hirondelle tombant sur les yeux fait perdre la vue. » On doit mult garder ses oilz dou fiens de l'arondele porce que on trouve en la Bible que Tobies li grans en perdi la veue. » Brunetto Latini, *Livr. d. tres.*, éd. Chab., p. 217.

« Si quelqu'un est aveugle il peut recouvrer la vue. Pour cela quelqu'un se charge de crever les yeux aux petits de l'hirondelle quand ils viennent d'éclore. Dès que la mère s'en aperçoit, elle s'envole et revient bientôt avec une pierre dont elle se sert pour leur rendre la vue. Il faut s'emparer de cette pierre et en frotter les yeux de l'aveugle, qui verra clair. » Normandie, E. SOUVESTRE, *Scènes de la Chouannerie*.

« Si vols hom[e] sanar de gota caduzcha *, pueja al nis de la ronde, negun non te veira, e pren un delz polzis, et, ans que torns a terra, tol il lo ca[p], e pois obre il lo cap, et atrobaras ins doas peiras de las cals es la una roja e l'autra blancca. La roja ajuda en las demandadoiras cauzas, si om sobre se la porta; la blancca, si es lavada en laiga, de n'a beure ad aquel que a la gota, e pueis sera sans. » ** anc. prov., P. MEYER, dans *Romania*, 1903, p. 289.

« Pour avoir grâce de toutes gens, R. une heronde entreux qu'elle keuve, puis prenez une pierre qui est dedens son gusiel, la quele on apelle *sangore* et le portez sur vostre dextre brach. » Pays wallon au xv^e^ s., J. CAMUS, *Manuscr. namur.*, s. v^o^ *sangore*.

« Contre le mal des yeux prenez cinq nids d'hirondelles, les petits dedans et le nid entier.... » LOUYSE BOURGEOIS, *Rec. de secrets*, 1635, p. 13.

« Cum primum hirundinem audieris vel videris tacitus illico ad fontem decurres vel ad puteum, et inde aqua oculos fovebis et rogabis deum, ut illo anno lippias dolorемque oculorum tuorum hirundines auferant. » ve s. ap. J.-C., MARCELLUS BURDIGALENSIS, éd. Grimm, 1849, p. 11.

* La goutte caduque, c.-à-d. l'épilepsie.

** Cf. G. REYNAUD, *Poème moralisé*, 1885, p. 24.

« Cum primam hirundinem videris, tacebis et ad aquam nitidam accedes atque inde in os tuum mittes deinde digito obscœno id est medio tam manus dextræ quam sinistræ dentes tricabis et dices :

hirundo, tibi dico,
quomodo hoc in rostro iterum non erit
sic mihi dentes non doleant toto anno !

item alium annum et deinceps sequentibus similiter facies, si volueris remedii hujus quotannis manere beneficium. » Idem, p. 14.

« Sed praecipue contra synanchen prodest, si hirundininos pullos vivos in nido prendas et vivos incendas, ut pulvis ex his fiat, die Jovis, luna vetere. sed observa ut impares in nido invenias, et quanti fuerint exuras. Horum in calida aqua pulverem bibendum dabis et de ipso pulvere digito locum synanches ab intro continges. Miraberis remedium, sed inlotis manibus remedium, facies. » Idem, p. 15.

« Se vous voulez moult boire senz enivrer, prenez une vive aronde, si l'ardez en ung feu, sens plume, si en faites poudre et en usez, » J. Camus, *Récept.*, p. 14.

« Quand on voit une hirondelle pour la première fois de l'année il faut se laisser tomber sur le dos pour n'avoir pas la sciatique ni le mal de dents. » Pays d'Albret, Dardy, I, 218.

« Si une h. passe sous le ventre d'une vache à lait, celui-ci se tourne en sang. » Meuse, Lab., *Anc. us.*, p. 183. — « On appelle *lait alondré ou arondlé* le lait devenu bleu. » Meuse, Varl.

« Celui qui déniche les hirondelles aura les mains croches. » Anjou.

Tuer une hirondelle ou détruire son nid porte malheur :

« Ne détruisez pas le nid de l'hirondelle, elle mettrait le feu à la maison, au moyen du feu qu'elle porte sur la queue. » Fargniers (Aisne), r. p. — « Si on détruit son nid, elle revient mettre le feu à la maison. » Pierrefonds (Oise), r. p. — « Tuer les hir. fait pleuvoir. » Pays d'Albret, DARDY, I, 230. — « Si vous tuez une h., vous aurez bientôt chez vous un cheval boiteux ou une bête à cornes boiteuse. » Clerval (Doubs), r. p. — « Celui qui tue les hirondelles perd la vue. » P.-de-C., c. p. M. ED. EDMONT.

« Quand un enfant prend une hirondelle dans ses mains, il ne peut plus s'en débarrasser, tellement les griffes de l'oiseau restent accrochées à ses doigts. » Herbeumont (Belg.), *Wallonia*, 1905, p. 19.

« Une h. désertant la maison pendant la belle saison, présage de maleur. » Ambert (P.-de-D.), GRIVEL, *Chroniques du Livradois*, 1852, p. 51.

« Une h. entrant dans une chambre, mauvais présage. » Meuse, Char.-Inf., r. p.

« C'est oiselez devine, car il deguerpit les maisons qui doivent fondre. » BRUNETTO LATINI, *Livres d. tr.*, éd. Chab., p. 217

« La première h. qu'on voit au printemps peut être un heureux présage. Dès que vous l'apercevez, regardez sous votre pied; si vous y trouvez un poil, vous serez de chance toute l'année; vous pourrez même trouver de l'argent. » Deux-Sèvres, SOUCLÉ, *Croy*.

« Quand une jeune fille aperçoit une h. seule, au retour de ces oiseaux, cela lui indique qu'elle ne se mariera pas encore dans le courant de l'année; mais si au contraire elle voit deux hirondelles volant ensemble, c'est un signe certain de prochain mariage. » Le Vimeu (Somme), *La jeune Picardie*, 1900, p. 118.

« Si on peut la prendre, on lui attache une faveur bleue ou blanche, et si elle revient avec l'année suivante, on aura de l'argent toute l'année. » Avon (S.-et-M.), r. p.

« Si elle vole très bas, bonne nouvelle; si elle vole à une moyenne hauteur, mauvaise nouvelle; si elle vole très haut, très bonne nouvelle, triomphe. » Fougerolles (May.), r. p.

« L'h. porte bonheur si elle vient sur vous, malheur, si elle s'envole en vous tournant la queue. » Avon (S.-et-M.), r. p.

« Rêver d'hirondelles, c'est signe de fidélité. » Paris, r. p.

« L'h. protège la maison de la foudre. » Dinant (Belg.), *Rev. d. tr. p.*, 1902, p. 273.

« Celui qui n'étrenne pas de vêtements neufs à Pâques, les hirondelles lui chient dessus. » Prusse wallonne, *Wallonia*, 1899, p. 65.

« On empêche quelqu'un de dormir en mettant dans son lit un œil d'hirondelle. » MIZAULD cité par THIERS, *Tr. d. sup.*, 1697, I, 155. — « Un nid d'hirondelle placé dans le lit empêche de dormir. » *Hist. de Laurent Marcel*, 1779, I, 154.

« Est heureux au jeu celui qui a sur lui un cœur d'hirondelle. » THIERS, *Tr, d. sup.*, 1697, 365. — « Porter sur soi un cœur d'hirondelle fait qu'on est aimé de la personne que l'on désire. » XVIIe s., J. COUSIN, *Secr. mag.*, 1868, p. 22. — « Si vous voulez qu'une femme vous aime toujours bien, prenez la langue d'arondelle et la mectez en vostre bouche aucunesfois quant vous la beserez et elle n'amera jamais que vous. » SCHWOB, Parnasse satyr. du XVe s., 1905, p. 64. — « Celui qui mange une tête d'h. devient immédiatement sorcier. » Meuse, LAB., *Anc. us.*, 1902, p. 179.

La cigogne et l'hirondelle nichaient en haut de la même

maison. Le babillage de l'hirondelle empêchait la cigogne de dormir. Celle-ci tua les petits de sa voisine qui pour se venger mit le feu au nid de la cigogne qui périt. Voyez : *Dialogue des créatures*, 1482, 67e dialogue.

« Quand le bon Dieu a eu fait la terre, il s'aperçut qu'il manquait le feu. Le feu était au ciel. L'hirondelle se présenta pour l'aller chercher. Elle y alla mais en redescendant avec le feu, celui-ci se mit dans la queue de l'oiseau et en brûla le milieu. Le feu lâché par l'hirondelle remonta au ciel. Depuis ce temps elle a toujours la queue fauchue avec le milieu brûlé. Le roitelet se présenta alors et c'est à lui que nous devons le feu, quoique celui-ci l'ait fortement roussi. » Belg. wall., *Wallonia*, 1894, p. 188.

« C'est l'hirondelle qui a apporté l'eau sur la terre. » Godarville (Belg.), *Rev. d. tr. p.*, 1902, p. 373.

« Après le déluge le serpent envoya le cousin à la recherche de la créature ayant le meilleur sang à sucer. Le cousin constata que c'était celui de l'homme et rendit compte de sa mission. L'hirondelle qui se trouvait là, elle qui est l'amie de l'homme, devint furieuse et d'un coup de bec coupa la tête au cousin. Le serpent en colère saisit l'hirondelle pour la dévorer, mais il la prit par la queue dont plusieurs plumes lui restèrent dans la main. C'est depuis ce temps qu'elle a la queue fauchue et que le cousin ne parle plus. Il ne peut plus faire que *pcheu ! pcheu !* » Bourgogne, *Rev. d. tr. p.*, 1914, p. 220. — Légende identique en Bigorre, c. p., M. Tarissan.

« De retour des pays chauds l'hirondelle vit un homme qui plantait du lin. « Que fais-tu ? » « Je fais du fil pour prendre les oiseaux. » Aussitôt l'hirondelle d'aller en avertir les oiseaux et de leur conseiller d'arracher le lin du jardin. Mais ils ne voulurent pas la croire. « Alors, dit-elle, il ne me reste qu'à me faire l'amie de l'homme et à bâtir sous son toit. Pour avoir sa bonne amitié, chaque année je lui apporterai le printemps sous mon aile. Ce qui fut fait. Le lin de son côté devint magnifique et servit à prendre les autres oiseaux. » L'Isle-Jourdain (Gers), *Armanac de Gascogne*, 1905. — Cf. L. HERVIEUX, *Fabulistes latins*, passim ; A. ROBERT, *Fables inédites*, 1825, I, 40-46 ; RÉGNIER, *Fables de La Fontaine*, 1883, I, 81-83 ; SOLVET, *Etudes sur La Fontaine*, 1812, p. 18-19 ; GRATTET-DUPLESSIS, Fables du XIIIe siècle, 1834, 19-20.

« L'hirondelle a enlevé une à une les épines qui déchiraient le front de Jésus. » Belg. wall., *Wallonia*, 1894, p. 208. — « Le jour de la Passion les pies vinrent piquer du bec le corps meurtri de Jésus. Les hirondelles, au contraire, arrachèrent les épines de ses chairs. Depuis ce temps les pies sont condamnées à faire un mauvais nid à la merci de la pluie, et les hirondelles font le leur à l'abri de tous dangers. » Char.-Inf., *Soc. de Saint-Jean-d'Angély*, 1865, p. 210. — « Elle a une tache de sang sous la gorge. » Jura, *Mém. de la Soc. des antiqu.*, 1823, p. 411. — « Elle porte sous la gorge une tache de sang en signe de réprobation. » Fr.-Comté, J.-B. MUNIER, *Manuel des Fromageries*, 1858, p. 44.

Symbolique. « Une image représentant une h. volant vers le soleil, est accompagnée de ces mots : *sa favorable chaleur m'attire*. » LA FEUILLE, *Devises*, 1693. — « Représentant une h. volant au-delà de la mer : *elle cherche gîte ailleurs*. » ID. — « Posée sur une maison : *j'en suis l'amie, mais non pas l'esclave*.

Amica non serva. » Id. Pour l'hirondelle dans la symbolique chrétienne, voyez : Cahier, *Nouv. mél. d'archéol.*, 1874, p. 136.

Sur le symbolisme de l'hirondelle, voyez Menestrier, *Philosophia imaginum*, 1695, 704-711.

Jeux. Sur le *jeu de l'hirondelle* dans lequel il est question d'une raie faite sur le sol et d'un enfant ayant les yeux bandés, voir : Nadaillac, *Jeux de collège*, 1875, p. 79.

Hirundo urbica (Linné).

hirundo urbana, anc. nomencl., Cordus, 1561.

iroundélo blònco, Loz. — *cuou blan dé téoulisso*, Provence. — *cu bian, tiu bian, byin tiu, métchëlò*, m., Fr.-Comté. — *barbajoou*, m., *barbazà*, m., langued. — *barbéy'roou*, m., Nice. — *martinet*, fr., Belon, 1555 ; H.-Marne. — *mart'lò*, m., Meuse.

cûgianco d'aia, culidda bianca, balestruccio, martidduzu, barbottula, darden, dardin, dial. ital. — *vencejo*, espagn., Irby. — *mehlschwalbe*, Saxe.

« *Escarabi-a coume un barbajoou* = gai comme une hirondelle de fenêtre. » Gard, D'Hombres.

Hirundo rustica (Linné). — **L'HIRONDELLE DE CHEMINÉE**

caminaria, l. du m. â., Dief. — *hirundo muraria*, anc. nomencl., Cordus, 1561.

martini, m., H.-Loire. — *neûre aronge*, wallon. — *savoyarde*, S.-Inf. — *furnèto*, f., Provence.

barbarotta, grondina, rondola casana, f., Corse, c. p. M. Ed. Edmond.

cesilla, ital. du Nord, au xve s., MUSSAFIA (dans *Denkschr. d. Akad. d. W. philos. hist. Classe*, Wien, 1873, p. 224).
cisila, sisila, zisila, zizela, zilega, jiliga, ziria, Nord-Est de l'Italie.
gabelschwalbe, Styrie. — *chaarzwaluw, schaarslijper*, flamand. — *sandback*, Northumberland.

Hirundo riparia (LINNÉ). — L'HIRONDELLE DE RIVAGE

drepanis, hirundo riparia, lat. de PLINE. — *hirundo littoralis*, anc. nomencl., CORDUS, 1561.
hirondelle de rivage, fr., FONTAINE, 1612. — *arondelle rivagère*, fr., *martelet*, m., CONST., 1573. — *hirondelle de mer*, Orne. — *térrassoun*, m., *ribèy'roou, ribéy'rolo, rivièy'rolo, rabéy'roou, rabéy'rolo*, Provence. — *massouneû-ü*, m., Char. — *barbajoulé*, m., Gard, Ardèche. — *mat'lò*, m., Jura. — *térinia*, m., *aronde de fègnèsse*, (= hir. de marais), Namur. — *irouudèlo nègro, irouudèlo péscày'ro*, Lozère. (Quand elle rase l'eau, elle semble pêcher). — *motrô*, m., M.-et-L.

Cypselus apus (ILLIGER). — LE MARTINET

apus cypselus, lat. de PLINE. — *apodia, dardanus, cispsedus* (sic) *Plinii*, l. du m. â., SIMON JANUENSIS, 1486. — *martineta*, l. du m. â., DU C.
martin noir, Char.-Inf. — *martinet noir*, Jura. — *grand martinet, grande hirondelle, moutardier*, fr., BELON, 1555. — *martinet*, fr., THIERRY, 1564; etc., etc. — *martinètt, mortinètt, martÿënè, martina*, m., *martinô, martinèto*, f., *martélé, martalè, mat'lò, martô, martirola*, m., en divers patois.

arbalétrier, Yonne. — *Habestrié*. — *aoubaléstré*, m., *voulastrié*, m., Gard. — *ôbalestrî*, m., *arbalètte*, f.. *ôrtÿîre*, f., *ërtchî*, m., *oritchî*, m., *êrchiche*, m., Belg. wall. — *faoucil*, m., *faoucilh*, m., *faouci-èto*, f., B.-du-Rh., Aude, H.-Gar. — *rasclé*, m., Gard. — *râcle*, m., *râcle noir*, m., Suisse. — *grifon*, m., Meuse, H.-Marne. — *moutardière*, f., fr., J. Fontaine, 1612. — *stron de chin* (= *étron de chien*), Hainaut belge, *Wallonia*, 1900, p. 204. — *faoule rondale*, f., Meuse. — *hirondelle de ville, hirondelle de clocher*, Champagne, Belg. wall. — *barbày'roou*, m., Nice. — *barbèy'roou*, m., *ratèy'roou*, m., *coupo-vén*, m., *passo-voulàn*, m., Provence. — *eskirounèl*, m., langued., Mistr. — *pive de montagne*, f., Savoie, Dessaix, II, 161.

sbira, sbirru, sbirru banditu, spirlo, Corse. — *sbirro, sbiro, rondone, randol, linduni, pivi, dardao, dardu, concade, moru*, dial. ital. — *spîra*, f., Davos (Grisons). — *avion*, espagn., Irby. — *speier, spir, spyrschwalbe, spirel, kuhherterl, leendecker*, dial. allem. — *black martin, screamer, squeaker, squealer, screetch-owl, shriek-owl, skir-devil, tommy-devil, deviling, kill-devil, clavver hawk, church-swallow, church-martnet, rok-martinet*, dial. angl.

Posé par terre cet oiseau a du mal à prendre son essor, aussi est-il toujours perché sur les grands édifices d'où il peut facilement s'envoler.

« En volant par l'air qui est sa vie; sur la terre ne le peut mie; Par ce pourroit estre perie. » P. Reynaud, *Poème moralisé*, 1885, p. 24. — « Une hirondelle qui se serait reposée à terre ne pourrait pas reprendre son vol, car c'est un *oiseau du ciel*. » Mons (Belg.), *Rev. d. tr. p.*, 1902, p. 373.

« *Martinet* = petit chandelier à queue et sans pattes. »
MÉNAGE, 1750.

Caprimulgus europaeus (LINNÉ). — **L'ENGOULEVENT**

caprimulgus, lat. — *avia*, *nicticorax*, l. du m. â. — *hirundo*, *caprimulga*, *fur nocturnus*, *connilus*, *nocturnus*, *noctambulus*, *avis nocturna*, *accipiter*, *cantharophagus*, anc. nomencl., NEMNICH. — *coupe-ven*, Sault (Vaucluse), c. p. M. ED. EDMONT.

engueule-vent, m., *bégueule* = (belle-gueule), f., Yonne. — *sorbe-vent*, *gobe-mouches*, H.-Marne. — *tette-chèvres*, anc. fr. — *cabriaou*, Var. — *aouzétt-crapaoutt*, *aouzèy'ch crépaoutè*, B.-P. — *crapaou*, *grapaou*, *tèto-cabro*, provenç. — *grapal-voulàn*, Aveyr. — *bô voulan*, Vosges. — *sabà*, m., Marseille. — *coupe-veut*, Sault (Vaucluse), c. p. ED. EDMONT.

chauche-branche, en div. endr. — *saute-branche*, *chasse-crapaud*, *chouèche-crapaud*, Yonne. — *chaoucho-grapaou*, *chaoucho-garri*, *craco-babi*, *nuécho*, f., *gràn-gorjo*, f., *faouci-oun*, m., Provence. — *éskicho-grapaou*, *éskisso-grapaou*, Gard, Aude. — *clhastra-bò*, m., Isère. — *hirondelle de nuit*, Sarthe. — *gobe-bôdje*, m., H.-Saô.

amuse-fou, *aba-fou*, Yonne. — *abuso-pastou*, *clucho*, f., Gers. — *éngagna-pastous*, Pyr-Or. — *fole*, f., Allier.

courpalànco, f., Pays d'Albret, DARDY, I, 320. — *courbènsoun*, m., gascon.

effraye, f., *frezaye*, f., *petit chat-huant*, m., anc. fr., *camerarius*, *Méditat. histor.*, 1608, II, 592. — *frëzâ*, f., I.-et-V. — *frëjouâ*, f., Poitou. — *fressouâ*, f., Manche. — *râle*, m., Aube. — *râclò*, m., *râclhò*, m., Savoie. — *séche-trape*, *séche-terrine*, *boucheraie*, en div. endr. — *fouache-trape*, *traîneau*, Yonne. — *ëmoli*, m., Isère. (Son cri imite le bruit de la meule à aiguiser). — *filandière*, f., C.-du-N. (Son cri imite le bruit du rouet des fileuses, appelé *filandière*). — *glaoucholo*, f., *bachoco*, f., *tabruocho*, f., Hérault. — *litournaou*, m., Gironde.

faout-avel, m., pl. *faouterien-avel* (= qui fend le vent), bret., DU RUSQUEC (non repris dans son *Dict. bret.-franç.*) [E. E.]

boccaccio, *bocalin*, *nocciola*, *nottola*, *nottolone*, *vol di notte*, *dormiglione*, *tettavacche*, *tettacapre*, *lattacapre*, *succhiacapre*, *calcabotto*, *carcababi*, *scarabaggio*, *carcabaggio*, *volababi*, *carcaciatri*, *carcateppe*, *calchin*, *piacarân*, *picaran*, *squarcio*, *scarcasciatt*, *squartasatt*, *sfialap*, *fialap*, *guattascio*, *piattajone*, *piattone*, *stiaccione*, *passalitorta*, *cordaru*, *cova in terra*, *guardalepre*, *inganna-pastore*, *inganna-fuoli*, *ingo-javento*, *rundun*, *merdajolo*, dial. ital. — *engana-pastores*, *chota*, *cabras*, *zumaya*, espagn., IRBY.

groszmaul, *nachtschade*, *hexe*, *lelek*, dial. allem. — *nightcrow*, *nighthawk*, *nightchurr*, *nigthjar*, *nightswallow*, *fernoul*, *churnowl*, *jarowl*, *jarbird*, *evejar*, *gapmouth*, *goatsucker*, *groundhawk*, *mosscrowker*, *puckeridge*, *spinner*, *razor-grinder*, *scissor-grinder*, *moth-hawk*, *dor-hawk* (= faucon des fouillemerdes), dial. angl. — *natravn*, danois. — *abou-karrak*, arabe de Malte.

« Bader la guele comme un engoulevent. » Charente.

Columba palumbus (LINNÉ). — **LE RAMIER**

palumbis, *palumba*, *palumbus*, *columba sylvestris grandis*, *columbus sylvestris*, *columbus faverius*, *fakecha*, *faecha*, *facheta*, *facha*, *alunda*, l. du m. â.,

Goetz; Du C.; Dief.; etc. — *titus*, l. du ve s., ap. J.-C., *Romania*, 1906, p. 197.

palomb, palumbe, coulom ramage, colombe ramage, colomb ramier, coulon ramier, coulomb sauvage, pigeon ramier, ramier, anc. franç. — *paloumbo, pouloumbo*, Gard. — *palomes*, ancien béarnais (Règlements de Henri II). — *paloumes*, c. p. M. Batcave. — *paloumo*, Corr. H.-P. — *paloun*, m., Nice. — *paoumiè*, m. Lot. — *colon, coulon, colombe*, Sav., Fr.-Comté, — *coulommansar*, fr. du N.-E. au xive s. — *mansart*, picard., Thierry, 1564. *mansâ colô*, Val d'Orbey (Als.), *colon morsâ, colon moussâ, colô mansô*, Belg. — *coulon grouzé*, dép. du Nord.

grand ramier, anc. fr., Const., 1573. — *ramé*, m., P.-de-D. *rämî*, m., Doubs. — *ramée*, f., Dauphiné au xvie s. — *colom favar*, m., anc. provenç., Levy. *pitsou favaou*, m., H.-L., Tarascon. — *fabar*, m., H.-G., Aveyr. — *favà*, m., Provence. — *coum fabar, coum flabar*, Aveyr. — *colombe phavier, fuyar*, m., anc. fr., J. Fontaine, 1612. (La forme *pleuvier* que donne J. Bodin, 1597, p. 467, avec le sens de *pigeon ramier*, est une erreur évidente).

toudou, m., *tchitchélh*, m., Pyr.-Or., Barrère, 1745.

cudon, f., bret. moy. et mod. [E. E.].

glazik, m. (= petit bleu), bret., Troude, Ch. Ernault. *Gloss. moy. bret.*, 257. [E. E.].

pichoun gonez (= pigeon sauvage), bret. J. Moal [E. E.].

palombo, colombaccio, colombo, collado, colasso, collarone, turchiato, groton della collana, pizun favoer, favaro, favaccio, fassa, fasco, tuduni, turuni, tidori, tuvon, dial. ital. — *paloma, torcaz*, espagn. — *pombo torquaz*, portug. — *culombu salvatigu, m.*, Corse, c. p. M. Ed. Edmont.

ringedove, cushat, wooshat, queest, woodquest, queesty,

queece, *quice*, *zoozoo*, Angl. dial. — *ringeltaube*, allem.

Un jeune ramier est appelé :

ramereau, *ramerot*, anc. fr.
cudonnicg (premier *n* nasal), bret., P. Grég. [E. E.].

Toponomastique :

Las paloumeres, doc. de 1502, *Le Col de Palombières* (B.-Pyr.). — *Paloumère* (Bigorre) c. p. M. Tarissan. — Les *Palomières*, lieu dit près Bagnères-de-Bigorre. H. Gaidoz. — *Paloumas* (B.-Pyr.).
Paloumiere, loc. de la Dordogne, De Gourgues.

Onomastique :

Paloumet, nom de famille en Poitou.
Lé Glasic, bret. moy.; *Cudon*, bret. mod. [E. E.].
« *gris de ramier* = une nuance du gris. » xviie s., Agrippa d'Aubigné, éd. Réaum., II, 391; Savary, 1741.
« *Palommier* = chasseur aux ramiers. » Béarn, texte de 1583, God. — « *Paloumé* = même sens. » Landes, Mét. — « *Paloumère*, f., = lieu garni d'arbres où l'on place la chasse aux ramiers. » Landes, Mét.

La chasse à la palombe se fait dans les *palombières* en Béarn, *palomansas* à Bagnères-de-Bigorre, 1555 (B[n] Sté Ramond, 1890, p. 93). La *palombiere*, en Pays Basque, est la *panthière* du Comminge, etc. En Couserans, au xviiie s., on stipule des redevances en bisets.

Un prêtre béarnais, d'Andichon, a écrit au xviiie siècle *La chasse aux palombes*. — Voir dans l'*Illustration*, n° du 11 septembre 1847, des dessins de la chasse. En 1914, malgré la guerre, on a pris 3,000 palombes aux *palombières* de St-Just Ibarre (B.-P.) — Voir article de René Bazin,

Débats du 21 septembre 1893, *La Palombiere de Sare.* Comm. p. M. BATCAVE.

« Ta sén-Betran Castagnès è aglan; Gouéyt diés abans, Gouéyt diés après, Paloumes è perengues à pialès. » *Armanac dera mountanho*, 1908, p. 14.

« An de glandère, An de paloumère. » B.-Pyr., LESPY.

« *A sén-Mikéou L'appéou; A sén Luc Lou truc; A sén-Grat Lou gran patac; A sén-Martérou La flou; A sén-Marti La fi* = à Saint-Michel (29 sept.), l'appeau; à Saint-Luc (12 oct.) le coup; à Saint-Grat (19 oct.) le grand coup; à Saint-Martérou *(la Toussaint)* la fleur, c.-à-d. le meilleur; à Saint-Martin la fin. » B.-Pyr., LESPY.

« Mariés en manière de pigeon ramé; la femelle vaut mieux que le mâle. » Deux-Sèvres, SOUCHÉ, *Prov.*

Interprétation du chant du ramier. « Rou ! rou ! Ain, PH. LE DUC, *Chans. bress.*, 1881, p. 182. — « Jeunes filles, retroussez-vaus ! » Liffré (I.-et-V.), *Rev. d. tr. p.*, 1904. p. 243. — « Payes-tu un pot, tintin, tintin, tenton ? » Bréal-s.-Montf. (I.-et-V.) *Rev. d. tr. p.*, 1895, p. 666.

« Un jour qu'il y avait la famine le ramier vendit sa sœur à la mésange en échange d'une gousse de fève et ne la revit plus. C'est depuis ce temps qu'on l'entend gémir : *pauve soû! pauve soû !* c.-à-d. pauvre sœur ! » Le Condroz (Belg.), *Walonia*, 1894, p. 108, C.

Voir d'autres interprétatious du chant du ramier dans *Rev. de ling.*, 1881, p. 18; *Rev. d. tr. p.*, 1907, p. 401; *Rev. du traditionn.*, 1907, p. 339 et 1908, p. 4.

« Lupus vidit columbam silvestrem ramusculos colligere et ait illi : *tota die te video ad ligna circuire et ramos congregare, sed nunquam te vidi bonam domum habere vel bonum ignem facere.* Cui columba respondit : semper, ex quo vicini fuimus, te vidi oves trahere et congregare, sed nunquam vidi te melius inde vestitum vel majorem habere familiam. » L. HERVIEUX, *Fab. lat.* 1884, II, 578.

« De yver le ramier ses œufs foist Et par froit les voulut couver; Lors de ses pleumes se deffeist Pour ses œufs du grand froit saulver. Mort le print..... » ALCIAT, *Livret des emblemes*, 1536.

HÉRALDIQUE :

En 1518, la ville de St-Jean-Pied-de-Port avait des palombes dans ses armoiries (Armorial de Béarn, par DUFAU DE MALUQUES, t. I, p. 162) c. p. M. BATCAVE.

Columba oenas (LINNÉ).

Vinago, anc. nomencl., NICOT, 1666. — *oenas*, anc. nomencl., WILLUGHBY, 1676. — *palumbus minor*, anc. nomencl., CONST., 1573.

petit ramier, fr., CONST., 1573; Yonne, *Jura*. — *fuyar*, Yonne. — *sâvage colon*, Belg. wall.

Columba livia (BRISSON). — **LE BISET**

livia (a livido colore), *saxarolus*, l. d. m. â., DU C. — *columba rupicola*, nomencl. de WILLUGHBY, 1676.

biset, fr., BELON, 1555. — *bisset*, fr., CONST., 1573. — *bisètt*, langued. — *bisé*, provenç. — *bizért*, langued., CASTEL, *Hist. de Langued.*, I, chap. 5, p. 46. — *palombe grisarde*, fr., DU BARTAS. *La sepmaine*, 1579, V. — *colombe livienne*, fr., J. BORDEN., 1597, p. 535. — *creuset*, *croset*, *croiseau*, *croisi*, *crosier*, anc. fr.

« De huppe nous font torterele et de corbeau coulon crosier. » GOD., II, 385.

angel, m., Montpellier, CONST., 1573. — *tarragon*, fr. dial., CONST., 1573. — *péréngo*, f., *péringue*, *pérengue*, *rocquet*, m., Sud-Ouest au XVIe et au XVIIe s. — *roukètt*, m., *Arroukètt*, B.-P., Landes, Gir. — *rokètt*, Char.-Inf. — *pigeon de roche*, *pigeon de montagne*, fr. — *colombe rocheraye*, fr., COTGR., 1650. — *couloum*, m., H.-P. — *pijoun tourriè*, Aude. — *colon biseû*, *bouh'teû*, *burnè*, *conpinêre*, f., wallon., DEFR.

« Teint de maigre bizet. » AUVRAY, *Banquet des muses*, 1623, p. 131. — « *A'vo car dé pérèngo* = il a une chair de biset, allusion à la chair noire de cet oiseau. » toulousaïn, VISNER.

« Il ressemble au pigeon roquet, il couche là où la nuit le prend. » Char.-Inf., JÔNAIN.

Columba turtur (LINNÉ). — **LA TOURTERELLE**

(Voy. *Faune pop.* t. II, p. 331).

turtur, *turturella*, *tordela*, *tortera*, *querola*, l. d. m. â., DU C.

tortre, f., *tortret*, m., *tordera*, f., anc. provenç. et anc. languedoc.

turtole, *tourtre*, *tortre*, *turtre*, *teurtre*, *tourte*, *torte*, *turte*, *trute*, *teurte*, *tourde*, *tourtourelle*, *tortourelle*, *tourtorelle*, *tourterelle*, *tourtrelle*, *tortorelle*, *torterelle*, *totorelle*, *turturelle*, *turterelle*, *truterelle*, *troiterelle*, *torterole*, *tarterote*, anc. français. — *turcle*, f., anc. fr., *Festgabe*, f., *Mussafia*, 1905, p. 541.

tortora, *tourtouro*, *tourtola*, *tourtoulo*, *tourtéro*, *tourtro*, *tourtré*, *tourtre*, *turtre*, *tërtre*, *tourto*, *tourte*, *tôrte*, *torte*, *tërte*, *turte*, *trute*, *tourtourèlo*, *tourtourelle*, *tourtéréla*, *tourturelle*, *tourterole*, *tourterale*, *tourtérèyo*, *tôrturelle*, *turturelle*, *touortérelle*, *toutourèlo*, *totrelle*, *tëtrelle*, *toutarèla*, *tourtarèlo*, *tarterelle*, *tourdourèlo, tourdarèlo, tourtourèl,* m., *tourtarèl,* m., *tourtouréou,* m., *tourtéroto, tourtrote,* en divers patois.

tortora, f., *tortra-coloma,* f., Pyr.-Or., Barrère, 1745. — *tourtoure,* f., *tourtière,* f., H.-Marne, Daguin. — *tournèlë,* f., Palaiseau (S.-et-O.), r. p. — *torle,* f., Lyon, doc. de 1580, Baudrier, *Fournit. de la table du duc de May.*, 1900, p. 7. — *truyte,* f., fr. dial., Lagadeuc, 1499. — *trouëtte,* f., *tuëtte,* May., Dott. — *pourrute,* f., *pourrut,* m., anc. gascon. — *pourruto,* f., gascon. — Voir d'autres noms gallo-romans de la tourterelle dans Gilliéron et Edmont, *Atlas ling. de la Fr.,* fasc. 34, carte 1729.

turturella [pron. : *tourtourella*], f., Corse, c. p. M. Ed. Edmont.

trujunel, breton de Plouaret, r. p. *Turzunal* (Corn.), *Barz. Br.* 159. — Voir Ernault, *Gloss. moy. bret.* 457, 730 [E. E.].

tortora, tortola, tortra, doltra, turduin-na, dial. ital. — *turterl, durdeldiwel, holztaube,* dial. allem.

Le mâle de la tourterelle est quelquefois appelé *tourtereau.*

La jeune tourterelle est appelé :

tourtourin, m., *tourterin,* m., *tourtereau,* franç., Duez ; Richelet. — *tourtératt, tourtourélou, tourtouréléto,* f., en div. pat.

Toponomastique :

Tourtour, village du Var. — La Tourtoire, en 1453, *La Tourtoure,* B.-du-Rh., Mortr. — *Tourtoirac, Tourtirac,* Gir., Dord. — *Terre de Vallis del Tortor,* Gard, Bessot, Arch. de Nîmes, 1879. — *Le Champ-*

Tourtourier, H.-Alpes, Rom. — *Tourtourella*, en 1438, *Tourtourel, Les Tourtres*, Vadum de Tortelas, en 1413, *Le Gap des Tortelles*, Drôme, Brun-Dur.— *Château de Tourtoulou*, Cantal. — *Tourterau, Tourtenay*, Charente, Deux-S. — *Torterel, Torterelle*, Ain. — *Château de Tourteron*, Loiret. — *Les Tourterelles, La Tourtonnerie*, Loire-Inf. — *La Tourterelle*, Marne, H.-Marne. — *Le Torteret*, en 1498, H.-Marne. — *Le Turteron*, au moy. âge, Champagne. — *Tourteron*, Ardennes. — *L'Arbre de la Tourterelle*, canton de Genappes (Belg.), Tarlier, 1856, p. 49.

Onomastique :

Tourtel (Meurthe), *Tourtellier* (Haut-Rhin), *Tourtelot* (Char.-Inf., Gir.), *Tourtoude* (L.-et-G.), *De Tourtoulon* (Languedoc), *Turtaut* (Gir.), *De la Turtaudière* (Anjou), *Tortorelle* (Touraine), *Tortorel, Tortereau*, noms de famille.
Tourtère (Bigorre), c. p., M. Tarissan.

La tourterelle fait entendre le cri suivant :

tour ! tour !, Ineuil (Cher), r. p.
brou ! brou !, Villeneuve-s.-L. (L.-et-G.) Grenier, *Poète paysan*, 1886, p. 263.
terrou ! terrou !, Deux-Sèvres, Souché, *Prov.*
trr ! trr !, Aveyr., Besson, *Countés de la Tata*, 1902, p. 315.
tré ! tré !, Armagnac, Duffard, p. 282.

De la tourterelle faisant entendre son cri, on dit :

gemere, lat. du m. à., Du C., I, 629. — *gémir*, français,

D. MARTIN, *Parlem. nouv.*, 1660, p. 571; etc. etc. — *roulé*, Eure-et-Loir, r. p. — *crouâ*, Cubry (Doubs), r. p.

« *Couleur torterine* = couleur de la tourterelle. » anc. fr., GOD. — « *Pennage turturin* = couleur du plumage de certains faucons. » D'ARCUSSIA, *Fauconnerie*, 1599, p. 13. — « *Tortorato* = de couleur de tourterelle. » ital., OUDIN, 1661. — « Une citadine couleur tourterelle. » SIGNOL, *La lingère*, 1838.

« Cette fille est amoureuse comme une tourterelle. » PELLETIER, *L'amant rival*, comédie, 1805.

« Faire le tourtereau devant une femme = lui faire la cour. » MAILLÉ, *L'homme comme il y en a peu*, comédie, 1783. — « Je suis tant cœur de tourterelle, que j'en ai vergogne, comme dit le Provençal = *tant j'ai d'affection pour ma femme.* » LA LANDELLE, *Epaulettes d'animal*, 1857, p. 83. — « M'amie, amurs de turterele = termes de tendresse à l'égard d'une femme. » P. MEYER, *Troisième rapport*, p. 194. — « Monsieur Alexis ! il est chez sa tourterelle du cinquième. » P. DE KOCK, *La jolie fille du faubourg*.

« Debonnaire comme la tourterelle. » *Cy est le compost des bergers*, 1496.

« *Un baiser tourterin* = baiser colombin; baiser à la Colombine. » RONSARD, Œuvres, 1584, p. 630.

« Je ressemble à la tourterelle Qui se rit, à part, des cartelles Que luy fait l'amant déloyal. » *Trésor des plus excellentes chansons*, 1614, p. 300.

« Je vous ayme mieux tous deux qu'une bergère ne fait un nid de tourterelle, à cause de luy, pour l'amour d'elle. » *Ancien théâtre français*, IX, 32.

« Tiex fait semblant de torterelle Qui par dedens est

cresserelle. » anc. fr., MAILLET, *Miracle de Théophile*, 1838, p. 69.

« La tourterelle a bâti l'arche de Noé. » H.-Bretagne, *Rev. de linguist.*, 1881, p. 19.

« *Rire comme une tourterelle* = rire aux éclats. » Paris, r. p. — « Riez comme une tourte qui a reçu un coup de couteau. » ISID. CHASLES, *Aventures du capitaine Pétaillon*, 1891, p. 44.

Voir SAUVÉ, *Proverbes... de la Basse-Bretagne*, 413, 743, [E. E.].

Le renard le putois et les autres quadrupèdes de proie ne font aucun dégât auprès de l'endroit où ils ont établi leur nichée, de façon à ne pas déceler leur présence. Il en est de même des oiseaux de proie et on voit souvent un nid de ramier ou de tourterelle sur un arbre où se trouve déjà un nid d'épervier ou de cresserelle, par la secrette faculté qu'elle a d'effrayer de son cri les oiseaux de proie. » J.-P. CAMUS, *Acheminement à la dévotion*, 1624, p. 443.

« Quand les autres oyseaux chantent, la tourterelle pleure et gemist. » PLATINE, 1548, p. 197.

« La tourterelle a gardé le cri plaintif qu'elle poussait quand elle était posée sur l'un des bras de la croix du Sauveur. » wallon, *Wallonia*, 1894, p. 207.

« Elle gémit depuis que le coucou lui a emprunté du blé qu'il devait lui rendre à la moisson prochaine et qu'il n'a pas rendu. » Loiret, r. p.

« La tourterelle passait son temps à roucouler, mais vint le jour où il fallait abriter ses amours. Elle pria la pie son amie de lui apprendre à faire un nid. La pie qui avait déjà élevé sa famille se mit volontiers à l'œuvre. Elle choisit et réunit des bûchettes sur la branche d'un coudrier, les entrecroisant solidement de son bec dur. La tourterelle posée gracieusement en face d'elle lui disait langoureusement : Vous travaillez bien ma mie; cependant si vous choisissiez des brindilles plus flexibles, si vous les contourniez plus finement. — Dame, dit brusquement la pie, puisque vous êtes si habile, vous n'avez point besoin d'aide. Puis elle s'envola en jacassant. Et la pauvre incapable tourterelle dut adopter ce nid à peine ébauché qu'elle n'a pas encore réussi à perfectionner. » Morbihan, *Rev. d. trad. p.*, 1902, p. 160.

« Un homme, un peu niais, avait perdu des cochons, qu'il se mit à chercher. Arrivé dans les bois il entend le *trrrou, trrrou* d'une tourterelle à laquelle il crie : *Sont-ils là-bas, mon ami ? Arrêtez-les donc s'il vous plaît.* » Deux-Sèvres, Souché, *Prov.*

« La tourterelle dit un jour au loriot : *Si nous nous mettions marchands de porcs !* — Eh ! oui, dit le loriot, *je ne sais pas appeler.* — *Oh ! mais, moi, je sais,* dit la tourterelle. — Alors ils se mirent à acheter des porcs ; ils allaient aux foires. La tourterelle se mettait devant et appelait les porcs : *tré ! tré ! tré !* Et le loriot se tenait derrière, le touchait en disant : *apèro ! apèro ! oou !* (= appelle ! appelle ! ho !).... Un jour la tourterelle eut d'autres affaires. Le loriot mena les porcs tout seul à la foire. Le soir, il dit à la tourterelle qu'il les avait tous perdus au milieu du bois, qu'il n'avait pas su les appeler, qu'ils s'en étaient allés tous à travers les buissons. « *Allons les chercher ensemble*, ajoutait-il; *toi, tu les appelleras, et peut-être nous les retrouverons.* La tourterelle appelait : *tré ! tré ! tré !* et le loriot disait : *apèro ! apèro ! oou !* — Et depuis le loriot et la tourterelle cherchent toujours les porcs. » Armagnac, Perbosc (dans *La Tradition*, 1905, p. 335).

« Un jour, un jeune porcher gardait son troupeau dans un bois. Le soir venu, il sonna de la corne pour rassembler ses bêtes, puis les compta; il s'aperçut qu'un des porcs manquait, un porc écourté (porc curt). il l'appela et le chercha longtemps : « *Ount ès, porc curt? gourrou! gourrou!* » Ce fut en vain. Le porcher se désolait. La tourterelle et le coucou entendirent ses lamentations et eurent pitié de lui : « *Nous allons t'aider à chercher ton porc* » lui dirent-ils. — Les deux oiseaux se mirent à parcourir le bois en tous sens. La tourterelle appelait de sa voix douce : *gourrou! gourrou!* et le coucou criait à pleine voix : *porc curt! porc curt!* — Mais ils ne trouvèrent point le porc écourté et ils le cherchent encore. » H.-Garonne, Perbosc (dans *La Tradition*, 1905, p. 335).

« Dempiei que la tourtourelo bejet lou porc que s'abarlacabo dins un fongas, li crido e lou courso dal pus len : *trr! trr!* » Aveyr., Bessou, *Countes de la Tata*, 1902, p. 215. Cf. Duffard, p. 282.

Trrrou! est sans doute le cri qui sert à conduire les porcs.

« La tourterelle porte bonheur tandis que le pigeon porte malheur. » Calvados, r. p.

« La tourterelle pleure son conjoint quand il est mort et lui reste fidèle; elle ne boit plus, dès lors, sans troubler l'eau qu'elle doit boire. » *Physiologus grec du* XVe *s.* (dans *Assoc. d'études grecques*, 1873, p. 220).

« Turtur perpetuo primum conservat amorem Amissoque pari nescit habere parem. » Lat. du moy.-âge, *Hist. litt. de la France*, XXXIe, 16.

« En quoi la tourterelle qui jamais ne s'apparie qu'à un,

l'eur doit faire grant honte. » XVIe s. YVER cité par LITTRÉ, s. verbo *apparier*.

Sur la chasteté de la tourterelle voyez : *Dialogue des créatures*, 1482, 79e dialogue.

Pour se faire aimer d'une femme, prenez deux tourterelles, mâle et femelle, tuez-les, mettez-les en poudre; donnez cette poudre, trempée dans votre sang, à la femme dont vous voulez être aimé. Voy. SCHWOB, *Parnasse satyr. du XVe s.*, 1905, p. 63-65.

« Pour oster la luxure, prens le cueur d'une turturelle et le porte sur toy et tu n'auras envye de commettre luxure. » *Bastiment des receptes*, 1544, f^et 58, v^o.

« Le soir d'une noce, à la fin du repas, les compagnes de la mariée viennent, en chantant, lui apporter dans une soupière une tourterelle enrubannée, qu'elle met elle-même en liberté. » Grosrouvre (S.-et-O.), LEFRANÇOIS, *Not. sur Grosr.*, 1891, p. 25.

« Une femme peut estre sterile si elle porte sur elle le cœur d'une tourterelle. » PLATINE, 1548, p. 197.

« Au moyen-âge on croyait qu'en suspendant ses pieds à un arbre, on empêchait cet arbre de porter du fruit; et si l'on s'avisait de frotter un endroit couvert de poils avec le sang de ce même oiseau mêlé avec de l'eau dans laquelle on avait fait cuire une taupe, les poils noirs tombaient aussitôt. » A. DE CHESNEL, *Dict. des Sup.* [ED. EDM.].

Extrait d'un vieil et curieux ouvrage :

Trinum magicum sive secretorum magicorum opus. Editum à CŒSARE LONGINO, philos. — *Francofurti, 1629.*

« Turtur, avis satis nota, et à Chaldæis dicitur Mulona. Si cor hujus avis feriatur in corio lupi, nunquam de cœtero habebit ferens appetitum luxuriandi ; et si cor ejus comburatur et suprà ova alicujus avis ponatur, nunquam de cœtero ex eis poterit generari fœtus. Et si pedes ejus suspendantur ad arborem, de cœtero non fructificabit ; et si ejus sanguine cum aquâ talpæ decocta ungatur locus pilosus et equus, cadent nigri capilli., c. p., M. Tarissan.

Symbolique. « Une image représentant une tourterelle sur une branche morte est accompagnée de ces mots : *je ne chante que pour me plaindre* ou *mes chants et mes gémissements sont la même chose* ou *je plains sa mort et ma vie* ou *mon amour dure après ma mort* ou *je sais à présent ce que c'est que d'aimer.* » La Feuille, *Devises,* 1693.

Sur la tourterelle gémissante dans la symbolique, voyez Menestrier, *Philosophia imaginum,* 1695, 700-703.

Héraldique. « *Turris hosti, turtur amico* (= tour pour l'ennemi, tourterelle pour l'ami) est la devise pour la famille De Tourtoulon, qui porte dans ses armes une tour et trois tourterelles. » La Roque, *Devises héraldiques,* 1890, p. 104.

Tetrao alchata (Linné)

perdrix de la Crau, gélinotte des Pyrénées, franç. — *gràndoulo,* f., *gràngoulo,* f., *gràngroulo,* f., *fràncoulo,* f., *fèy'zàn,* m., La Crau (B.-du-Rh.). — *angel,* m., envir. de Montpellier, Magné de Marolles, 1788, p. 390. — *taragoule,* f., au nord-est d'Orange, Magné de Mar., p. 389. — *jànglo,* f., Béziers.

« On dit : lou féy'zan A noou gouts différents. » La Crau, Achard, 1785.

Tetrao lagopus (Linné). — **LA PERDRIX BLANCHE**

lagopus, anc. nomencl., Const., 1573. — *gallina nivium*, anc. nomencl., Nemnich.

perdrix blanche, fr., Const., 1573. — *perdrix blanche de Savoye*, fr., Michel le Long, *Rég. de santé de l'eschole de Salerne*, 1633, p. 184. — *perdits blànco*, *gariolo*, f., *tustàgar*, m., H.-P., c. p. feu A. Cazes. — *gariole*, f., B.-P. — *gélinotte blanche*, *gélinotte huppée*, fr. — *gélinote de Savoye*, fr. du XVIe s. — *djalabro*, f., *jalabro*, f., *jalabre*, f., *jélabro*, f., *jarabro*, f., *jarabrio*, f., Provence, Dauphiné. — *arbenne*, f. dial., Duez, 1678. — *albine*, *arbéy'na*, f., *arbëna*, f., *arbon-ne*, *orbène*, *ôhèna*, f., Suisse rom., Savoie.

francolin, *francolin blanc*, ital. dial. — *calabria*, Saluces, Eandi.

« Ceux qui se meslent de prendre les oyseaux mettent plusieurs petites pierres en la plaine et les ordonnent en long en sorte qu'elles s'entretouchent. Quand les gelinottes (blanches) sont là venues, elles n'osent passer outre cette borne de pierres, ains suyvent d'ordre ce petit mur, jusqu'à ce que, au bout, elles tombent dedans les filets et soyent ainsi prinses. » Suisse, Munstere, *Cosmographie*, 1556.

Tetrao francolinus ( )

francolino, italien.

Tetrao urogallus (Linné). — **LE COQ DE BRUYÈRE**

Ornix phasianus, *fasianus*, *phisanus*, *attagen*, *attagena*, *attagina*, *artagena*, *ortigia*, *attago*, *attage*, *attega*, *attica*, *attagus*, *atrago*, *acrago*, *uragen*, *urogallus*, *grogallus, grygallus, cotorinus, gallus silvestris, capricalca, mullis, cotorinus, ortygometra, hostigometra, ornimantia,* l. du m. â. — *galfaxanus,* l. du m. â., doc. de 1184, MONTI, p. 75. — *tetrao major,* nomencl. D'ALDROVANDE.

faisan, m., anc. fr., Jura, Vosges. — *fày'san,* Provence, Savoie. — *fojon,* m., env. de Belfort. — *hazàn,* Landes. — *faisan bruyant, faisan bruant,* anc. fr., *faisan des bois,* fr. — *féy'zan gavò,* Provence. — *coq des bois,* fr., BELON, 1555. — *galh salbatjé, poulh salbatjé,* Pyr.-Or. — *cocq-limoges,* m., anc. fr., DU C.; LABORDE, 1872, p. 223, GAY, 1882, p. 115; TEXIER, *Dict. d'orfèvrerie,* 1857, p. 406. *coq de bruyère,* fr., DUEZ, 1678. — *cocq bruerece,* m., *koeck brureche,* anc. fr. du N.-E. — *poul salbatjé, paoun salbatjé,* H.-G., Ariège. — *pabou,* m., *paou,* m., *paou saoubadjé,* m., H.-P., B.-P. — *pourrott,* m., H.-P. — *poulòy',* m., B.-P. — *grand tétras,* fr., MAGNÉ DE MAROLLES, 1785.

La femelle est nommée *Paba* à Pau, ainsi qu'à Bagnères-de-Bigorre, c. p. M. BATCAVE.

fasan de montagna, gallo cedrone, cedrone, groton, stolcio, dial. italien.

grugelhahn, gugelhahn, grosser hahn, auerhahn, dial. allem. — *capercailye, capercalyeane,* écossais, JAM.

La famille est appelée :

gallina campestris, gallina rustica, l. du m. â. — *poule-limoge, limoge,* anc. fr. du N.-E. — *paba,* f., anc. béarn. — *rousse,* f., Vosges. — *poule de bruyère,* franç.

Le jeune coq de bruyère est appelé :

grianô, m., *gruanô,* m., Vosges. — *paouéssac* (le jeune

mâle), m., *paouèsso* (la jeune femelle), f., Gascogne, Mistr.

Toponomastique :

Le Creux-Geline, loc. de la Suisse, Jacc. (c'est une combe à nicher les poules de bruyère).

« *carracà* = crier, chanter, en parlant du coq de bruyère.» B.-P., Lespy.

« On appelle *la chasse au chant* celle qu'on fait au coq de bruyère au printemps, quand il chante, avançant auprès de lui chaque fois qu'il fait entendre son chant. » F. Gridel, *Chasses des Vosges*, 1901, p. 59.

« *Maouhidé-té dou cantic de la Siréne, Dou cantic del hazan Et dou cloutheri dé Mimizan* = méfie-toi du chant de la Sirène, du chant du coq de bruyère et du clocher de Mimizan. Le coq de bruyère, en cherchant des insectes et des vers dans les sables humides, y creuse des petits puisards appelés *blouses*, qui se recouvrent d'une trompeuse végétation et deviennent pour les chasseurs qui se dirigent vers ces oiseaux, guidés par le cri du mâle, un véritable danger. » Landes, *Rev. des Soc. sav.*, 1859, p. 514.

Tetrao-tetrix (Linné). — **Le PETIT COQ de BRUYÈRE**

uro gallus minor, nomenclat. d'Aldrevande.

petit tétras, petit coq de bruyère, petit coq sauvage, coq de bouleaux, faisan noir, faisan de montagne, franç., Magné de Marolles, 1788, p. 361.

faisan, coq sauvage, en div. endr. — *muësse*, f., Jura bernois. (Il y a une loc. appelé *Le Bois des Muses*, De Roche).

Tetrao bonasia (Linné). — LA GÉLINOTTE

ornix, hornix, ortix, otis, orix, bonasa, bonasia, mullis sparilus, sperilus, sparalus, sparulus, spriolus, franchilus, francolinus, franquillinus, attagen, acrica, gruta, groxilla, perdix alpina, gollina, gorylorum, l. du m. â.

francolin, m., anc. fr., Rabelais, 1542; Belon, 1555.

bonase, f., anc. fr., Rabelais. (« Vous fiantez comme dischuy bonases de Paleonie. » Rabelais, *quart livre*, éd. de 1552, ch. LXVII).

geline de bois, geline sauvage, gelinette sauvage, gelinotte de bois, gelinotte de Lombardie, caurette (= qui fréquente les coudriers), fr., *corette*, f., anc. fr. — *courètte*, f., wallon.

gélinè, m., Ardennes. — *gelinota*, f., *thëlnëta* (avec *th*. angl.), f., *dzënethêta*, f., *genilhote*, f., en div. pat. de Suisse et de Savoie. — *poulalhètte*, Ain, Savoie.

fasanella, francolino, sterlea, bernigone, dial. ital.

« On dit : *muet comme un francolin pris.* » Belon, *Portr. d'oys.*

corette, f., anc. wallon, *Chronique de Stavelet*, éd. Borgn., p. 226. (Cet oiseau fréquente les *caures* = noisetiers).

caurette, f., anc. fr., Belleforest, *Descr. des Pays-Bas*, 1582, p. 453.

courette, f., wallon, Grong.

ADDITIONS ET CORRECTIONS

Les p. 119-120 ont été transposées au tirage.

P. 1. — **Le Geai.**

ONOMASTIQUE :

Gachon (Hérault). — *Gaget* (Isère). — *Piègay* (Rhône). — *Quelque jay* (Le Poislay, Loir-et-Cher). — *Jayet* (Gard).

Gail, Gayet, Gachot, Jaillot. — H. G.

TOPONOMASTIQUE :

Chanta-ghail, en 1493. — *Chantejail.* — *Chantejay.* — *Le Cros du Jay (Crosus dous Jays)*, 1527. — *Ghail*, en 1575. *Geai*, aujourd'hui. — CHASSAING et JACOTIN, *Dict. topogr.*

Bouesc doou gai = *Bois du geai* (B.-Alpes).
Le Jay (Haute-Loire).
La Jallaz, hameau fribourgeois.

Il est comme le geai, il a toujours le derrière ouvert = il digère facilement et souvent, D'HAUTEL, 1808.

Le geai dit — le mâle : *gare ! gare !* la femelle : *y a ren !* Touraine. *Rev. des trad. pop.*, 1907, p. 401.

Interprétations facétieuses du cri du geai (Limousin et Caorsin), PERBOSC dans *Rev. du traditionn.*, 1907, p. 310.

Le merle et le geai, conte gascon, PERBOSC dans *Rev. du traditionn.*, 1907, p. 335.

Voir dans *Romania*, 1902, p. 518, Note étymol. de C. NIGRA, sur le verbe *cajoler*.

Et pariou det gay, le couple du geai, = se dit d'un mari et d'une femme qu'on ne voit jamais l'un sans l'autre. Arrens (H.-Pyr.), c. p. M. CAMÉLAT.

Il y a dans RABELAIS un jeu du gay, mais sans rapport avec l'oiseau, c'est le jeu du *gé*, jeu de carte.
Sur le geai dans l'hérald. Voir RENESSE, I, 457-458.

P. 16. — **La Pie grièche.**

Les paysans pendent la pie dans leurs étables « pour chasser les mauvais airs. » Polleur, wall. J. F.
Voir voler une pie est signe de bonheur, en voir voler deux est signe de mariage, en voir voler trois signe de malheur. Anvers, flam., J. F.
Vues en nombre pair, heureux présage ; vues en nombre impair, malheureux présage. Namur, wall., J. F.

P. 23. — **Le Moineau.**

ONOMASTIQUE :

Moisnol, *Passerotte*, *Pachère* (Hte-Gar.), *Asperçé*.

A Paris, les marchands de charbon de terre appellent *tête de moineau* une variété de houille concassée en menus fragments (H. G.).

P. 42. — **Le Bouvreuil.**

bouveret, *bouveron*, *bouvereux* = *bouverez* = *bovaricius*, J. FELLER. *Notes de philologie wallonne*, p. 186.

P. 48. — **Le Pinson.**

M. Feller m'adresse les observations suivantes :

A propos du mot *pinjan :*

pinsan seul est possible au sud du Luxembourg dans la Belgique lorraine. En wallon : *pinson, piçon, pèçon, pinchon.*

Sur le mot *spinseron : spinseron* m'a bien l'air d'être le résultat d'une confusion avec *pinçon* de *pincer.*

A la graphie *chouquezer,* M. Feller préfère celle de *tchouquezer.*

Onomastique :

Pinçon (Paris). — *Pinczon du Sel des Monts* (Hte-Bretagne). — *Quinson.* — *Peisson* (H. G.).

Defréchedx, *Voc.,* donne les divers noms wallons des chants du pinson et il faut ajouter que les pinsons élevés pour le chant sont souvent dénommés d'après l'espèce de chant qu'ils émettent : *on rascabiaw, on distruwitch, on ϑdiu,* etc., c. p. M. J. Feller.

Ce que dit le pinson lorsqu'il chante :

Dzi, dzi, racalòri, se t'ayey bist ave t'ayréy aucit. *(Dzi, dzi, racalòri,* si je t'avais rencontré je t'aurais tué) ! Gaillagos (H.-Pyr.), c. p. M. Camélat.

Sur les assauts de chant des *pinsons* et sur les oiseleurs dans le département du Nord, voir Bottin. Mémoires de la Société des antiquaires de France, t. Ier, 1817, p. 466-474.

P. 63. — **Le Tarin.**

tcheûtche, f., Prusse, wall., Bastin.

Onomastique :

Tarin (Aube).

Boute-en-train, f., m. On appelle ainsi un petit oiseau qui sert à faire chanter les autres, et qu'on nomme autrement Tarin. ALBERTI, 1770.

On sait que cet oiseau ne chante qu'une fois par jour, au lever du soleil. TOURGUENEFF, *Sc. de la vie russe*, 1858, p. 75.

P. 64. — **Le Serin de Provence.**

M. BATCAVE observe que le terme *charrisclaoute* désigne la chauve-souris en Béarn.

P. 65. — **La Linotte.**

Le nom *friant* me fait penser au nom d'homme Friant, et sur ce patronymique, je trouve dans L. LARCHEY, *Dictionnaire des noms*, Paris, 1880 : « **Friand, Friant,** Outre le sens actuel, *Friand* a voulu dire *éveillé*, d'où le nom de *friand* donné à la linotte (Nord). »

Le nom de Friant, général français du premier Empire, originaire du dép[t] de la Somme, nous paraît plutôt être celui de l'oiseau, H. G.

casso-lignoto, m. = sobriquet des habitants de *Nîmes*. MISTRAL. Chasseurs de linottes. Voir *Nimesen*.

P. 77. — **L'Alouette.**

Alouette huppée, *alauda*, en latin. — *Avis galerita* et non pas l'alouette ordinaire. Voyez *Thesaurus*, t. I, 1900, c. 1482.

[Vocabulum gallicum *ibid.*].

[Framag vel. *aloe*, hisp. vel *aloa* cp. ital., *lodola*. M. L.]

ONOMASTIQUE :

Le Heuedez, Leueder, Lhévéder ('n éveder; 'n éc'houéder), Bretagne, ERNAULT, *Gloss. moy. bret.*, 205; *Rev. Celt.* VI, 305 [E. E.].

Alouetteau, Alotte, Laloue, Laloux, Laloe (Manche),

Lalaude, Laudette, Laloy, Delaleu, Lalo, et peut-être *Loua*, H. G.

L'alouette a prêté son joli nom à une revue félibréenne : *La Lauseta*. — L'alouette, Almanach du patriote latin, écrit dans les dialectes des pays latins, avec traduction. Paris, Sandoz, 1878, in-12, de 128 p.

Dans son N° de juin 1913, le *Polybiblion* annonce ainsi un récent livre de M. André SIMON : *La chasse à l'alouette*, Paris, Laveur, un vol. in-16 :

— Avec *la Chasse à l'alouette* nous quittons les forêts pour les plaines et, au lieu de forcer du gros gibier, nous fusillons de petits oiseaux. Dans une Préface, M. Paul Lacour décrit l'âme du chasseur et rend hommage au palais des gourmets. M. André Simon, après avoir exposé quelques notions d'ornithologie et décrit les diverses espèces d'alouettes, fait une incursion dans le domaine littéraire et cite certains passages de Toussenel, de La Fontaine et même de Tolstoï, où il est question du petit oiseau qu'il est si amusant de tirer au miroir. Mais les chapitres substantiels sont consacrés à la chasse proprement dite, au filet et au fusil, à l'installation du miroir, aux temps favorables, aux heures propices. L'auteur donne des conseils pratiques sur le ramassage des alouettes, le chien rapporteur, et termine par des considérations culinaires empruntées à Elzéar Blaze et Brillat-Savarin. Dix-sept gravures illustrent ce petit livre.

On peut voir dans la Nouvelle Revue du 1er avril 1894 un article de M. Félix BRUN : L'alouette, histoire littéraire d'un petit oiseau.

P. 93. — **La Calandre.**

La note suivante dans les papiers de ROLLAND, est découpée d'un dictionnaire d'archéologie religieuse :

Calandre. — Oiseau employé d'une manière mystique ou allégorique sur quelques monuments, peints et sculptés au moyen-âge. V. les planches et les détails donnés à ce sujet par l'abbé Cahier, dans la *Description des vitraux de Bourges*, in-folio, p. 127 et suiv., et sa

Dissertation sur quelques points de zoologie, du moyen-âge, in-4°, Paris, 1813.

On trouve la calandre figurant dans une des planches d'un vieux livre intitulé : *Historia beatæ Mariæ Virginis ex evangelistis et Patribus, excerpta et per figuras demonstrata*, cité par M. Debure, dans son *Catalogue de M. de Gaignac* (livres mystiques), et par le baron de Heinecken, *Idée d'une collection d'estampes*, etc., p. 381, n° 8, B. On y lit : *Calandrius si facie ægrum*, etc.

P. 100. — **La Bergeronnette.**

gagne-pastou, m., Arcizans, H.-P., c. p. M. Camélat.

P. 106. — **Le Loriot.**

Lorion, Aurion sont de simples fautes typographiques pour *auriou, loriou, aureolus* (Thomas, *Roumania*, 1909, p. 620).

Cazauran, *Cartulaire de Berdoues*, p. 662. A Lasseran, près d'Auch, on a retrouvé les fondements de l'église de l'Embrerras ou de l'Orio. *Orio* est probablement pour *Arrio*, s^t *Arrio* qui signifie s^t Ferréol. On nomme encore *sent Arrio*, la paroisse St-Ferréol de la Haute-Garonne, c. p. M. L. Batcave.

P. 111. — **La Grive.**

Je trouve dans des textes français le mot *grouse* que ne donnent pas les dict. franç. ni wallons.

Il y a diverses espèces de grives, les *tchampin-nes*, les *francèses*, les *tchantrèsses* (qui crient *tchac-tchaq*. — Note de M. J. Feller.

A propos de Compère-loriot, M. Feller remarque : *L'oryou*, *Orgelet* est un double diminutif : *orgeol-et; oriolt, curieul, oriou* représentent la forme *orgeol*.

Pour la grive dans l'héraldique voir Renesse, I, 463.

P. 118. — **Le Mauvis.**

C'est sans doute à tort que j'ai ajouté là, à l'honomastique, le nom de *Malvy*, car ce nom est aussi un nom de lieu et le patronymique peut-être d'origine topographique. J'ai lu depuis, du reste, que notre présent Ministre de l'Intérieur avait adopté ce nom en place d'un nom patronymique qui sonnait mal. H. G.

Une note de Rolland ajoute : Michel de Castelnau, seigneur de la Mauvissière, auteur de mémoires publiés en 1731.

P. 122. — **Le Merle.**

merlaen, anc. flam., *meerlaan*, Kil., dial. flam., *merlo*, A. de C.

U lè mèrlé = une crapule, Arrens, H.-Pyr., c. p. M. Camélat.

Onomastique :

Merlot, Marlie, Lamesle, De Chante-Miaoulle (au XIe s.), *Soc. de Sphragistique,* 1852, p. 261.

Marlier, ne vient pas de merle, mais de matricularis = marguillier.

Merlau, Merlaus, Merloux viennent de *Meruleous*, nom d'h. D'Arb. de Jub. Noms de lieu, 1890, p. 564.

Toponomastique :

Chantemille, Chantamieula, = *Castrum Milvii* et n'a rien à faire avec merle.

Le But de Marles = busaus, ad. Malnas (Pas-de-Calais), n'a rien à faire avec merle.

Héraldique :

Pour le merle dans l'hérald., voir : Renesse, I, 443-444.

merlette en héraldique = oiseau (originairement merle), figuré sans becs, sans pieds. J. Feller.

P. 135. — **Le Traquet tarier.**
pistrak, m., breton du haut Léon, ailleurs *bitrak*, f., *pitrak, bistrak*, Milin, ms. [E. E.].

P. 143. — **Le Rossignol.**

Onomastique :

Rossignot, H. G.

Appellations facétieuses :

Rossignol d'Arcadie = âne.
Rossignol à gland = porc.

P. 156. — **La Fauvette.**
fouyn, glosard, « fauvet », *fouynès, glausardès*, « fauvette, femelle du fauvet », breton, P. Grégoire (cf. Ernault, *Gloss. moy. br.*, 243, 257, 258); *fouin, fovin*, en Tréguier, Troude; *rouzegan* en Léon, *grac'hik-ann-drez* (= la petite vieille des sables) en Cornouaille, J. Moal (cf. *Gloss. moy. bret.*, 401, 585); *lostik-gwenn* (= petite queue blanche), *lostik-baill* (= petite queue tachetée), *rousardennik* (= petite rousse), Du Rusquec, [E. E.].

P. 166. — **Le Roitelet troglodyte.**
P. 170. — I. 27 : *boricoc*, M. J. Feller pense que c'est plutôt écrit par analogie avec *coq, croc, broc*, dont le *c* est muet.

P. 178. — **Le Troglodyte.**

Marie-chourre e Yoan Pinsa
Qué boulhèn hè noces dema,
Mes nou an ne mique ne pa;
Nou ayén qu'u tros de mesturèt eslourit
E Yoan-Petit que la-us s'a groufit!

Marie-Chourre et Jean Pinson
Voulaient faire noces demain,
Mais ils n'ont ni gâteau de maïs, ni du pain;
Ils n'avaient qu'un morceau de mêture moisie,
Et Jean-Petit le leur a pris!

Arrens (Hautes-Pyrénées), c. p. M. Camélat.

Le Loup et le Troglodyte. — Une fois, le Loup prit une *Chourre* (Troglodyte).

Quand elle se trouva dans la gueule du Loup, la *Chourre* dit :

Soui petito, mes soui bounicoto. (Je suis petite, mais ma chair est délicate).

— *Oaire!* (Guère!) lui répondit le Loup, en ouvrant largement la gueule.

Alors l'oiseau, voyant la porte ouverte, s'envola.

(Gascogne).

Perbosc, dans *Rev. du traditionn.*, 1907.

P. 179. — **Mésange,**

Onomastique :

Mazinghien (Nord), *Besangez* (Nord), *Malinge* (Ile-et-Vil.), *Malingre* (xviie s.), *Madrange* (Corrèze), *Maurange* (ibid.), *Merinhargues* (Gard), *Lardeau* (Gironde) *Lardeur* (Pas-de-C.), *Mézerette* (Mayenne).

Toponomastique :

Messanges, loc. de la Côte-d'Or.
Messarges, loc. de l'Allier.
Mesengeriæ, en 1104. — *Mésangé*, aujourd'hui, Loire-Inf., Quilg.

Sur la mésange dans l'hérald. Voir Renesse, I, 459.

P. 191. — **L'Hirondelle.**

Notes de Rolland = le mot *hirondelle* dû aux savants ne se trouve qu'à partir du xvie siècle.

Toponomastique :

Le Rocher des hirondelles, loc. du Jura.
Le Moulin-de-l'Hirondelle (Oise).
Allondrelle (Moselle).

Arondelles, f. f. Arondelles de Mer. C'est ainsi qu'on appelle, en *T. de Mar.*, les brigantins, les pinasses, et autres vaisseaux médiocres et légers. *Rondini di mare*, Alberti, 1770.

Hirondelle = ingratitudine, avantarsi loquacemente, lang. symb., Morato, 1556.

Sur l'h. dans l'hérald. : voir Renesse, I, 456.

Hirondelle, Orthez, *houringle* pour désigner l'hirondelle ; *grise, négre*, suivant sa couleur, *houringlet*, le petit de l'hirondelle.

hourongle, *hourounglete*, (Béarn).

houringlet.

houronlèle, dans la lisière du département vers les Landes, au Nord.

hirounglete (région de Pau).

hourniglete (Lagor).

hounglete (vallée de Barétous).

A Lyon l'*Hirondelle* = bateau mouche de Paris, c. p. L. Batcave.

guennel, *guenneli*, bret. moy., *guennily*, *guimmily*. *guïnily*, *guënnély*, bret. mod., *gweneri*, bret. du haut Tréguier, *guinidel*, bret. de Cornouaille, *guenel*, *guïgnél*, *guënnelicg*, *guignelen*, bret. de Vannes, Ernault, *Gloss. moy. bret.*, 300 [E. E.].

Les Hirondelles ; c'était le nom d'une des Compagnies

d'omnibus qui existaient à Paris avant qu'elles fussent réunies en une compagnie unique sous le Second Empire. — Je me rappelle le nom d'une autre, les *Favorites*.

C'étaient de petits omnibus qui pour nous n'auraient aujourd'hui que peu de confort. Il ne pouvait en être autrement lorsque les voitures circulaient dans des rues étroites et d'ordinaire sans trottoirs, où des bornes, placées de distance en distance, contre les maisons protégeaient les murailles contre les voitures; ces bornes, en même temps, servaient aux passants à s'abriter contre le danger des voitures qui passaient.

Les nouveaux Parisiens ne peuvent se douter de ce qu'était le Paris ante-haussmannesque. Même en octobre 1872, lorsque je suis venu habiter la rue Servandoni, celle-ci était encore ce qu'elle devait être au temps de Louis XVI; de jour, du moins, car pour la nuit les becs de gaz avaient remplacé la pauvre lanterne utilisée en temps de révolution pour servir de potence. Mais pas de trottoirs, simplement des bornes contre les maisons et le ruisseau au milieu de la rue. C'est l'établissement des trottoirs qui détermina le dédoublement du ruisseau, selon l'usage moderne. Et ce sont des omnibus ou des tramways aux chiffres alphabétiques ou numéraux qui ont remplacé pour les Parisiens, surtout de mon quartier, les *Hirondelles* et les *Favorites* de mon enfance.

H. GAIDOZ.

Hirondelles de la mort. — Je trouve ce nom donné, au moins une fois, aux obus de notre canon de 75, dans la *Presse Médicale* du 24 Décembre 1914,

P. 747. — Dans le n° du 4 février, p. 39, on donne le nom d'*abeilles* aux simples balles, par opposition aux shrapnells et aux « marmites. » (Gros obus). En effet, les balles arrivent comme par essaims, surtout si c'est un feu de mitrailleuses. — H. G.

Notes de M. E. Ernault.

Une hirondelle ne fait pas le printemps, ni une abeille le miel, Ern. Lud. a Leutsch, *Paroemiographi graeci*, Gotting. 1851, II, 79, cf. 531. Ne-d-eo ket eur skendilik a ra ann hanv, Nag eur bar-avel ar goanv. « L'Eté ne se fait d'une seule hirondelle, Pas plus que d'un coup de vent l'Hiver » Sauvé, *Proverbes... de la Basse-Bret.*, 112. Eine Schwalbe macht keinen Frühling, Dr Wilh. Körte, *Die Sprichwörter... der Deutschen*, Leipzig 1837, p. 393 (où il y a d'autres proverbes allemands sur cet oiseau).

Gwennili, gra da neiz Em frenestrik, e Breiz. « Hirondelle, fais ton nid A ma petite fenêtre, en Bretagne. » Sauvé, *Prov.*, 919, avec cette note : « La maison où l'hirondelle fait son nid est regardée comme bénie du ciel. »

La maxime pythagoricienne « N'aie pas d'hirondelles chez toi » est interprétée : « Ne reçois pas sous son toit d'hommes bavards et indiscrets. » (Diels, *Die Fragmente der Vorsorkratiker*, 2e éd., I, 281). Plutarque raconte comment le parricide Bessos se crut dénoncé par les gazouillements d'un nid d'hirondelles, ce qui le fit se trahir lui-même. Cf. Ernault, *Pages et pensées morales* extraites des auteurs grecs, 2e éd., 167, 73.

— Cf. Virgile, *Géorgiques* IV, 15 : Et manibus Procne pectus signata cruentis ; « Progné sanglante encor du meurtre de son fils. » Delille, avec cette note : « L'hirondelle porte des marques rouges sur la poitrine : c'est ce qui a fait imaginer la fable de Progné. » Ovide a une explication semblable, *Métamorphoses* VI, 669, 670 : « Neque adhuc de pectore caedis Excessere notae, signataque sanguine pluma est. » [E. E.].

Note de M. Tarissan sur la formulette *giroundèlo, passo bèllo*, etc., p. 195 :

Depuis au moins deux siècles, une variante de cette formulette se transmet en Bigorre sous la forme du conte ci-après :

Une jeune fille dont le toit abritait tous les ans un nid d'hirondelles se demandait si c'étaient bien les mêmes oiseaux qui revenaient tous les printemps, et où ils devaient passer l'hiver. Elle en prit un et lui attacha au cou un ruban avec cette inscription : *Hirondelle — si belle — dis-moi, l'hiver où vas-tu?* Aux premiers jours l'oiseau revint à son nid. Le ruban portait la réponse : *A Athènes — chez Antoène — Pourquoi t'en informes-tu ?*

— « Dans la Franche-Comté, on est persuadé qu'une hirondelle, en passant sous le ventre d'une vache, peut convertir son lait en sang, et l'on dit alors de celle-ci qu'elle est *arondalée*. Lorsque ce malheur arrive, on retient la vache à l'étable et, afin de ramener la pauvre bête à la santé, on s'empresse d'aller répandre de son lait à la croix que forment deux chemins qui se rencontrent. » A. de Chesnel, *Dict. des Sup.* [Ed. Edm.].

La plaisanterie suivante est rapportée par le charcutier dans les *Chevaliers* d'Aristophane, vers 419 : Quand il était enfant il s'amusait à tromper les cuisiniers en leur disant : « Regardez donc, c'est le printemps. Voici l'hirondelle » et pendant que ceux-ci regardaient en l'air, il dérobait un morceau de viande. On a voulu, à cause de la saison, mettre cette ruse facétieuse en rapport avec la tromperie du « poisson d'avril. »

P. 207. — **Le Martinet.**

Martinet. Ce nom était donné parfois aux élèves des Universités, au XVIe siècle notamment. En 1520 le collège de Guyenne recense « le nombre réel des élèves, tant portionnistes que martinetz. » (Gaullieur, *Histoire du collège de Guyenne*, Paris, Fischbacher, 1874, p. 43. — Franklin, *La vie privée d'autrefois,* Plon 1891, p. 35 : « Une partie des écoliers habitait les collèges ou les pédagogies. Les autres, comme nos externes d'aujourd'hui, restaient libres, se bornaient à suivre les cours ; c'étaient les *martinets*, qualification empruntée à une sorte d'hirondelle qui, écrit le *Dictionnaire de Trévoux,* « vole toujours sans s'arrêter, et ne se perche que sur son nid. »

Le livre constitutif de l'ancienne communauté d'Orthez s'appelle le *Martinet* (A A 1) : il est le recueil des anciennes chartes. Le 15 février 1657 on trouve cette mention. Du Cange v° *Martiniana* cite des exemples de livres ayant porté ce nom.

— Divers sens du mot Martinet en français (Hatzfeld et Darmsteter).

L. Batcave.

Sur le Martinet dans l'hérald., voir Renesse, I, 472-474.

TABLE DES MATIÈRES

NOMS FRANÇAIS

Bagnères-de-Bigorre — Imprimerie D. Bérot.

Faune Populaire

NOUVELLE SÉRIE

Les volumes annoncés ci-dessous forment des suppléments aux six volumes publiés de 1877 à 1883 par la librairie MAISONNEUVE. Mais, rédigés sur le même plan et complets chacun en lui-même, ils peuvent être regardés comme une série nouvelle et distincte du même ouvrage.

Tome	VII.	*Les Mammifères sauvages*, 1906. Prix....	8 fr.
—	VIII.	*Les Mammifères sauvages* (suite et fin), 1908. Prix..............................	5 fr.
—	IX	*Les Oiseaux sauvages*, première partie...	6 fr.
—	X.	*Les Oiseaux sauvages*, seconde partie....	6 fr.
—	XI.	*Reptiles et Poissons*, première série, 1910. Prix......................................	8 fr.
—	XII.	*Mollusques, Crustacés, Arachnides et Annélides* [Novembre 1908]. Prix.........	6 fr.
—	XIII.	*Les Insectes*, première partie............	6 fr.

Il convient de noter que M. ROLLAND, devenant son propre éditeur de la *Faune*, à partir du tome VII, n'a tiré ces volumes qu'à 200 exemplaires ; ils seront donc, dans l'avenir, plus rares que les tomes I-VI tirés à un plus grand nombre d'exemplaires.

Flore Populaire

Isolément les volumes se vendent :

Tome I,	1896......	6 fr.		Tome VII.	1908....	6 fr.
— II,	1899......	6 fr.		— VIII,	1910....	7 fr.
— III,	1900......	8 fr.		— IX.	1912....	8 fr.
— IV,	1903......	6 fr.		— X.	1913....	7 fr.
— V,	1904......	8 fr.		— XI.	1914....	8 fr.
— VI,	1906......	7 fr.				

Les onze tomes parus de la *Flore*.................... 77 fr.

www.ingramcontent.com/pod-product-compliance
Ingram Content Group UK Ltd.
Pitfield, Milton Keynes, MK11 3LW, UK
UKHW021857190726
13855UKWH00001B/358

9 782012 934313